宏观经济学研究

李冰晶　雷栋　刘瑞　著

吉林出版集团股份有限公司

图书在版编目（CIP）数据

宏观经济学研究 / 李冰晶，雷栋，刘瑞著 . — 长春：
吉林出版集团股份有限公司，2021.10

ISBN 978-7-5731-0551-6

Ⅰ．①宏… Ⅱ．①李… ②雷… ③刘… Ⅲ．①宏观经
济学－研究 Ⅳ．① F015

中国版本图书馆 CIP 数据核字（2021）第 212260 号

HONGGUAN JINGJIXUE YANJIU

宏观经济学研究

著　　者 / 李冰晶　雷　栋　刘　瑞

出 版 人 / 吴　强
责任编辑 / 刘东禹
责任校对 / 范德利
封面设计 / 李元红
开　　本 / 710mm×1000mm　1/16
字　　数 / 300 千字
印　　张 / 18.5
版　　次 / 2022 年 8 月第 1 版
印　　次 / 2022 年 8 月第 1 次印刷

出　　版 / 吉林出版集团股份有限公司
发　　行 / 吉林音像出版社有限责任公司
地　　址 / 长春市福祉大路 5788 号出版大厦 A 座 13 层
电　　话 / 0431-81629660
印　　刷 / 三河市嵩川印刷有限公司

ISBN 978-7-5731-0551-6　　　　定价 / 58.00 元

前　言

宏观经济学与微观经济学共同构成了现代西方理论经济学的基础。宏观经济学通过研究社会经济问题来考察社会资源利用的结果及其动态，主要包括国民收入决定理论、就业理论、通货膨胀理论、经济增长及经济周期理论、宏观经济政策等内容。

宏观经济学是自凯恩斯的《就业、利息和货币通论》出版以来形成并发展起来的一个经济学分支，已成为当代经济学领域中一个独立的理论体系。学习宏观经济学有利于了解实际经济问题产生和变化的内在理论逻辑，增强从全局认识和分析经济问题的意识，提高观察经济现象和解决经济问题的实际能力。

本书共十二章，合计 30 万字。由来自包头市委党校的李冰晶担任第一著者，负责第一章至第三章、第九章的内容，合计 10 万字。由来自山东省人事考试中心的雷栋担任第二著者，负责第四章、第五章和第七章的内容，合计 10 万字。由来自恒丰银行宁波分行的刘瑞担任第三著者，负责第六章、第八章、第十章至第十二章的内容，合计 10 万字。

本书在编写过程中参阅并选用了一些与宏观经济学相关的教材、著作和论文等资料，在此向有关作者表示感谢。由于编写人员的知识水平和经验有限，加上时间仓促，书中难免存在错误和疏漏，欢迎广大读者批评指正。

目 录

3

第一章 宏观经济学概述

第一节 宏观经济学具体定义

一、宏观经济学研究的对象

开展经济学研究的主要目的是在资源稀缺时实现资源的有效配置，对资源的使用作出最佳决策。在微观层面进行考察时，我们可以将重点放在具有典型特征的单个生产者或消费者身上，假设其他人的行为都是既定不变的，不考虑或者很少考虑消费者、生产者的总体影响。概括地说，微观经济学是在给定资源总量的条件下，对资源的分配、使用进行分析，研究某个经济社会所生产的产品种类、每一种产品的数量以及产品的相对价格怎样决定，消费者个体依据何种原则决定其收入用于购买各类产品的具体数量，生产者个体按什么样的原则来决定生产的产品种类，等等。而宏观经济学关注的是国民经济活动的整体，把经济社会视作一个整体来分析。简而言之，宏观经济学将国民经济总体活动当作考察对象，研究各类总体经济变量的决定因素、变动和内在关联，分析并解决经济增长、通货膨胀、失业、就业、财政收支及国际收支等整体性的经济问题，是经济学体系的一个分支。

德国经济学家德恩伯格（T.Dernburg）在《宏观经济学》一书中提出："宏观经济学研究诸如总产量、社会就业与失业、价格的总水平与变动率、经济增长等总体问题。宏观经济学家所提出的问题涉及广泛的总量——与个人支出决策的决定因素相对的所有消费者支出的决定。什么决定了所有厂商共同的资本支出？某个人为什么相对失业？决定经济中总失业水平的是什么？

宏观经济学衡量整个经济活动，它分析宏观经济政策的决定，预测未来的经济活动，并且力图提出旨在使预测与生产，就业与价格的目标值相一致的政策反应。"

由此可以看出，在某种程度上，宏观经济学跳脱了对经济体系中的单个细胞进行分析的框架，让经济学分析可以从全局把握经济形势，从而为政府宏观经济政策的实行提供可靠而充分的理论支撑。

二、宏观经济学理论体系

部分学者认为，宏观经济学的理论非常庞杂，是各种宏观经济模型构成的集合，缺乏统一的理论逻辑。新古典主义（理性预期学派，如卢卡斯、萨金特等人）的许多学者都致力于建设宏观经济学的理论基础，从而建立具有一致内在逻辑的经济学体系。这也是目前宏观经济学的一个重点研究领域。

当前的主流宏观经济学的研究可概括为五大方面，即国民经济核算、国民收入决定、国民收入变动、宏观经济问题与宏观经济政策。可将国民经济核算看作宏观经济学预备知识，主要是说明相关的宏观经济总量，尤其是国内生产总值（Gross Domestic Product，GDP）是怎样核算出来的，以及在宏观经济学的研究当中如何使用国民经济统计所获得的系列数据（本书第二章会详细阐述这方面的相关内容）。

宏观经济学第二方面的内容与国民收入决定理论相关，这是宏观经济学要解决的关键问题，是开展其他研究的基础。这一部分的内容主要是由四个层面的理论模型共同构成的，按照由简单至复杂的顺序，大致可归纳为收入—支出模型、产品市场与货币市场同时均衡模型（IS—LM 模型）、总需求—总供给模型（AD—AS 模型）和开放经济条件下的总供求模型（AD—AS—BP 模型）。

宏观经济学第三方面的内容是国民收入变动理论，这一理论分别从经济周期（短期波动）和经济增长（长期变动）的角度来分析造成宏观经济繁荣、衰退交替出现的主要原因以及一国的生产能力长时期变化问题。本书结合几个重要的模型对这些问题进行分析，对于前者主要运用乘数与加速数相互作用的模型（汉森—萨缪尔森模型）来解释，对于后者则主要用新古典经济增长模型（索洛模型）进行阐释。

宏观经济学第四方面的内容为宏观经济问题，主要分析通货膨胀和失业的问题以及反映通货膨胀、失业交替关系的菲利普斯曲线。一般，通货膨胀为一国物价水平普遍而持续上涨的过程，这一部分内容说明了怎样衡量一般的物价水平、产生通货膨胀的原因、通货膨胀对社会经济产生的影响和为了应对通货膨胀而采取的政策手段。通货紧缩与通货膨胀相对应，指的是一般物价水平持续下跌的过程，从国民整体的角度来说，通货紧缩带来的问题会更严重。失业是一国的经济资源没有得到充分利用的表现，表明劳动力资源没有得到充分运用。对此，宏观经济学主要分析造成失业的主要原因。早期的菲利普斯曲线是政府应对失业问题、通货膨胀问题制定政策的重要依据，但 20 世纪 70 年代后菲利普斯曲线反映的通货膨胀和失业的交替关系有了重大变化，这使政府制定和实施政策变得越来越困难。

宏观经济政策是宏观经济学最终的落脚点，上述四方面内容均服务于宏观经济政策。国民收入决定理论说明了各个宏观经济总量间相互影响的内在关系，也明确了对国民收入有重要影响的因素，国民收入变动理论解释了不同条件下国民收入短期波动及长期增长的因素，而宏观经济研究则剖析了对宏观经济运行造成障碍的原因。宏观经济政策基于上述理论来解决各种宏观经济问题，使国家整体经济能够健康、持续、稳定地运行。

第二节　宏观经济学的基本概念

一、国内生产总值

国内生产总值（Gross Domestic Product，GDP）指的是一个经济社会（国家）在一定时期内（通常是指一年）所生产的全部最终产品和劳务的市场价值总和。它是衡量一国在一定时期内生产的可供人们享用的各种有形、无形产品的总体度量指标。GDP 可采用直接或间接的方式进行衡量，本书的第二章详细地介绍衡量 GDP 收入法、支出法的基本理论依据及具体项目。在此，直观来看，GDP 可理解为一个经济社会所生产的全部劳动产品和劳务数量与其当前价格的乘积之和。

二、通货膨胀和通货紧缩

通货膨胀（Inflation）是指社会一般物价水平普遍持续上涨的过程，也是货币购买力持续下降的过程。出现通货膨胀时，对既定的物品需要花更多的名义货币才能购买，在物品数量不变的情况下，需要支出更多的货币，流通中的货币发生了"膨胀"。而通货紧缩（Deflation）是指社会的整体物价水平持续下跌的过程，表现为货币的购买力持续上升。通货膨胀、通货紧缩可用一般物价水平、通货膨胀率及通货紧缩率进行衡量。

一般价格水平（P）也称价格指数，价格水平是与时间密切相关的相对概念，指全社会总的平均价格。鉴于不同的商品和劳务在经济生活当中的重要性不同，因而在计算一般价格水平的时候，通常要按不同商品与劳务的相对重要性加权。通过加权平均可计算出当期的一般价格水平，然后将计算得出的价格水平同基期做比较即可计算出价格水平。

三、失业与失业率

经济社会的总人口可分为两大类：劳动力与非劳动力。就业者和失业者的总和称为劳动力，如图 1.1 所示。

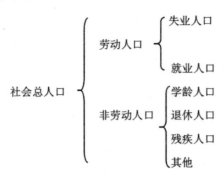

图 1.1　社会人口结构

一般将劳动力在社会总人口所占的比率称为劳动参与率，不同国家的劳动参与率存在一定差异。通常，如果一个国家妇女的劳动参与率较高，该国整体劳动参与率也会比较高，我国、美国等均是如此。有一些国家的妇女以家庭劳动为主，很少从事社会劳动，这些国家的劳动参与率水平较低。

失业（Unemployment）指的是有正常劳动能力的人愿意按照现行的工资水平就业，却无法获得工作机会的情况。失业率（Unemployment Rate）是衡量失业情况的主要指标，其公式为：

$$\mu = \frac{U}{L} = \frac{U}{N+U}$$

其中，μ 代表失业率，U 代表失业人口，N 代表就业人口，L 代表劳动力。

由于劳动力属于经济社会的稀缺资源之一，社会中存在失业现象就意味着存在资源浪费，此外还容易导致社会动荡。因此，失业问题是各国政府要解决的一个关键社会问题。

第三节　研究及学习宏观经济学的作用

一、从微观到宏观

微观个体的最优并不能推导出全局最优，人们的行为相互影响，会产生抵消效应，甚至将全局推向个体不愿意看到的状态。因此，我们既要从微观的视角来研究个体的经济行为，也要从宏观层面去考察个体行为所产生的总体效应。

合成谬误是指因某一行为而对于个体而言是正确的、最优的，个体便认为其对整体也是正确和最优的，这就导致了合成推理的谬误。个体最优与整体最优之间并没有必然的逻辑路径。

以下是合成谬误的例证：①当企业不采取措施控制污染的时候，可以节约成本，这对该企业而言是有利的。但当所有企业都不控制污染时，会给整体社会经济带来巨大损失，最终会对企业个体带来消极影响，如找不到合格的劳动力、要支付更多的医疗费用，导致政府采取更为强硬的管制措施。②一种行业的产品价格较高，对该行业的生产厂家有利，但如果每种产品的价格都同比例上涨，就没有人能够从中获得利益。③节俭的悖论。一般认为个人多储蓄是基于长远考虑的一种好的理财方式，但是社会中大部分的人增加储蓄时，最终会造成社会整体储蓄水平降低，这一现象被称为节俭的悖论。其基本的逻辑过程为：个人储蓄增加→个人有效需求降低→厂商生产的商品卖不出去→厂商可提供的工作岗位逐渐减少，失业率上升→居民的收入减少→社会储蓄总额减小。

运用微观经济学研究个体的最优决策行为，只能反映片面的经济逻辑，要更全面地了解个体行为产生的总体效应，必须从宏观经济学的层面去考察，从而更好地理解整体经济中的下列问题：经济扩张与衰退是怎样决定的？我国20世纪80年代、90年代产生通货膨胀的原因分别是什么？近几年通货膨胀的主要原因是什么？通货膨胀会产生什么效应？为什么我国近年的失业问题严峻？直接原因是什么？与其他国家相比有什么不同？对于整体经济问题，我们要采取什么方法才能有效遏制？采取宏观经济政策后会产生什么效果……这是研究和学习宏观经济学的意义所在。

二、宏观经济学与个人职业发展和企业的经营管理

有些人认为，宏观经济学的研究重点是国民经济总体，通常与经济增长、失业、经济周期、通货膨胀及宏观经济政策紧密联系，这些与个人的联系很少，因此没必要去关注宏观经济领域的问题。这种观念是错误的。实际上，宏观经济与个人的职业生涯、企业经营管理之间都有非常密切的关系，具体表现在以下几个方面：

（1）个人和企业了解衡量宏观经济运行状况的各类指标之后，能以此为依据作出判断，选择与宏观经济的运行轨迹相符的职业与产业。

（2）明确政府所实行的宏观经济政策的目标，从政策目标出发，明确政府对宏观经济状况的指导方针，根据政府的政策走向适时调整个人资产组合和投资决策。

（3）明白宏观经济领域各种变量之间的关系，掌握分析整体经济的思维能力，能够灵活分析经济形势。

第二章　国民收入核算

第一节　关于宏观经济学的简述

自亚当·斯密将经济学发展完善到 20 世纪之前，经济学领域还没出现微观经济学和宏观经济学的研究分支。20 世纪 30 年代以前，经济学家普遍认为经济可以实现自我管理。他们认为，失业、经济增长缓慢之类的问题可以通过市场自行调节来解决，政府改善经济运行现状的尝试通常是无效的，而且可能会使情况更糟糕。

20 世纪 30 年代的大萧条促使部分经济学家开始将注意力转移到理解经济低迷、寻找避免经济低迷的方法上。英国经济学家凯恩斯于 1936 年出版了《就业、利息和货币通论》一书，这是现代宏观经济学的开端。自凯恩斯撰写《就业、利息和货币通论》以来，人们对与总体经济影响因素的理解产生了巨大变化，该书对经济政策也产生了深远影响，至今经久不衰。

与研究个体、家庭、企业等的微观经济学不同，宏观经济学以整体经济作为研究对象，研究各类经济问题。宏观经济学的目标在于解释对许多家庭、企业和市场造成巨大影响的经济现象，比如：为什么不同国家的平均收存在差距？为什么物价有的时候起伏较大，有时却相对稳定？为什么生产和就业有时会在某些年份明显扩张，也会在某些年份明显收缩？政府是否能采取有效的措施使经济长期稳定增长、降低通货膨胀率、提供更多就业机会？表 2-1 列出了经济学领域的几个主要问题，左侧是微观经济学问题，右侧是宏观经济学问题。通过这些问题的对比，可对微观经济学、观经济学的区别形成初步认识。

表 2-1　微观经济学与宏观经济学所涉及的问题

微观经济学问题	宏观经济学问题
我应该去读研究生，还是应该去找工作？	今年全国共有多少人被雇佣？
中国银行向南京大学金融管理硕士应届毕业生赵某提供的薪酬决定因素是什么？	在特定的年份，什么因素决定了工人的总体工资水平？
为保障低收入家庭的学生能够上大学，政府应采取何种政策？	为促进就业、拉动经济增长，政府应该采取什么政策？
影响花旗银行决定是否在上海建立一个新的办事处关键因素是什么？	影响中国与其他国家间的产品、服务及金融资产交易的关键因素是什么？

上述表格中的问题说明，微观经济学研究的是个体（企业、消费者）怎样决策的经济行为，及其决策产生的后果。而宏观经济学所研究的是经济总量的行为——经济活动中所有个体和企业行为相互影响，共同决定整体经济情况。微观经济学研究者是把问题掰开，用显微镜贴近看，只看局部不看整体；宏观经济学家是用望远镜看，站得更高、看得更远，只看整体，不关注局部。虽然宏观经济学和微观经济学是不同的，但是二者又存在联系。随着时间推移，经济学研究人员越来越认为微观经济学是宏观经济学的坚实基础，如同研究森林必须先了解树一样，宏观经济学研究必须立足于微观经济学对于个人、企业经济行为的各种理论研究。需要注意的是，宏观经济学并非简单地对每一种产品、服务供求的研究结果简单地进行加总。要解决宏观经济学的问题，需要依据另外一套研究体系和研究方法。

二、宏观经济学基本问题

宏观经济学研究的主要问题是国民经济结构、国民经济总量、经济运行机制以及政府为提高经济绩效而采取的政策，主要是短期的宏观经济调控，而失业与通货膨胀是宏观经济学中两大基础性的问题，国内宏观调控的短期目标是在不出现通货膨胀的情况下保证充分就业。

宏观经济学研究的首要问题是失业。宏观经济学是基于解决失业问题的实际需要而产生的。20世纪30年代的经济大萧条最突出的表现就是失业。在经济大萧条时期，美国的失业率从1929年的5.5%上升至1934年的22%。这意味着全美国有约1/4的工人失业，失业也会对世界其他主要市场经济国家产生不利影响，会波及全球经济。面对极为严峻的失业问题，凯恩斯提出了新的思路——从需求出发，将主要的经济变量联系起来进行研究。这次经济学探索即学界所讲的凯恩斯革命，而宏观经济学是凯恩斯革命的一个副产品。70年后，失业也成了中国面临的重大挑战，国有企业改革使大量的工人下岗，必须采取有效措施解决下岗工人再就业问题。

通货膨胀是宏观经济学中的另一个重要问题。通货膨胀会使整个社会的生产、生活成本大幅度增加。短期内，通货膨胀往往与经济衰退交替出现，导致决策者处于两难境地。在过去的一个世纪，两次世界大战期间及20世纪70年代，我国经历了两位数的通货膨胀，90年代初遭遇了非常严重的通货膨胀。90年代末，亚洲金融危机引发的通货紧缩为中国经济带来了严峻挑战。2007年，中国经济又一次受到通货膨胀的威胁。

从长期来看，世界各国发展经济的主要目的是提高本国人民的生活质量与生活水平，提高国民综合福利。要实现这一目标，需要通过长期的经济增长才能实现。自改革开放以来，我国的生产率每年以9%左右的增长幅度快速增长，人民的生活得到了明显改善。但随着经济高速增长也产生了一些问题，如收入差距增大、环境恶化等。因此，如何衡量经济增长的成本与速度，明确最优增长速度，提出实现经济最优增长的对策，是我国政府和学者面临的一个重要问题。经济增长的相关问题同样也是宏观经济学中的基本问题。

任何一个国家的经济发展都不是一帆风顺的，在不同的时期会存在不同的增长速度，出现时好时坏的状况，经济波动的时间间隔是大致相同的，即经济周期，这是宏观经济学研究的又一个基本问题。从空间上来看，在经济全球化和一体化的今天，一个国家的经济状况与其他国家经济活动之间的关系越来越密切，极易受到其他国家的影响。在开放条件下，国际收支平衡问题是宏观经济学研究的又一基本问题。

三、宏观经济学的研究方法

宏观经济学的内容极为复杂。一方面，该学科处于不断变化中，其理论观点充满了争议；另一方面，由于该学科不断引入新的分析方法和研究角度，在宏观经济学中产生了不同的表达方式和不同的流派。所以，了解宏观经济学的研究方法是十分必要的。

目前，宏观经济学研究中，除采用实证分析、均衡分析、规范分析、静态分析、比较静态和动态分析、经济模型分析等方法以外，经常采用的分析方法还有以下两种。

（一）总量分析

个量分析指的是以单个经济主体（消费者、生产者、市场）的经济行为作为考察对象的经济分析方法，也称微观经济分析。与之相对的是总量分析，总量分析是指围绕宏观经济运行的总量指标、变动规律及其影响因素等进行的分析，如对物价总体水平、国民生产总值、进出口总额、消费额、投资额、等的分析。用总量分析方法来分析问题时，重点关注经济趋势、整体的经济反映与效果等大问题，而不必过分关注个别的、具体的问题或者经济变量。总量分析方法的特点表现为：将制度因素及其变动的原因、后果、个量都假定成是不变或已知的，把经济发展总体或总量作为研究主题，研究宏观经济总量及其相互关系。在宏观经济学中，总量分析方法最典型的运用是在研究总体经济表现时采用的总供给—总需求分析。如图 2.1 所示，总供给曲线（AS）向右上方倾斜，总需求曲线（AD）向右下方倾斜。曲线的交点 E 同时决定了一个均衡产量水平（Y^*）和一个均衡物价水平（P^*）。总供给—总需求是宏观经济分析的主线。

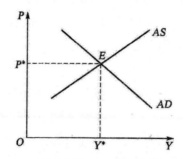

y：产量水平；p：物价水平；

AS：总供给曲线；AD：总需求曲线

图 2.1　总供给—总需求曲线

（二）存量分析和流量分析

宏观经济学中的存量分析是指对一定时点上已存在的有关经济总量的数值及其对其他有关经济总量的影响进行分析。流量分析是指对一定时期内有关经济总量的产出、投入的变动及其对于其他有关经济总量的影响进行分析。在宏观经济研究中，存量分析和流量分析均为非常重要的研究方法，两种分析可同时使用，二者是相互支撑的。以往的宏观经济研究侧重于流量分析，当前的宏观经济学更强调采用存量分析的方法，使其与流量分析并重，并且开始用统计学解决存量统计的问题。

四、宏观经济学基本范畴

为了宏观经济研究能顺利进行，需要熟悉下列贯穿整个宏观经济学体系的概念。

（一）三大市场

宏观经济学研究整体经济的运行状况，而非个体经济行为或局部市场运行的情况。在理论上可将与宏观经济运行相关的市场抽象为三大市场，即产品市场、货币市场（金融市场）和要素市场。

产品市场涵盖了全部有形商品和无形服务（劳务）的交易。如房屋、服装、汽车、食品等有形商品的交易；律师工作、美容、警务、医疗等无形服务。在宏观经济分析中，商品与劳务的总需求、总供给是通过国民收入及国民生产总值来衡量的。

货币市场涵盖所有的金融资产交易，如股票、债券、货币等。金融资产交易可分成两部分：①短期债券交易，发生在货币市场；②长期债券交易，发生在资本市场。通常以一年为期限来区分短期和长期。一般，债券、短期贷款一年到期后要归还。由于货币市场交易主要发生在短期债券市场，所以短期债券交易市场对宏观经济往往有重要的影响。

要素市场包括用于生产商品、劳务的全部生产要素的交易，微观经济学当中已经提出的基本生产要素包括资本、劳动和土地。

宏观经济学对这三大市场进行逐一研究与考察，建立三个市场的宏观经济均衡模型，从而决定产品市场的总产量和一般价格、货币市场的一般利率、要素市场的要素成本与数量。三大市场运行中的总量不断变动，将促使三大市场处于均衡状态，从而实现宏观经济的一般均衡。

（二）四大部门

从宏观角度看，封闭经济体的三大市场运行参与者是政府、企业和家庭。在经济全球化背景下，开放经济体逐渐成为各个国家的主流，所以宏观经济活动又分为国内经济活动、国外经济活动两部分，进而在国外形成了与国内总体运行密切相关的部门。因此，宏观经济学一般将政府、企业、家庭及国外部门作为宏观总量运行过程的四大参与部门。企业和家庭都属于私人部门，企业部门指生产产品和劳务的所有的企业；家庭部门指所有的生产要素占有者，即所有消费者。

（三）存量与流量

西方经济学的微观经济学部分表明，在分析经济模型时，最关键的一个环节就是找到各个经济变量，同时使经济变量间建立联系。何为经济变量？所谓变量是指大小可变的量，即能取不同值的量，如宏观经济分析中的一般价格、投资、储蓄与国民收入等都属于宏观经济中的变量，微观经济分析中的需求量、价格、收益、成本等都是微观经济中的变量。经济模型当中的变量分为外生变量、内生变量。除这一区分标准外，经济变量还可分为存量和流量，二者的值在一定时间内都是可大可小的。存量是指某一时点测算出来的数量。例如，任一既定时刻的厂房、机器的数量，失业总人数，任一既定时刻的货币量等。而流量是按一定时期测算得出的数量。如月工资，某一年的国民收入，某一时期的储蓄、税收、消费、投资等，都代表某一时期的流出量或流入量。

通常以"浴盆"来阐明存量与流量之间的区别。打开水龙头往浴盆内注水，每一分钟由水龙头流到浴盆的水量为"流量"，今天上午 10 时 50 分浴盆中的水量为"存量"。每分钟从水龙头流入浴盆的水为 10 升，从打开水龙头到 10 时 50 分，浴盆中有 50 升水（存量）。浴盆当中水的存量是由流出水的流量积累而来，水的流量是存量的变动，存量与流量有关，流量来自存量，又归入存量中。存量因流量变化而变化，而存量变动又会影响流量的大小，有一些流量兼有直接对应的存量，如储蓄与储蓄额、投资与投资额、失业人数和就业人数。有的流量如税收、工资等虽然没有与之对应的存量，但能直接对其他存量的大小产生影响。如进口能影响国内资本存量，进而还会对住宅建筑的存量产生影响。

初级宏观经济理论主要研究短期内各个流量之间的关系，即其中每一流量在任一时期的大小都只由其他流量的大小来决定。例如，消费函数中，消费支出流量由收入流量决定，而收入流量又等于消费支出加投资支出流量。在宏观经济分析的所有流量中，国民收入是最重要的流量，因为它是反映国民经济整体运行情况最重要的总量指标。国民收入的大小由什么决定？国民收入的上下波动由什么决定？若干年内的国民收入增长速度又是由什么决定的？以上问题构成了宏观经济理论的主要内容。因此，宏观经济学研究从国民收入循环与核算分析开始。

第二节　收入与支出的循环流程

为便于理解国民收入核算账户体系的理论基础和市场经济中主要变量的流动，经济学使用了收入—支出循环流程图。最简单的循环流量模型由企业、家庭两个部门组成。两部门模型虽然简单，却是分析所有循环流量模型的基础。为了便于理解，假定整体国民经济中只有企业、家庭两个经济主体，即最基本的两部门经济流量循环模型；在这一模型中加入政府，就导出了三部门经济流量循环模型；再加入国外部门，就得到一个与现实比较接近的开放经济体的四部门经济流量循环模型。

一、两部门收入—支出循环流程模型

假设一个经济社会只存在两个经济实体——家庭与企业两个部门，且部门内不发生任何交换活动。进一步假定家庭具备全部要素资源（劳动），而企业能生产全部的产品与劳务，这样就产生了两大市场，即要素市场和产品市场。现在投入劳动生产一种产品——面包，如图 2.2（a）所示。首先，家庭把劳动力卖给企业，企业以货币形式向家庭支付工资。然后，企业利用购买的劳动力来生产面包，再把面包卖给家庭，家庭以货币形式向企业支付货款。这样，在循环流程图的内圈，劳动力这一要素由家庭向企业流动，产品从企业向家庭流动。在循环流程图外圈，货币作为工资从企业流向家庭，然后再以货款的形式从家庭流向企业。

通过图 2.2 可以看出，对整体经济来说，总收入与总支出必然相等。原因是，在一个公平的交易市场中，若不允许赊账，每一笔交易中买方支出的货币一定与卖方收入的货币相等，不然交易就不能完成。在图的上方，家庭与企业经过生产要素市场产生联系，家庭为企业提供生产要素（劳动、资本、土地等），企业向家庭支付使用生产要素的报酬（货币）。在图的下方,家庭和企业通过产品市场发生联系,企业把生产的商品拿到产品市场,家庭在产品市场进行消费,将其全部收入(提供生产要素而获得的所有报酬)都用于消费,但在实际的经济活动当中并不是这样。在图 2.2(a)循环流程图中,增加了两项经济活动——储蓄与投资。两部门收入—支出的循环模型就变成了图 2.2(b)中的情况。

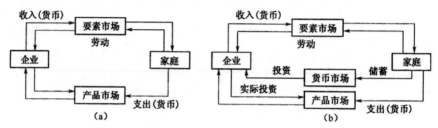

图 2.2　两部门收入—支出循环流程图

与图 2.2(a)相比,图 2.2(b)增加了储蓄、投资两个变量,又增加了货币市场。在这一模型中,储蓄为漏出量,在循环流量中减少;投资为注入量,在循环流量中增加。只有当漏出量与注入量相等,循环流量才能维持平衡与稳定;否则,就会出现失衡。

二、三部门收入—支出循环流程模型

两部门循环流程模型是在假定无政府干预、完全自由的市场经济下得出的,但现实的经济活动中,完全的市场出清、两部门经济循环是不存在的。考虑到市场失灵情况下的宏观经济活动及其循环模型,必须包含政府干预,这种考察政府干预下的市场经济活动及其循环模型,在宏观经济学中被称为三部门经济模型。在三部门的经济模型中,政府向企业及家庭征税,并为家庭、企业提供各种公共服务,详细内容见图 2.3。

在图 2.3 的三部门收入—支出循环流程图中,假如政府开支高于税收,则出现财政赤字,政府必须在信用市场上借款,以弥补财政赤字,此时政府将与企业共同争夺家庭储蓄;若政府的税收比支出高,即为财政盈余;当政府的税收与支出持平时,即实现了财政平衡。

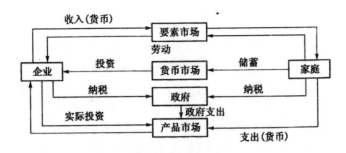

图 2.3　三部门收入—支出循环流程图

三、四部门收入—支出循环流程模型

当一个经济体发展至一定程度，就会寻求更大的发展空间。在当代，世界经济全球化、一体化趋势越来越明显，各国经济交流更加密切，封闭的宏观经济研究渐渐转向开放的宏观经济研究，将外部所有与本国经济产生的联系归结在一起，形成"国外部门"，从而构成结构更完整的四部门经济循环流量模型。

在四部门经济循环流量模型中，国外部门的作用分为两个方面：①向国内的各个部门提供其需要的劳务与商品，对国内而言是进口；②向国外的商品及劳务需求方提供国内具有的商品、劳务，相对于国内来说是出口。进口需要支付货币，对整个循环过程来说，进口与储蓄、政府税收一样，都是经济漏出量。而出口可以为国内带来收入，在循环过程中与投资、政府支出是相同的，均为经济注入量。四部门的经济流量收入—支出循环模型见图 2.4。

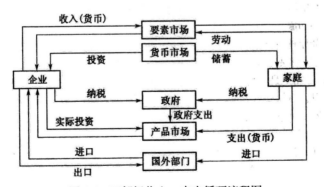

图 2.4　四部门收入—支出循环流程图

在四部门经济运行过程中，要保证经济正常运行，除储蓄、投资相等，保持政府税收、收支平衡之外，还要保证总出口、总进口平衡，即国际收支平衡。同时还要求四个部门收入总额与支出总额相等。

第三节　国民收入核算的具体指标

宏观经济学的研究对象是国民经济中的总量经济关系，而在国民经济的许多总量中，国民收入是最具有代表性的经济总量。国民收入是经济社会生产、服务等各部门在一定时期利用经济资源创造的经济价值的通称，均衡国民收入的决定是宏观经济学的核心，核算国民经济活动的核心指标是国内生产总值（GDP）。

一、主要核算指标

（一）国内生产总值（GDP）

搞清楚"GDP"的内涵，对于理解宏观经济学理论及实践的意义是非常重要的。GDP 的全称为 Gross Domestic Product，即国内生产总值，是指在一定时期内（通常为一年），一国或一地区运用生产要素（可能是本国的，也可能是外国的要素）生产的全部产品（含提供的劳务）按市场价格计算得出的价值总额。

GDP 是衡量一个国家经济状况的关键指标，它不但能反映一个国家的经济地位，还能反映该国的综合实力。2012 年，我国国内生产总值（GDP）为51.68 万亿元，当年人民币与美元汇率的中间价约 6.28，约合 8.23 万亿美元，为美国 GDP 的 52.80%，这是首次过一半，与英、德、法三国 GDP 总和相等。我国 GDP 自 2010 年超过日本后，中日 GDP 的差距在不断扩大，2012 年高出日本 2.28 万亿美元。当前我国已是世界第一大经济体。

GDP 是一个宏观指标，要在理论、实践当中正确理解并使用这一概念。

1.GDP 衡量的是最终产品的价值

根据产品的实际用途，一般可将其分为两种：中间产品与最终产品。最终产品是指在一定时期内（期末）生产的，可供人们直接消费或者使用的物品和服务。中间产品则是指在一定时期内（期中）为生产期末产品而消耗的各种生产资源，如原材料（棉花、棉纱、布）、燃料（石油、煤炭）等，其价值已经转移至最终产品。因此，中间产品不计入 GDP，不然会重复计算。需要明确的是，资本品究竟是中间产品还是最终产品？资本品也称投资品，主要指的是生产中使用的设备及厂房。虽然资本品也像中间产品一样，都用来生产其他产品，但资本品在生产中仅仅消耗一部分，一次生产之后，会产生一些磨损，却依然能够保持整体形态；而中间产品会在生产中被全部消耗掉。因此资本品也应被视作最终产品。在实际进行 GDP 核算时，为了降低中间产品对 GDP 核算的影响，通常采用"新增价值法"。例如，农民将 1 斤面粉卖给面馆，获得 1.5 元，面馆将面粉做成面条，以 8 元的价格卖给顾客（赚 6.5 元）。计算 GDP 时，为避免重复计算，只计算农民和面馆增加的价值 1.5 元和 6.5 元，即最终的面条价值 8 元，而不包括中间产品面粉的 1.5 元。

2.GDP 衡量的是市场价值

GDP 是一个市场价值概念，是建立在市场价格基础之上的。一方面，计入 GDP 的最终产品必须是经过市场交换的，只有形成市场价格，才能在核算 GDP 时计入；另一方面，交换形成的市场价格必须是可得的、公开的，否则不具备核算可操作性。不经过市场交换、自给自足的产品不能计入 GDP，如农民饲养的家禽、种的菜主要是自家食用，不外售，因而没有算入 GDP；不公开的、未实现社会市场化的、非法的黑市交易产品不能计入 GDP，如我国大多数家庭都是自己处理家务活，也有些家庭雇佣了提供家政服务的人员，但很多家政服务是不正规的，没有在政府部门备案登记，因此，不能全部计入 GDP。在经济发达的国家，家政劳动社会化程度高，凡是提供家政服务的工作者，必须先去有关部门登记，填写税卡，手续完成后才可以从事相关工作，那么相关劳务会全部算入 GDP。

3. 国内生产总值衡量当期生产的产品价值

国内生产总值是当期运用生产要素新创造的价值。因此，若不是当期生产，但在当期出售的产品，其价值不能计入 GDP，因为在此前已经核算过。有两种情况应特别注意：①二手市场商品的交易价值不计入 GDP，但产生的与交易相关的费用（属当期的劳务支付）要计算在内；②金融资产的交易价值不可计入 GDP，但与交易有关的费用属于当期劳务支付，应计算在 GDP 中。

4. GDP 是一个流量概念

GDP 限定在"一定的时期"内，如一国某一年的国内生产总值，一个地区某一季度的国内生产总值。

5. GDP 衡量的是一定地域中的要素所创造的价值

国内生产总值是一个地域的概念，既包括使用本国生产要素创造的价值，也包括使用外国生产要素创造的价值。如中国境内的日资企业生产的产品，要计入中国的 GDP，而不计入日本的 GDP。与国民生产总值相对应的是国民生产总值——GNP。

（二）国民生产总值（GNP）

国民生产总值（Gross National Product，GNP）是指在一定时期内一个国家或地区的居民运用其所拥有的生产要素（在国内或国外）生产的最终产品的市场价值。这是一个国民概念，与 GDP 的区别只在界定生产要素的关键词上，GDP 强调"一国（或地区）境内"，GNP 强调"一国（或地区）所有的"。

与 GDP 一样，GNP 也是当期生产的产品价值，是最终产品的价值，是市场价值，是流量概念，但二者的核算原则是不同的。GDP 是与一个国家或地区的"领土"联系在一起，凡是在本国（或本地区）领土上创造的收入，不管是不是本国（或本地区）居民所创造的，都被计入本国（或本地区）的 GDP。例如，外国公司在中国的子公司的利润都应计入中国的 GDP；中国居民在国外投资所获得的利润都应计入中国的 GNP。

GNP 与 GDP 的关系如下：

GNP = GDP + 本国国民在外国创造的价值 – 外国国民在本国创造的价值 = GDP + 本国国外要素净收入。

GNP 和 GDP 的差额是一个国家在国际分工中"走出去"和"引进来"不对等程度的直接反映。自 1993 年以来，我国"引进来"所吸引的外资数量已连续数年在发展中国家居于首位，GDP 连续数年高于 GNP。

二、从国内生产总值（GDP）到个人可支配收入（DPI）

在国民经济核算体系中，国内生产总值从总体上衡量一个国家或地区的产出水平，包含了所有要素的产出与所有经济主体的收入。为了反映一个国家和地区总产出的构成及分配，需要进一步梳理国民收入中各项指标之间的关系。

（一）国内生产净值（NDP）

国内生产总值是所有生产要素在一定时期创造的价值总额，包含着在生产过程中的固定要素的贡献。固定资本在生产中被长期使用，其价值与功能会随着生产的长期进行而被逐渐耗损。为了保证再生产能正常进行，必须在销售产品以后，将生产中的资本消耗以货币形式提取并积累起来，通常称为资本折旧，以便在必要时更新固定资本。

可见，如果从国内生产总值中扣除相应的资本消耗，剩余的部分更能代表一个国家或地区在一定时期要素的净贡献。国内生产净值反映的正是这一意义上要素创造的净值，即一个国家或地区在一定时期内所生产的最终产品按市场价格计算的净值。

所以，NDP = GDP– 资本折旧。

（二）国民收入（NI）

对要素的持有者而言，一个国家或地区的国内生产总值 GDP 固然重要，但与切身利益联系更紧密的是这部分产出按要素分配的个人所得。国民收入正是这层意义上的概念，它是在国内生产净值基础上扣除企业的间接税、企业的转移支付，再加上政府给企业的补贴得出的，代表一个国家或地区的生产要素在一定时期内提供生产性服务所得的全部报酬，包括为工资、租金、利润和利息。

企业的间接税指流通型企业的税收（在商品的流通环节所征收的税），纳税人能够通过提高价格、收费标准等途径把税收负担转嫁给他人（通常为买方）。因此，经济社会中部分商品的市场价格中包含了转嫁的间接税，这部分税收权力属于政府，不构成使用要素的支付，因此不属于国民收入。

企业的转移支付指的是企业对非营利组织的捐款或捐赠，以及对非企业雇员的人身伤害赔偿等，需要用企业的经营所得来支付，不构成对要素使用的支付，因此不属于国民收入。

政府给企业的补贴一般是指政府向某些企业提供的财政捐助以及对价格或收入的支持等，这些措施直接或间接地增强了企业使用要素的能力，企业会因此扩大规模，增加要素的雇佣数量，从而构成对要素的支付，形成国民收入。

由此可得，国民收入 NI = NDP – 企业间接税 – 企业转移支付 + 政府给企业的补贴。

（三）个人收入（PI）

生产要素报酬意义上的国民收入并非全部是个人收入，也不是个人收入的全部来源。一方面，国民收入中有一部分并不是个人可以拿到手的，即应当支付而没有支付的部分。如利润中有一部分要以所得税的形式上缴，同时也有一部分未分配的利润留存；再如，要素收入当中也有一部分是以社会保险的形式存在的。另一方面，个人除通过提供生产要素直接得到的收入以外，还有其他的收入来源。如政府的转移支付，包括政府向个人支付的养老金、失业救助金、退休金、退伍津贴、政府债券的利息等。

此外，要素的利息性收入是比较特殊的。首先，在金融活动中，资金往来都是双向的，个人和企业间的债权债务关系也是相互的，双方可以互为债权人。因此，国民收入包含了"企业的利息收入（个人向企业支付的利息）– 企业的利息支出（企业向个人支付的利息）= 净利息"的部分，这一差额可以是正数，也可以是负数。净利息为正数，表明个人支付给企业的利息大于企业支付给个人的利息，则应在国民收入的基础上扣除净利息才是个人实际所得的收入。其次，在借贷活动中，利息往往会不断调整和变动，利息一旦调整，个人可能因此获得利息收入，即不属于净利息当中的个人利息收入。

根据上述分析可得，个人收入 PI = NI – 企业未分配利润 – 企业所得税 – 社会保险金 – 净利息 + 政府转移支付 + 红利 + 个人利息收入。

（四）个人可支配收入（DPI）

个人可支配收入是个人能拿到手的收入，但并不表示收入能全部到手。因为，国家的税收制度规定，企业是纳税人，要交间接税和直接税（企业所得税），个人也是纳税人，个人要交直接税（个人所得税）。因此，一般认为，个人收入扣除个人所得税后才是个人的实际收入，是个人实际上可以自由支配的收入，这部分收入可用于消费、储蓄，对于个人的消费开支具有决定性影响。

个人可支配收入的计算公式为：

个人可支配收入 DPI = PI – 个人所得税 = 消费支出（C）+ 个人储蓄（S）。

三、其他指标

（一）人均 GDP

人均国内生产总值，也被称为人均 GDP，是一个国家或地区在一定时期的国内生产总值与常住人口的比值，其计算公式为：

人均国内生产总值 = 总产出（GDP 总额）/ 总人口（常住人口）

GDP 代表一个国家或地区的经济总量与规模，而人均 GDP 代表一个国家或地区的经济发展水平和人民的生活水平。2012 年，中国 GDP 总量超过了美国的一半，全球排名第二，但人均 GDP 只有 0.69 万美元，同期人均 GDP 最高的卢森堡为 10.38 万美元、排名第 11 的美国人均 GDP 为 5.18 万美元、全球排名第 13 的日本人均 GDP 为 4.67 万美元，世界平均人均 GDP 为 1.03 万美元，与此相比我国存在较大差距。

（二）实际 GDP 与名义 GDP

GDP 是一个价值概念，其大小及变化取决于经济社会的产量水平，同时又受市场价格水平的影响。因此，不同时期的国内生产总值存在差异，这可能是由商品及劳务数量不同导致的，也可能是价格水平的变化而引发的。为了比较各个时期的国内生产总值，可将某一年的价格水平作为标准，每一年的国内生产总值均按照这一固定的价格水平来计算。这个特定的年份即"基年"，这一年的价格水平即"不变价格"。我国从开始核算国内生产总值以来，先后确定了 1952 年、1957 年、1970 年、1980 年、1990 年、2000 年、2005 年、2010 年等 8 个不变价格基期。2012 年、2011 年的国内生产总值是按照 2010 年价格计算的。而我们把用不变价格基期计算的国内生产总值称为实际国内生产总值，用当年价格计算的国内生产总值称为名义国内生产总值。

所谓名义 GDP 也称货币 GDP，是指以现行市场价格（当年/当期价格）计算的既定时期的国内生产总值。名义 GDP 的变动，既包括产量的变化，也包括价格的变化，是两者变化产生的结果。

在经济运行中，不同时期的产品价格会出现一定的波动，使 GDP 的变动存在明显的不确定性，特别是在通货膨胀时期，这种不确定性更明显。因此，如果用名义 GDP 就很难对 GDP 进行横向比较，以反映一个国家或地区资源利用情况的动态变化。要使不同阶段的 GDP 具有可比性，就要消除价格水平带来的影响。常用的方法是以某一特定年份（基年）的价格水平（称为不变价）为基准来计算一定时期的 GDP。从而产生了实际 GDP 的概念，即按某一特定年份的不变价格计算出来的某个时期最终产品的市场价值。由于实际 GDP 不考虑购买力波动造成的影响，以此作为衡量国内生产总值的指标，要比名义 GDP 更准确。

相比名义 GDP 变动，实际 GDP 变动只是实际产量的变化引起的，是一个国家或地区经济总量水平更真实的反映。因此，实际 GDP 是国际公认的反映一国或一个地区在一定时期内经济总量的最可靠的综合指标。一个实际 GDP 较高的国家能够为公民提供更好教育和卫生服务，民众生活质量往往更高。但是 GDP 和生活水平之间并不是完全对应的关系，因为它能表明一个国家会怎样用这些产量来提高社会整体生活水平。现行的国内生产总值都是按照当年的价格来计算的，要使其折合成实际 GDP，必须要了解 GDP 平减指数。

（三）实际 GDP 和潜在 GDP

资源充分利用（充分就业）实现最大产出是宏观经济运行重要的目标之一。然而，由于各种因素的限制，资源实际利用情况往往达不到充分利用的水平，从而导致实际产出达不到最大产出的标准。于是便产生了实际 GDP 与潜在 GDP 的概念。

实际 GDP 指一个国家或地区在一定时期实际利用资源生产出的最终产品的市场价值。

潜在 GDP 指一个国家或地区在一定时期内正常强度下调动所有的经济资源能够生产的最终产品的市场价值。一个国家或地区的潜在 GDP 并不是固定不变的，它会随着资本、技术、人口、开放程度等诸多因素的变化而变化。

潜在 GDP 是一个国家或地区的资源得到充分利用时才能实现的 GDP，一方面，它体现了一个国家或地区经济发展的潜力；另一方面，它与实际 GDP 之间的偏差也反映了一个国家或地区的经济运行情况和资源利用情况。如果潜在 GDP 等于实际 GDP，证明该地的经济潜力得到了充分地挖掘与发挥，经济发展理想，实现了充分就业。如果潜在 GDP 的值高于实际 GDP，则表明该国或该地区的经济潜力没能充分发挥，资源利用不够充分，有潜在的经济萎缩风险。如果潜在 GDP 比实际 GDP 的值小，表明经济发展超出了潜力，资源被超常规利用，可能会导致经济过热或通货膨胀。

第四节　国民收入的核算方法

在经济学实践中，国民收入（包括国内生产总值）的核算方法有三种：支出法、收入法和新增价值法（也称生产法）。

一、支出法

这一核算方法的关键是要弄清最终购买产品的经济主体。一般来说，作为产品最终购买者的经济主体有政府、消费者、企业和国外部门。企业购买产品形成了投资，消费者购买产品形成个人消费，政府购买产品则为政府采购，国外部门购买产品构成出口。因此，支出法核算 GDP，就是核算一定时期内一个国家或地区个人消费支出（C），投资支出（I），政府购买支出（G）、进口（M）及出口（X）等的总和关系。

（一）个人消费支出 C

个人消费支出指的是个人消费者在一定时期内对于物品和服务的全部最终消费支出，用字母"C"表示。消费者对物品的最终消费支出是在货物所有权发生变化的时候记录的，对服务的最终消费支出是在提供服务的时候记录的。

需要注意的是：①个人消费支出包括购买耐用消费品（如汽车、洗衣机、空调等）、非耐用消费品（如衣服与食物等）及劳务（如理发、医疗、旅游等）的支出；不包括建造或购买新房的支出，一般个人购买或者建造新房的支出被视作投资支出。②在开放经济条件下，个人消费购买的最终产品，既包括本国生产的产品，又包括外国生产的产品，而国内生产总值是一个地域概念，因此在核算的时候应扣除个人购买进口产品产生的消费支出。

（二）投资支出 I

投资支出（I）是指更换或增加资本资产（住宅、厂房、设备或存货）而产生的支出。这里的"投资"（也叫实际投资）与日常生活当中所说的投资不同，是指耐用资本品的生产，如购买债券、股票等。只有在生产出有形资本品的时候，才算发生了经济学概念的投资行为。私人投资支出可分成三大部分：企业固定资产的投资、存货投资、居民购买及建造新房的投资。在开放经济条件下，私人投资支出购买的产品同样也包括外国生产的产品，即进口产品的部分，在 GDP 核算时应将这部分扣除。

企业部门的资本形成总额是指企业在一段时期内所获得的固定资产价值总额，包括有形的固定资本形成总额与无形固定资本形成总额。有形固定资本形成总额包括一定时期内完成的安装工程、建筑工程和设备工具（器件）购置价值及土地改良等。无形固定资本形成总额包括计算机软件、矿藏的勘探等。由于存在折旧，投资还可分为重置投资与净投资。如果某国 2012 年总投资为 1000 亿元，由于厂房、机器的磨损，该年消耗的折旧为 350 亿元，其中用于补偿资本消耗的 350 亿元为重置投资，650 亿元为净增加投资。GDP 统计当中的"投资"是指总投资。总投资是一定时期的全部投资，包括建设的所有厂房、设备及住宅等，而净投资是从总投资中扣除资本消耗部分得出的。例如，某企业 2019 年购置 10 台机器，总价值为 200 万元，其中的两台用于更换报废的机器，则总投资是 200 万元，净投资是 160 万元。

存货投资是企业在一定时期内存货实物量变动的市场价值，即期末价值减期初价值的差额。存货投资既可为正值，也可为负值，正值意味着存货投资上升，负值意味着存货投资下降。例如，2019 年初全国企业的存货为 110 亿元，年末时为 60 亿元，则存货投资为 –40 亿元。存货包括企业购进的燃料、原材料、储备物资等，也包括企业所生产的成品、半成品和在制品等。

（三）政府购买支出（*G*）

政府购买支出是指政府购买劳务和物品方面的支出，用字母"*G*"表示，这一公共支出囊括了公务员与武装人员的薪资支付以及采购各种公用物资的开支，如政府出资开办学校、设立法院、修建道路、提供国防等公共建设类的支出，这是政府支出的重要构成部分。

政府支出的另一部分如公债、转移支付等都不算入 GDP。原因在于，政府购买是通过雇请教师、公务人员，建立公共服务设施等方式为社会提供各类服务，这些过程中存在商品交换。而转移支付只是简单地将收入从一些人或组织转移至另一些人或组织，没有产生相应物品，也没有发生劳务交换。例如，政府为残疾人发放救济金，不是因为这一群体创造了社会价值、提供了服务，而是因为他们没有劳动能力，需要依政府靠救济维持生活。因此，除了"政府购买"，其他类型的政府支出通常不能计入GDP。

开放经济条件下，政府购买与私人消费、私人投资相同，其中也包含对外国产品的购买（进口），GDP 核算时需要扣除。

（四）外国部门的净购买（*X-M*）

在开放的经济环境中，本国的产品会走出国门，被外国部门（政府、个人、企业、国际组织）购买，即为出口，用字母"*X*"表示，本国的个人、企业及政府也会从外国部门购买对方所提供的产品，即进口，用字母"*M*"表示。由于国内生产总值是一个地域概念，因此，应将本国的经济主体所购买的进口产品全部扣除，则计入本国 GDP 的表示为（*X-M*），也称进出口净额（净出口）——*NX*，表示国外部门购买本国产品的净额（净购买）。

综合上述构成项目，支出法核算一国或一地区的 GDP，公式为：

$$GDP = C + I + G + (X - M) \ (NX)$$

支出法核算 GDP 的例子见表 2-3。

表 2-3　按支出法计算的我国 2009—2012 年 GDP　　（单位：亿元）

指标	年份			
	2009 年	2010 年	2011 年	2012 年
国内生产总值	348 7750.7	402 816.47	472 619.17	529 238.43
最终消费	169 274.8	194 114.96	232 111.22	261 832.82
居民消费	123 584.62	140 758.65	168 956.63	190 423.77
农村居民消费	290 05.33	319 74.6	389 69.59	423 10.38
城镇居民消费	945 79.29	108 784.05	129 987.04	148 113.39
政府消费	456 90.18	533 56.31	631 54.92	714 09.05
资本形成总额	164 463.22	193 603.91	228 344.28	252 733.24
固定资产形成总额	156 679.79	183 615.16	215 682	241 756.84
存货增加	783.43	998 8.75	126 62.28	110 16.4
货物和服务净出口	150 37.04	150 97.6	121 63.34	146 32.38

二、收入法

收入法也被称为要素分配法，根据生产过程创造的收入，从生产要素在生产过程中应该获得的收入份额或因从事生产活动而向政府支付的份额的层面来计算最终成果的方法。

用收入法核算国内生产总值时，可将全部生产要素分成两类：受雇于企业的与不受雇于企业的，将生产要素的收入分成三部分：个人的、企业的及政府的。因此，国内生产总值的构成为：生产要素的报酬性收入、企业收入、政府收入、非公司性业主收入、国外要素收入净值。

（一）生产要素带来的报酬性收入

生产要素的报酬性收入是生产要素受雇于企业，因提供服务而获得的收入，包括：①工资：因工作获得的所有酬金、津贴及福利，包括个人所得税与社会保险；②利息：给企业提供资金而得到的利息，如银行存款的利息、企业债券的利息等，但不包括政府公债的利息与消费信贷的利息；③租金：出租房屋、土地等的租赁收入；④版权、专利等收入。

（二）非公司性业主收入

非受雇于企业的生产要素产生的收入（创造的价值）称为非公司性业主收入，主要包括私营业务的律师、医生、农民、小商贩的收入及个体户收入等。他们一般依靠自己的技术或资金，自我雇佣，工资、利润、租金与利息常常混在一起，很难明确区分。

（三）企业和政府收入

企业收入是受雇于企业的生产要素所创造的价值，而政府收入主要指各类税收。企业、政府的收入主要包括：①公司的税前利润，主要为公司的所得税、社会保险税、股东红利与未分配利润等间接税。②资本折旧，不是要素收入，但属于总投资（为重置投资）。这是因为企业核算利润都将折旧归入成本。也就是说，当用收入法计算国内生产总值时，计算"利润"这项收入时，是扣除折旧后的利润。而 GDP 是"毛"的，不是"净"的，包含折旧，所以要再加上折旧。③企业转移支付，如对非营利社会组织的慈善捐款、消费者呆账等。④企业间接税，如货物税、周转税、销售税。企业间接税不是生产要素创造的收入，往往通过调整市场价格转嫁给广大消费者。为什么计算国民生产总值时需要加上间接税？例如，超市里一瓶矿泉水的售价为 2 元，这 2 元钱包含在生产流程中各个环节产生的工资、租金、利润和利息等。若政府加收 5 分钱的间接税（消费税），消费者购买一瓶水要付 2.05 元。用支出法来计算 GDP 为 2.05 元；而用收入法计算时，这 5 分钱不属于前面的工资、租金、利息和利润等任何一部分，所以要单独加上。

（四）国外要素收入净值

国外要素收入净值 = 外国要素在本国产出的价值 – 本国要素在国外产出的价值。工资、租金、利息和利润收入等不管是在国内得到的还是在国外得到的，均为本国国民收入，但不包括外国人在本国的收入。如果不加这一项，算出来对应的是 GNP，而不是 GDP。所以，要加上国外要素收入净值，把"人"的概念调整为"地域"概念。

用收入法核算 GDP 的公式为：

GDP = 工资 + 利息 + 租金 + 企业税前利润 + 企业间接税 + 企业转移支付 + 资本折旧 + 非公司性业主收入 + 国外要素收入净值

三、新增价值法

核算国内生产总值的第三种方法是新增价值法，也称部门法或生产法。从生产过程中创造的货物和服务价值入手，除去生产中投入的中间货物与服务价值，进而算出增加的价值。

在核算中，一般先将一个国家的国民经济按照产业部门进行分类，然后，根据各个部门的产值，即新增价值来计算 GDP。凡是可核算增加值的部门，如生产并提供物质产品的农业部门、工业部门，提供劳务产品的邮电、交通、房地产、旅游等部门，各部门总产值减去中间产品价值就是各部门的增加值；凡不能核算增加值的部门，如行政部门和教育部门等，都按其工资收入来核算总产出。

前文已经提到，我国不同部门计算国内生产总值采用生产法或支出法，但没有公布按收入法计算得出的国内生产总值的构成部分，国家统计局公布的资金流量表包括财产收入、工资、税收等项目。

劳动者报酬包括工资、奖金、津贴、公费医疗、医疗卫生费、交通补贴及社会保险等。个体经济所有者的经营利润和劳动报酬是不易区分的，因此都视为劳动报酬。财产收入包括红利、利息和土地租金等。生产税净额是生产税减去生产补贴之后的余额。

四、产出、支出及收入的关系

从广义上来看，宏观经济中的产出、收入与支出是完全等值的，一个国家或地区在一定时期内的产出总量、收入总量、支出总量是相等的，即：

总产出 = 总收入 = 总支出

产出与收入相等，表示产出增值与投入要素的收入相等；产出与支出相

31

等，表示最终销售与最终支出是相等的。

由于统计过程中种种因素的影响，产出、支出、收入间难免会存在误差，这意味着用支出法和收入法计算得出的结果可能会有出入。这种情况下，要以支出法为准进行调整。所以，用收入法核算 GDP 时要额外增加一项误差统计。

第五节　国民收入恒等式

通过国民收入的核算分析，可得出国民收入构成的基本关系与基础公式，进一步可以构建宏观经济的供求均衡关系，即通过"总支出 = 总收入"引出"总需求 = 总供给"的宏观均衡及其表现形式。

由于支出法核算 GDP 是基于产品的购买和支付的角度，其结果"GDP=$C+I+G+(X-M)$"中"$C+I+G+(X-M)$"四个构成部分是按照国民经济中各部门经济主体——个人、企业、政府和外国部门进行划分的。而支出法是从生产要素的支付层面来核算 GDP 的，其结果"GDP=工资+租金+利息+企业税前利润+企业间接税+企业转移支付+资本折旧+非公司性业主收入+国外要素净值"中的各个部分是按收入的性质划分的。这两种核算方法划分构成项目的原则不同，因此难以对"总收入 = 总支出"的恒等形式进行分析与比较。

为便于比较、分析"国民收入恒等关系"的表现形式，本节按照支出法要素划分的原则与结构，将收入法核算的 GDP 从按国民经济各部门的经济主体（个人、企业、政府和外国部门的）角度去分析。事实上，一定时期内一个社会生产要素（受雇于企业、非受雇于企业）所产生的收入都在个人、企业与政府三者之间分配。个人分配的工资、利息、租金等形成了个人可支配收入（DPI），最终表现为个人储蓄 S 与人消费 C；企业分配的收入，如资本折旧、未分配利润等形成企业的储蓄 S；政府分配的主要为企业所得税、个人所得税及间接税等税收收入 T。

用收入法核算的国民生产总值，从它在各部门间分配的角度上看，GDP

= DPI+ 企业储蓄 + 政府税收 = $C+S+T$。

综上所述，从支出来看，GDP=$C+I+G+$（$X-M$）；从收入来看，GDP=$C+S+T$。从价值量上来看，"支出"体现了一个国家或地区中的各经济主体总的需求，即总需求（Aggregate Demand，AD），"收入"则体现了社会生产出来的全部产品的配置方向———部分由个人消费用，一部用于个人和企业储蓄，另一部分用于政府税收。因此，GDP=$C+S+T$反映了一个社会的产品总供给（Aggregate Supply，AS）。

由国民收入的核算关系"总支出 = 总收入"，推算出"总需求 AD = 总供给 AS"，则有"AD = GDP = $C+J+G+$（$X-M$）= $C+S+T$ = GDP = AS"这一国民收入恒等式的基本形式。它会随着经济部门数量的不同而呈现不同的表现形式，是宏观经济要分析的重要恒等关系。

一、两部门经济的国民收入恒等式

两部门经济是宏观经济的重点研究对象。所谓的两部门经济是指经济社会中只存在"个人"和"企业"两大经济主体，不存在"政府"和"外国部门"。其运行模式如前面第二节的"收入—支出循环流程图"图 2.2 所示。

由于不存在政府和国外部门，因此，从支出（或总需求 AD）角度看，AD = GDP = $C+I$；从收入（或总供给 AS）角度看，AS=GDP=$C+S$。总收入 = 总支出或总需求 = 总供给，则 $C+I$ = $C+S$，于是有 $I=S$，即投资等于储蓄（个人储蓄和企业储蓄），这就是两部门经济国民收入恒等式的具体表现形式。

需要指出的是，此处投资与储蓄的恒等关系，是国民经济运行最终成果核算得出的恒等关系，是"事后"恒等。因此，这一恒等式绝对不表示人们意愿的或计划的储蓄总是等于企业打算获取的或计划的投资。在经济运行过程中，一个社会的储蓄与投资不一定相等，可能有三种情况：投资比储蓄多，储蓄比投资多，投资与储蓄相等。投资、储蓄间的关系会引起一个社会的经济波动。

二、三部门经济的国民收入恒等式

三部门经济是假设社会只存在个人、企业、政府的封闭经济形态，没有外国部门。经济社会有政府存在，就会有税收。三部门经济运行模式如第二节"收入—支出循环流程图"图 2.3 所示。

此时，经济社会有政府，但没有国外部门。因此，从支出（总需求 AD）角度计算国内生产总值，则有 $AD = GDP = C+J+G$；从收入（总供给 AS）角度来计算，则 $AS=GDP=C+S+T$。由于总收入 = 总支出或总需求 = 总供给，则 $C+I+G=C+S+T$，于是有 $I=S+（T-G）$，其中"$T-G$"代表"政府储蓄"，国民收入恒等式依旧是"投资 = 储蓄"。

三、四部门经济的国民收入恒等式

四部门经济指的是包含个人、企业、政府和外国部门等构成因素的开放经济状态下的社会形态，有政府税收，也有进口、出口。其经济运行模式如前面第二节"收入—支出循环流程图"图 2.4 所示。

从支出（总需求 AD）角度来计算国内生产总值，$AD=GDP=C+I+G+（X-M）$；从收入（或总供给 AS）角度计算，$AS=GDP=C+S+T$ 总收入 = 总支出或总需求 = 总供给，$C+I+G+（X-M）= C+S+T$，于是有，$I=S+（T-G）+（M-X）$，其中 $M-X$ 为"外国储蓄"，国民收入恒等式也是"投资 = 储蓄"。

综上所述，无论是两部门经济、三部门经济还是四部门经济，国民收入恒等的关系均为"投资 = 储蓄"。

第三章 简单国民收入决定理论

第一节 均衡国民收入和有效需求原理

一、均衡国民收入

西方的经济研究学者认为，需求与供给是决定国民收入的基本因素。因此，均衡的国民收入指一个国家或地区总需求与总供给达到均衡时的状态。也可以理解为经济社会的总体收入正好等于全体民众和企业的支出。这里所说的均衡是一种不发生变动的经济形式。当国民收入水平与总需求水平相等时，企业就能稳定生产，经济运行便实现了均衡。如果生产的产品（供给）超过了总体需求，企业的非意愿存货量就会增加，进而就会减少产量；反之，如果生产总量比实际需求低，企业的非意愿存货量便会减少，企业会相应增加生产量。

凯恩斯交叉图上表现了均衡经济，凯恩斯通过这一模型简单解释了国民收入的理论。现在由实际支出与计划支出的差别入手，来推导凯恩斯交叉图。家庭、企业和政府花在产品和服务上的数额，即实际支出，等于国内生产总值。而计划支出是家庭、企业和政府愿意在产品、服务方面花费的数额，仅仅代表一种购买的意愿。

实际支出与计划支出往往是不同的，因为企业的实际销售与预期目标不同，这时企业就会被迫进行非计划存货投资。当企业出售的产品量低于计划量时，存货的存量就会自动上升；而当出售的产品比计划多时，存货的存量会下降。由于非计划存货变化被视为企业的投资支出，可能会使实际支出与计划支出存在一定的差异。

第二章已经指出，总支出包括消费、投资、政府购买及净出口的全部支出。为了简化分析，假设经济为封闭的，净出口值为零。假设计划支出为 E，消费为 C，计划投资为 I。用公式表示为：

$$E=C+I+G$$

当实际支出等于计划支出时，经济就达到均衡的状态，即 $Y=E$。图 3.1 以支出为纵轴、产出为横轴的坐标系中，总支出是一条向右上方倾斜的直线。当支出与产出相交于 45° 线上的任何一点，都表示支出、收入相等。

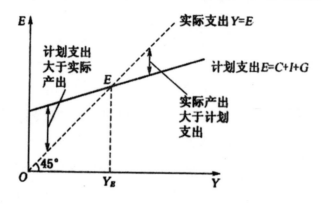

图 3.1　凯恩斯交叉图

经济怎样实现均衡？在这一模型当中，存货在经济运行中起着重要的调整作用。经济均衡，企业就会有非计划的存货变动，促使企业改变其生产量，生产变动又会对总收入及总支出产生影响，使经济逐渐趋于均衡。

当总需求大于总供给时，非意愿存货投资小于零，企业会扩大生产。当总需求小于总供给，这时的非意愿存货投资大于零，企业要缩减生产。只有总需求与总供给相等，非意愿存货投资为零，国民收入不增不减，处于均衡状态。这时的国民收入即均衡的国民收入。

支出决定了产出，而支出与收入是相等的。若不考虑其他因素，产出或收入都由支出决定，这就是国民收入决定的"收入支出模型"。

需要明确的是，均衡状态的国民收入并不一定能实现充分的就业，即均衡国民收入（实际的 GDP）不一定与潜在国民收入（潜在 GDP）相等。在经济运行中，均衡国民收入不等于潜在国民收入是一种常态，一般均衡国民收入小于潜在国民收入。

二、萨伊定律与凯恩斯的有效需求原理

萨伊定律也称萨伊市场定律，是 19 世纪法国经济学家让·巴蒂斯特·萨伊提出的。19 世纪初期至 20 世纪 30 年代，萨伊定律是西方的主流经济思想。萨伊定律表明，资本主义经济社会通常不会发生生产过剩危机，更不会有就业不足的情况。萨伊定律核心的思想为"供给创造其自身的需求"。这一思想隐含了一个假定理论：经济循环流程能够自动达到充分就业的均衡状态。它包含三个要点：①产品生产能直接创造产品需求；②市场经济具有自我调节的作用，国民经济中不可能出现遍及所有部门的生产过剩，供求失衡现象只能在个别的部门出现，而且是暂时性的；③货币仅仅作为流通媒介，商品的买与卖不会出现脱节。

据萨伊定律可知，在一个处于完全自由状态的市场经济当中，由于供给会给自己创造需求，因而社会总需求与总供给始终是相等的，经济运行可自动达到充分就业状态。

20 世纪 30 年代，凯恩斯建立了完全不同于萨伊定律的宏观经济理论体系。凯恩斯理论以解决就业问题为重点，其逻辑起点是有效需求原理。凯恩斯的基本观点是"社会就业量是由有效需求决定的"。有效需求指社会的总需求与总供给相等，二者处在均衡状态的社会总需求，其构成部分为个人消费（C）、私人投资（I）、政府购买（G）与进出口净额（$X\text{-}M$），决定了具体经济社会就业量、国民的收入水平。当总需求价格高于总供给价格，社会对商品的需求大于商品供给，生产者就会增加工人的雇佣量，扩大生产规模；当总需求量小于总供给时，供过于求，生产者或被迫降低商品的售价，或导致部分商品出现滞销的情况，这时不能实现最低利润，就会裁减雇员，缩小生产规模。因此，总供给、总需求的均衡点决定了就业量，由于短期内产品的生产成本及正常利润不会产生太大波动，因而生产者愿意提供的产量也不会发生大的变动，社会总供给基本稳定。这种情况下，实际上总需求就决定了就业量，

与总供给均衡的总需求即为有效需求。

在这一理论前提下，凯恩斯认为，两部门经济条件下由消费需求、投资需求共同构成有效需求，有效需求的总量主要受消费倾向、流动偏好、资本边际效率等三大基本心理因素及货币数量的影响。消费倾向指收入中消费的占比，它决定了消费需求。随着收入的增加，消费增加的速度一般低于收入增加的速度，呈现"边际消费倾向递减"规律，于是会引起经济社会中消费需求的不足。

投资需求是由资本边际效率（利润率）和利息率两项因素间的对比关系决定的。资本边际效率，指增加一笔投资预期得到的利润率，它会随投资的增加而降低，长期来看，呈现"资本边际效率递减"的规律，减少了投资的吸引力。人们进行投资的前提是资本边际效率高于利率（此时才能获得利润），当资本边际效率递减时，利率若能同比下降，才能使投资的总量不减少，因此，利率成为影响投资需求的主要因素。

凯恩斯表示，利息率受流动偏好及货币数量的影响。流动偏好指人们愿意用货币形式保存自身的收入、财富等的一种心理因素，货币需求受其影响。在货币供应量一定的情况下，人们对于货币的流动偏好越强，利率会越高，而高利率会对投资造成阻碍。因此，在资本边际效率递减和流动偏好两个因素的共同作用下，导致投资需求不足。消费需求不足、投资需求不足会导致规模失业、生产过剩，引发经济危机。解决失业实现复兴经济最好的办法是政府干预，采取膨胀性货币政策和赤字财政政策来扩大政府开支，有效降低利率，从而拉动消费，增加社会投资，提升有效需求，提高社会就业率。

总而言之，凯恩斯认为，由于"三大基本心理规律"的影响，既会引起消费需求的不足，又可能导致投资需求不足，总需求低于总供给，有效需求不足，导致生产过剩，引发失业与经济危机，这无法通过市场机制进行调节。凯恩斯进一步否定了"通过利率的自动调节必然使储蓄全部转化为投资的理论"，他认为利率并不取决于储蓄与投资，而是取决于流动偏好（货币需求）与货币数量（货币供给），储蓄、投资只能依靠总收入的变化达到平衡。此外，凯恩斯还否定了传统经济学提出的"工资为充分就业提供保障"的理论，他认为传统的理论忽视了货币工资与实际工资的区别，货币工资具有刚性特征，只靠伸缩性工资政策不可能确保充分就业。

以凯恩斯理论为代表的现代宏观经济学理论认为，有效需求变动引起的国民经济波动是一种短期的现象，造成波动的根本原因是市场机制存在缺陷，如价格、工资的刚性等。在较长周期中，由于市场机制的作用，国民经济运行能恢复正常，并保证资源充分利用。但这一过程是漫长的，经济波动发展成经济危机，会给经济社会带来难以承受的负面影响。因此，政府必须通过政策手段对经济运行进行必要的调控，以此弥补市场机制的不足，使经济健康、平稳地运行。

以凯恩斯为代表的现代宏观经济学侧重于从需求的角度研究短期宏观经济问题，因此，这一学科又被称为短期经济学或需求管理经济学。

第二节　凯恩斯提出的消费原理

一、消费与消费函数

个人消费是决定一个国家（或地区）国民收入水平的有效需求因素之一。宏观经济中的消费指一个国家（或地区）在一定时期内，个人或家庭为满足消费需求，用于购买商品和劳务的全部支出。

影响消费需求的因素是多方面的，包括商品的价格水平、消费者收入水平、利率水平，收入分配情况、政府政策、个人的资产状况、消费信贷情况、消费者年龄结构及风俗习惯等。

凯恩斯消费函数是解释消费理论的逻辑起点，是最直观、最简单的消费函数。1936 年，凯恩斯出版了《就业、利息和货币通论》一书，这是研究现代宏观经济学消费理论的开端。其中，消费函数是凯恩斯短期经济波动理论的核心内容。凯恩斯认为，在各种影响因素中，消费者收入水平是最重要的一个。当消费者的收入增加，消费支出也会相应增加，但通常小于收入增加的幅度。换言之，就是增加的收入并没有全部用于消费，有一部分用于储存。

基于此，凯恩斯提出了第一个猜想：边际消费倾向（增加的1元收入中用于消费的数额）在 0 ~ 1 之间，不会大于1。

为了更形象地描述个人的消费支出同收入水平变化之间的规律，可采用凯恩斯消费函数进行说明。即在其他条件不变的前提下，以函数形式表达居民消费支出与收入间的关系。凯恩斯消费函数为：

$$C = f\ (Y) = a + bY \qquad\qquad （式3.1）$$

其中，C 代表消费支出。Y 代表收入水平，两部门经济中，可看作经济社会总收入或总产出；三部门、四部门经济中，视为可支配收入 Y_d。a 代表的是不受收入水平左右的消费支出，又称自发性的消费支出。自发性消费支出是即使当期无收入也会发生的消费，无论当期是否有收入，有一部分消费是必需的。b 代表随收入水平变化而变化的消费支出，又称为诱导性（或诱发性）消费支出，即当收入增加一单位时所增加的消费。通常，$0 < b < 1$，这表示收入增加时消费也会相应增加，但消费的增幅不会高于收入的增幅。所以，消费支出 = 自发性消费支出 + 诱发性消费支出。如已知自发性消费支出 a=1000，b=0.8，则 C=1000+0.8Y。这表示如果收入增加1单位，其中有80%用于增加消费，知道收入 Y，就可以计算全部消费支出 C。若 Y=1500，则 C=2200。

消费支出与收入水平为同方向变化的关系，但变化比例并不是始终增加的，消费支出增加的量一般小于收入增加的量，即边际消费倾向是递减的。在边际消费倾向递减规律的影响下，若收入不断增加，消费支出所占的比重是越来越小的。

边际消费倾向说明了消费支出与收入（可支配的收入）的数量关系及规律。所谓的边际消费倾向（Marginal Propensity to Consume，MPC），就是消费者每增加一单位收入（ΔY）随之增加的消费支出（ΔC），即单位收入中用于消费的比率。用公式可表示为：

$$MPC = \frac{\Delta C}{\Delta Y} = \frac{dC}{dY}(\Delta Y \to 0时) = f'\ (Y)（消费函数可导时）$$

凯恩斯的理论表明，边际消费倾向 MPC 随收入的增加逐渐呈现递减趋势，消费函数曲线是一条凹向原点的弧线，如图3.2。

在宏观经济理论中，消费函数一般抽象表达为 $C=f(Y)=a+bY$ 的线性形式，因此边际消费倾向 $MPC=b$。此时，边际消费倾向并不递减，消费函数曲线如图 3.3 所示。

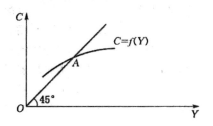 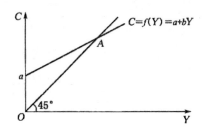

图 3.2 凯恩斯消费函数曲线（一般形式） 图 3.3 凯恩斯消费函数曲线（线性函数形式）

图 3.2 与图 3.3 中的 A 点都在 45° 线上，此时 $C=Y$，意味着消费者全部的收入都用于消费，收支达到平衡。在 A 点的左侧，消费曲线上的点位于 45° 线左上方区域，则 $C>Y$，收入低于支出，消费者入不敷出，需要超前消费或负债消费。在 A 点右侧，消费曲线上的点在 45° 线的右下方区域，此时 $C<Y$，消费者的收入不仅能满足消费，而且还有部分盈余。

平均消费倾向（Average Propensity to Consume，APC）是描述消费支出与收入数量关系的又一关键指标，它是指任一收入水平消费支出在全部可支配收入中占的比率。具体公式为：

$$APC = \frac{C}{Y} \qquad （式 3.3）$$

一般情况下，平均消费倾向大于边际消费倾向，即 APC > MPC。例如，在线性消费函数 $C=f(Y)=a+bY$ 中，$APC = \frac{C}{Y} = \frac{a+bY}{Y} = b + \frac{a}{Y} > MPC=b$。

由 $MPC = \frac{C}{Y}$ 可知：

$$MPC' = (\frac{C}{Y})' = (\frac{(C=f(Y))' \cdot Y - Y' \cdot C}{Y^2}) = \frac{MPC \cdot Y - C}{Y^2} = \frac{MPC - APC}{Y}$$

$$（式 3.4）$$

而 $MPC < APC$，故 $APC' < 0$。可见，平均消费倾向 APC 也是递减的，

表明当收入持续增加，消费在收入中占的比例会随收入增加而减少。个人的收入越多，储蓄也就越多。因此，收入水平高的人其收入总额中用于消费的比例远远低于收入低的人。

上述凯恩斯消费规律可通过例子加以说明。假定某国消费支出和收入（可支配收入）的关系如表 3-1。收入为 900 亿元时，消费支出为 911 亿元，入不敷出，收入为 1000 亿元，消费支出为 1000 亿元，收支平衡。收入为 1100 亿元、1200 亿元、1300 亿元、1400 亿元时，消费支出分别为 1085 亿元、1160 亿元、1224 亿元和 1283 亿元。

表 3-1　某国消费函数　　　　　　　　　　（单位：亿元）

收入（可支配的部分）	消费支出	边际消费倾向 MPC	平均消费倾向 APC
900	911	--	1.01
1000	1000	0.89	1.00
1100	1581	0.85	0.99
1200	1160	0.75	0.97
1300	1224	0.64	0.94
1400	1283	0.59	0.92

从表 3-1 中的数据可以看出，消费随着收入的增加而增加，但增加的数额越来越小，收入每增加 100 亿元时，消费支出依次增加了 89 亿元、85 亿元、75 亿元、64 亿元、59 亿元，边际消费倾向、平均消费倾向均随收入增加而递减，且边际消费倾向小于平均消费倾向。

储蓄（S）是与消费相对的概念，是消费者收入未用于消费的部分，即 $S = Y-C$。储蓄的影响因素是多样的，包括利率水平、消费者的收入水平与偏好等。收入 Y 为自变量，储蓄 S 为因变量，建立的储蓄函数称为凯恩斯储蓄函数。它是用函数的形式描述消费者储蓄与收入间的关系。公式如下：

$$S=f（Y）\qquad\qquad（式 3.5）$$

当消费函数为 $c =f（Y）=a+bY$ 时，储蓄函数 $S = Y-C = Y-（a+bY）=-a+（1+b）Y$。

为更准确地揭示储蓄规律，我们引入了边际储蓄倾向（MPS）与平均储蓄倾向（APS）。其中，边际储蓄倾向表示的是消费者每增加一单位的收入 ΔY 时随之增加的储蓄 ΔS，即单位收入中用于储蓄的比率。用公式表示为：

$$MPS = \frac{\Delta S}{\Delta Y} = \frac{dS}{dY} \text{（}\Delta Y \rightarrow 0 \text{时）（储蓄函数可导时）} \quad \text{（式3.6）}$$

由于 $S = Y - S$，则有：

$$MPS = \frac{\Delta S}{\Delta Y} = \frac{\Delta Y - \Delta C}{\Delta Y} = 1 - \frac{\Delta C}{\Delta Y} = 1 - MPC \text{，从而：}$$

$$MPS + MPC = 1 \qquad \text{（式3.7）}$$

由凯恩斯消费理论可知，其他条件不变时，边际消费倾向 MPC 是递减的，故边际储蓄倾向 MPS 随收入 Y 的增加而递增。凯恩斯储蓄函数曲线的一般形式如图 3.4 所示。

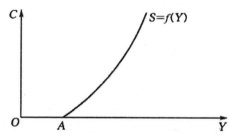

图 3.4 凯恩斯的储蓄函数曲线（一般函数）

若储蓄函数是线性形式：$S = Y - C = Y - (a + bY) = -a + (1 + -b) Y$，那么相应函数曲线的形式如图 3.5 所示。

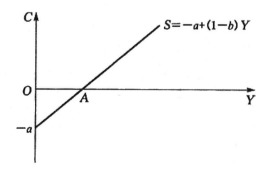

图 3.5 凯恩斯的储蓄函数曲线（线性函数）

图 3.4、图 3.5 中，储蓄曲线、横轴相交于 A 点，储蓄为零，消费等于收入，消费者全部的收入都用在了消费中。在 A 点左方，储蓄为负值，这一区域中的消费高于收入，消费者需要负债消费。在 A 点的右侧，储蓄是正值，消费低于总收入，随着收入的增加，消费者的储蓄在加速增长。

平均储蓄倾向是指任一收入水平储蓄占全部收入的比率。公式为：

$$APS = \frac{S}{Y}$$

由 $S=Y-C$ 可知，$APS = \frac{S}{Y} = \frac{Y-C}{Y} = 1 - \frac{C}{Y} = 1 - APC$，则：

$$APS + APC = 1 \qquad\qquad （式 3.9）$$

由于在其他条件一定的情况下，消费者的平均消费倾向（APC）呈递减的趋势，所以平均储蓄倾向（APS）是递增的。

与消费倾向不同，边际储蓄倾向 > 平均储蓄倾向。例如，线性储蓄函数：

$$S = Y - C = Y - (a + bY) = -a + (1-b)\ Y$$

$$APS = \frac{S}{Y} = \frac{-a + (1+b)\ Y}{Y} = (1-b) - \frac{a}{Y} < MPS = 1 - b$$

上述的储蓄规律也可以通过举例来说明，依然用消费规律中的采用例子。由表 3-1 的消费函数，可以得出某一国的储蓄函数，见表 3-2。

表 3-2　某国储蓄函数

收入	消费支出	储蓄	边际储蓄倾向 MPS	平均储蓄倾向 APS
900	911	-11	--	-0.01
1000	1000	0	0.11	0.00
1100	1085	15	0.15	0.01
1200	1160	40	0.25	0.03
1300	1224	76	0.36	0.06
1400	1283	117	0.41	0.08

表 3-2 中的数据表明，收入增加，储蓄也在增加，且增加的比例越来越大，收入依次增加 100 亿元时，储蓄依次增加了 11 亿元、15 亿元、25 亿元、36 亿元、41 亿元，边际储蓄倾向和平均储蓄倾向都随收入增加呈递增的趋势，且 $MPS > APS$。

消费函数是凯恩斯提出的一种消费函数形式，以消费者当期的绝对收入水平为基础，因此，也称绝对收入消费理论，是西方经济理论中的一种简单的消费函数。这一消费理论提出后，很多经济学家通过家庭调查资料、两次世界大战期间收入与消费的资料来检验这一理论。检验证明，当边际消费倾向在 0～1 之间，平均消费倾向会随收入增加下降。早期的经验检验证明了凯恩斯理论的正确性，其理论被西方经济学界普遍接受。20 世纪 40 年代，美国经济学家西蒙·库兹涅茨对美国 1869 年至 1938 年的资料做了实证分析。经过分析发现，以 10 年为周期，在每个周期中，消费、收入的比例稳定，长期中消费函数的形式应为 $C=bY$，不同于凯恩斯绝对收入水平基础上的短期消费函数 $C=a+bY$。凯恩斯的短期消费函数中，边际消费倾向要比平均消费倾向小，而库兹涅茨实证研究的长期消费函数中，边际消费倾向与平均消费倾向相等。经济学上将短期消费函数与长期消费函数的差异称为"消费函数之谜"。

消费函数之谜被发现后，经济学家开始尝试对其进行解释。西方经济学领域对凯恩斯消费函数做了补充与完善，由此也产生了一些其他的消费理论与假说，如莫迪利安尼提出了生命周期假说、杜森贝里提出了相对收入假说、弗里德曼提出了永久收入假说。

第三节　凯恩斯消费理论的演进

消费函数之谜推动了经济学家对凯恩斯消费函数的深入研究，凯恩斯以现期消费作为现期收入的函数，这种假定与人们的直觉相符，是最简单明了的。但他只考虑到了现期的情况，实际上还可以根据时间的先后顺序来考察消费的情况，因为人们的消费与储蓄既要考虑当前情况，又要基于未来做计划。针对这种情况，我们介绍几个典型的消费理论。

一、相对收入假说

1949 年，美国经济学家詹姆斯·杜森贝里通过《收入、储蓄和消费者行为理论》一书提出了相对收入假说。他认为，消费者的消费受自身消费习惯的影响，同时，周围人的消费水平也会对其消费产生影响。消费者的当期消费是相对的，是由相对收入来决定的。相对收入假说的基本观点为：在较长一段时期中，消费、收入之间的比率是较为固定的，因此长期消费曲线是一条从原点出发的直线；短时间内，随着相对收入增加，消费也会增加，但相对收入减少时，消费很难随之减少，因此短期消费曲线是具有正截距的曲线。

相对收入对消费的影响体现在两个方面：①对自己以往的最高收入产生的消费"棘轮效应"；②对周围人产生的消费"示范效应"或"攀比效应"。

（一）棘轮效应

棘轮效应指的是人们以时间为主线，将自己现阶段的消费同过去的消费作对比，消费支出会逐渐上升，但现期收入减少时消费支出很难随之下降。

杜森贝里认为，个人消费支出除了受现期收入影响，也受以往收入水平及消费水平的影响，尤其是过去高峰阶段收入、消费的影响。对收入始终保持在高水平的人来说，消费会随收入增加而增加；当收入减少，因消费习惯对于消费有惯性影响，要降低消费水平有一定难度，消费者会继续按照原来消费水平进行消费。在短期内，经济产生波动时，低收入者的收入水平得到提高，其消费水平会提升，但当其收入减少的时候，消费虽然也会减少，但是减少的量是有限的。所以，短期的消费曲线和长期的消费曲线不同，消费的棘轮效应见图3.6。

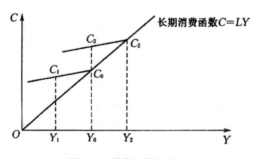

图 3.6　消费的棘轮效应

当收入呈长期增长趋势时，长期的消费与收入都依据长期消费函数曲线

$C = LY$ 产生变动，平均消费倾向始终不变。假定当前的消费为 C_0，Y_0 点为历史高峰收入。假如经济衰退、收入减少，Y_0 降至 Y_1，消费支出不会沿着 C_2 减少，而是沿着短期的消费曲线下降至 C_1；当经济增长、收入增加，Y_0 提高至 Y_2，消费支出则迅速增加至 C_2；若经济产生波动，收入从 Y_2 又一次减少到 Y_0，这一期的消费支出则只会降至 C_3，而非 C_0。这样反复多次变化，短期消费曲线宛如棘轮，阻滞消费下降。

（二）攀比效应

攀比效应也称示范效应，是指消费者的消费支出、收入的变化对其他的消费者及其消费支出具有一定影响力，消费者的消费支出不仅仅受自身收入高低的影响，也会受他人消费情况和收入情况的影响，同一层次的消费者总是试图在消费水平上超过其他人或与其他人一致的现象。关于消费中的攀比效应，可通过图 3.7 来说明。

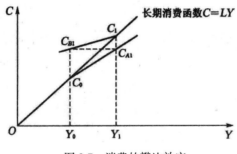

图 3.7　消费的攀比效应

当收入长期增长时，长期的消费、收入会沿着长期消费函数曲线 $C=LY$ 变化，平均消费倾向保持不变。假设 A、B 两位消费者现在的收入水平是一样的，均为 Y_0，相应消费支出均为 $C_0=LY_0$。由于经济增长，A 消费者的收入水平增加为 Y_1，长期阶段，A 的消费支出也提高到 $C_1=LY_1$ 水平。而 B 消费者的收入水平不变，仍为 Y_0，B 为了让自己的消费同 A 保持相当的水平，短期内，B 的消费支出会提高到 C_{B1} 水平。B 的消费支出对于 A 也具有示范作用，A 消费者为让自己与 B 的消费保持相当的水平，会将消费支出调整为 C_{A1}，此时 A 的消费支出便与 B 相等。

二、生命周期假说

20世纪50年代，美国的经济学家弗朗科·莫迪利安尼、艾伯特·安多和理查德·布伦伯格共同建立了消费的生命周期理论，这一理论的基本观点可总结为：人们在规划消费开支时会基于更长的时间（个体消费者的一生）周期，以保证一生当中消费水平的最佳配置。从长期的范畴来看，消费者的消费倾向是不变的，即消费者在一生中会根据的收入水平来安排消费，就业时进行储蓄，退休时花费储蓄，每一年的消费水平基本保持不变，使一生中的消费达到最优的配置。

按照个人一生的发展过程来看，一个人在年轻时的收入较少，但这时具有较强的消费冲动和较多消费精力，这一时期的消费一般会比收入更多，存在超前消费；步入中年阶段，个人收入会渐渐增加，收入就会大于消费，这一阶段的收入既能偿还上一阶段所欠的债务，又能为下一阶段的生活进行储蓄积累；退休后步入老年阶段，收入明显减少，消费再次高于收入，形成了负储蓄。

下面通过例子来阐明生命周期消费理论。

假设一个人从20岁的时候开始工作，60岁退休，预期寿命为80岁。这个人的工作时期 TW=60-20=40年，生活年数 NL=80-20=60年，前20年被父母抚养的时期不计入生活年数；如果每年工作收入 Y_W=23 000元，则终生收入 Y_H=23 000×40=920 000元。为了一生能够安稳地生活，使其在60年的生活中均匀、有计划地消费这一生的全部收入920 000元，则每一年的消费金额应为：

$$C = 920\,000/60 \approx 15\,333.33 = (WL/NL) \cdot Y_w = 40/60 \times 23\,000 = 2/3 \times 23\,000(元)$$

上述例子表明，此人在60年内每年消费年收入 Y_w（23 000元）的2/3，正好也是其工作年数（40年）与生活年数（60年）的比例；剩余1/3的年收入 Y_W 用于储蓄，则年储蓄金额等于 $1/3 \times Y_W$=1/3×23 000 ≈ 7 666.67元，工作40年累计的储蓄金额为7 666.67×40 ≈ 306 666.67元，306 666.67元储蓄用于退休后的20年的消费，每年的消费总额按15 000元计，306 666.67元储蓄足够使用 20 年。

生命周期消费理论与凯恩斯的消费理论有相同之处，但也存在一定的区别。生命周期消费理论强调的是长时期（甚至一生）的生活消费，个人对其一生的消费作出规划，以保证生命周期的各个阶段的需求都能得到最大限度的满足；凯恩斯的消费理论则是把一定时期的消费同该时期的可支配收入相联系，是一种短期的分析。生命周期理论能够解释库兹涅茨的平均消费倾向长期不变的消费之谜。

三、持久收入假说

生命周期理论认为，消费者一生的消费是由其一生的全部收入决定的，但个人收入在短期内并不是固定的，而是一直在变化。个人无法准确掌握其终生收入的具体数目。因此，个人一生的收入取决于人们对持久收入的预期。

持久收入假说是美国经济学家弗里德曼提出的。该理论认为，居民收入可分为暂时收入和持久收入。持久收入是指在相当长一段时间内可得到的收入，是预期内得到的长期平均收入，通常用过去几年的平均收入表示。暂时收入指短期内获得的收入，是一种偶然的暂时性收入，有可能为正值（意外中奖），也有可能为负值（被盗）。因此，个人的消费决策是依据相当长时期内的收入情况，而不是根据当前暂时性、偶然性的收入作出的。例如，人们在一周的某一天领取工资，但不可能在当天花完所有工资，而在本周的其余时间不花一分钱。这说明了人们并不是根据某天的收入来决定当天的消费，而是要在一个更长的时期内（如一月）的全部收入来决定每天的平均消费。将这一结论套用于年消费支出与年收入间的关系，可得到如下结论：长期来说，理性消费者为实现效应的最大化，往往不根据现期暂时性的收入进行决策，而是依据长期中收入水平进行消费决策。因此，当期收入的变化，对当期的消费支出的影响较小；只有预期的长时期收入水平发生变化，当期的消费支出才会受到一定影响。

通过以上讨论，可得到持久收入假说消费函数（消费是持久收入的稳定的函数），其公式为：

$$C_t = cY_p \quad\quad\quad （式3.10）$$

上式中，C_t 表示现期的消费支出，c 表示消费倾向，Y_p 表示现期的持久收入。

弗里德曼提出，所谓的持久收入 Y_p，是指消费者可预期的长期收入，即预期在较长时期（3年以上）能够维持的稳定收入。持久收 Y_p 可依据所观察到的若干年收入数值的加权平均数公式（3.11）来计算。

$$\begin{cases} Y_P = a_t Y_t + a_{t-1} + \cdots + a_1 Y_1 \\ 0 < a_i < 1, \ i = 1、2、\cdots、t \\ \sum_{i=1}^{t} a_i = 1 \end{cases} \quad\quad （式3.11）$$

根据持久收入估算公式，持久收入假说的消费函数形式为：

$$C_t = cY_p = ca_t Y_t + ca_{t-1} Y_{t-1} + \cdots + ca_1 Y_1 \quad\quad （式3.12）$$

通过公式可知，持久收入的变化对消费的影响为 c，即长期边际消费倾向，而当期收入变化对消费的影响是 ca_t，即短期消费倾向，长期边际消费倾向大于短期边际消费倾向。

目前，生命周期理论、持久收入理论仍存在一些问题。如果要更详细、准确地描述现实的宏观经济，还需要对其进行深入研究。其中，生命周期理论和持久收入理论当中有两个非常重要的假设前提：①不存在"不确定性"，消费者未来的收入是可预见的；②不存在"流动性约束"。但实际情况往往不同于假设，多数情况下，未来收入都是不确定的。理论上，理性预期的假设可处理不确定性的问题，即如果预期为理性的，那么预期收入与未来的实际收入一致。近年来，运用理性预期的方法研究消费方面的问题是一个重要的研究方向。

四、其他对消费产生影响的因素

前文的分析，都只关注收入对于消费的影响，忽视了其他因素对收入的影响。事实上，除了收入以外的素发生变化也会对消费支出产生影响，从而影响边际消费倾向。西方的经济学领域提出了除收入以外的对消费支出及边际消费倾向具有重要影响的因素。

（一）利率

西方经济学家认为利率是影响消费的重要因素之一。传统经济学家表示，利率提高会有效增加储蓄，减少当前的消费。而现代经济学家则认为，利率变化对储蓄会同时产生收入效应与替代效应，利率提高能否使储蓄增加、消费减少，要根据利率变动对于储蓄产生的替代效应与收入效应才能确定。

利率变动对储蓄的替代效应，即当利率提升时，人们会觉得减少当前的消费、增加将来的消费才是有利的，导致消费者调整消费计划，将本打算用于目前消费的收入用于储蓄，从而使储蓄增加。利率变动对储蓄的收入效应，即利率提高会使消费者将来的利息收入增加，感觉自己变得比较富有，进而增加了当前消费，导致储蓄不增反减。由于利率的变化引发储蓄变化的效应具有双面性，所以要根据其变化引起的替代效应与收入效应之和来判断其最终影响。

对于不同收入水平的消费者而言，利率的变化对其储蓄的替代效应和收入效应不同。就低收入者来说，替代效应要比收入效应更明显，利率变化主要产生替代效应。这是因为，低收入者的储蓄有限，获得的利息收入也有限，提高利率对其将来的收入并不会产生太大影响，因此，对于低收入者主要产生替代效应，会使目前的消费减少，储蓄增加。对于高收入水平的人来说，情况正好相反，收入效应比替代效应更明显。当利率提高时，高收入者会增加目前消费，减少储蓄。就整个社会来说，利率提高究竟是增加储蓄还是减少储蓄，则由这些人的储蓄增加额和储蓄减少额的总和来决定。

（二）价格水平

价格水平也是影响消费的一个重要因素。价格水平变化影响消费支出，主要通过价格变化对实际收入的影响来实现。一般，在名义收入不变的情况下，实际收入变化同价格水平变化成反比关系。价格水平一旦提高，如果货币收入不同比例地提高，消费者实际的收入水平就会降低，消费者为了维持原来的生活水平，只能增加消费支出，使消费倾向提高。相反，如果价格一且下降，消费者要维持原有消费水平所需的消费支出就会减少，导致消费倾向下降。

西方经济学界还提出了"货币幻觉"理论。认为当货币收入与价格水平同比例提高时，虽然消费者实际收入没有变化，但消费者往往只会注意到增加的货币收入，而忽视了上涨的物价水平，误以为实际收入增加，进而增加消费，促使消费倾向提高。

（三）收入分配

消费者的收入水平不同，其边际消费倾向也不相同，低收入者边际消费倾向高，而高收入者边际消费倾向低。因此，国民的收入分配状况对边际消费倾向的影响较大。一般，一国的国民收入分配越平均，国家平均边际消费倾向就会越高；反之，则全国平均边际消费倾向越低。因此，收入分配的合理化对提高边际消费倾向是有利的。

（四）预期

莫迪利安尼的生命周期理论、弗里德曼的持久收入理论都强调了预期对于消费的影响，因为这两位学者不仅强调消费是由收入决定的，也强调了财产对消费的决定作用。

20世纪60年代产生的理性预期学派进一步强调了预期对消费的影响。这一学派的代表人物——著名经济学家霍尔所提出的理性预期的消费函数理论在宏观经济学领域受到了广泛关注。

理性预期的消费函数理论认为，消费是由收入和财产共同决定的，财产取决于未来的所有收入，个人的未来收入越多就越富有。人们不知道自己未来可获得多少收入，但必须针对现期消费作出决策。为此，个人必须对未来收入形成预期。

理性预期学派提出，人们利用能得到的所有信息，可对未来的收入及财产作出理性预期，使其预期值和未来获得的实际值一致。人们根据对未来收入的预期作出消费计划与决策，因为对收入的预期是经过理性预测的，所以根据预期制定的消费计划能达到最佳的消费配置。以理性预期为依据的消费计划能够保证长期消费函数稳定。

理性预期的消费函数理论的预期也会有变化，但其变化只和信息的变化有关，这种引起预期变化的信息是以前没有掌握的新信息。信息的获得具有随机性，因此，人们对将来的收入情况的估计也会随机变化。而消费计划是根据来收入预期做出的，也会发生随机变化，这是短期消费函数产生波动的原因。

第四节　均衡国民收入的决定

宏观经济分析中有两部门经济、三部门经济、四部门经济等三种情况，经济部门不同，均衡国民收入的决定条件也是不同的，这与以凯恩斯为代表的现代宏观经济理论中的"总需求 AD 决定均衡国民收入"的思想是共通的。因此，国民收入决定理论的研究以总需求为中心，一般将总供给 AS 视为已知的和既定的。在宏观经济学中，总供给应等于 GDP，厂商愿意出售生产的所有产品及劳务。本节将对三种经济部门情形下均衡国民收入的决定问题进行逐一分析。

一、两部门经济中均衡国民收入的决定

两部门经济的总需求是由个人消费 C、私人投资 I 构成的，即 $AD = C+I$。消费取决于收入，即 $C=f(Y)$，而投资取决于利率、收益率等。为简化分析，假定投资为常数，即 $I=e$。国民经济均衡运行的时候，决定消费的收入和均衡国民收入是一致的。所以，均衡国民收入可由下列模型决定，即总需求 $AD=$ 总供给 AS：

$$Y=AD=C+I=f(Y)+e=AS（总供给既定） \qquad （式3.13）$$

消费函数为 $C=f(Y)=a+bY$ 时，有：

$$Y=AD=C+I=f(Y)+e=a+bY+e \qquad （式3.14）$$

所以，均衡国民收入 Y_E 为：

$$Y_E = \frac{a+e}{1-b}$$ （式 3.15）

由 $Y_E = \frac{a+e}{1-b}$ 可知，两部门经济中，一个国家或地区的国民收入是由消费、投资决定的，且与自发性的消费支出 a、投资支出 e 和边际消费倾向 $MPC=b$ 的变化是同方向的，即自发性消费支出增加，均衡国民收入和投资支出也增加，均衡国民收入增加，边际消费倾向与均衡国民收入变大；反之则相反。

两部门经济的总需求 $AD=$ 总供给 AS，均衡国民收入可用图 3.8 来表示。

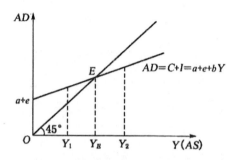

图 3.8 两部门经济均衡国民收入决定模型

图 3.8 中的横轴代表收入水平，当总供给既定，也可代表总供给 AS；纵轴代表总支出或总需求。则坐标内的 45° 线上，$AD=AS$，此时的经济达到均衡状态，促使国民收入也达到均衡。E 点代表均衡，对应的国民收入为均衡状态的国民收入 Y_E。

若国民收入为 Y_1，则比均衡国民收入 Y_E 小，对应的点在 45° 线的左上方，它所决定的消费表现为总需求 > 总供给。此时，社会对消费品、投资品的需求高于可以提供的全部商品量，从而导致投资品、消费品的价格上涨，促使生产者增加生产，国民收入增加，不断接近 E 点的产出水平，最终达到原来的均衡状态。

如果国民收入为 Y_2，大于均衡的国民收入 Y_E，对应的点位在 45° 线的右下方，此时总需求 < 总供给。由于对消费品及投资总需求比当前的总供给的数量低，导致生产的产品积压。这种情况下，厂商会减少生产量，使国民收

入减少，产出量不断接近 E 点，最终会渐渐恢复至均衡。

由此可见，消费、投资总量增加，总支出也增加，从而使国民收入增加；反之，消费和投资减少，均衡国民收入则减少。

两部门经济的均衡国民收入还可通过两部门经济国民均衡条件：$AD=C+I=AS=C+S$，从而 $I=e=S=-a+（1-b）Y$，即投资 $I=$ 储蓄 S 得出。

图 3.9 中的横轴表示总收入，纵轴表示投资与储蓄。储蓄随收入增加而增加，投资为常数 e，是一条与横轴平行的直线。投资和储蓄曲线相交，此时经济处于均衡状态。与两者交点 E 对应的均衡国民收入为 Y_E。

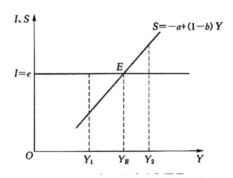

图 3.9　两部门经济均衡国民收入决定模型

若国民收入为 Y_1，小于均衡国民收入 Y_E，此时，储蓄＜投资，经济运行对投资的需求大于投资品总量，促使投资品的价格上升，厂商会增加生产量，国民收入会增大，Y_1 逐渐趋向于 Y_E。

若国民收入为 Y_2，比均衡国民收入 Y_E 大，此时，投资＜储蓄，经济运行对投资品的总需求小于总供给，导致产品出现大量积压，厂商通过减少产量来应对，而国民收入会减少，Y_2 逐渐增加，并趋近 Y_E。

可见，若投资增加或储蓄减少，均衡国民收入会增加；反之，投资减少或储蓄增加，均衡国民收入会下降。

二、两部门经济当中均衡国民收入的变动

由上述凯恩斯有效需求决定国民收入的原理可知，两部门经济条件下，

总需求发生变化引起均衡国民收入的变动，总需求变化包括总需求曲线旋转和平移两种情形。

由总需求曲线方程可知，总需求曲线平移是由 a、e 变化引起的。当消费与投资发生变化，导致 a、e 之和增加时，总需求曲线会向上移动，使均衡国民收入增加。如图 3.10，当消费和投资增加，导致 $(a+e)_1$ 增加至 $(a+e)_2$ 时，总需求曲线由 AD_1 上移至 AD_2 处，均衡国民收入则由 Y_1 增加至 Y_2；反之，则相反。

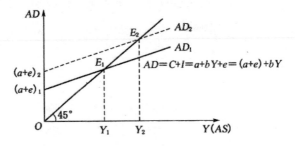

图 3.10　总需求曲线发生平移时的均衡国民收入变化

边际消费倾向 $MPC=b$ 的变化，是导致总需求曲线的旋转的原因。如果边际消费倾向变大，总需求曲线则沿着逆时针方向旋转，均衡国民收入增加；边际消费倾向减小，总需求曲线会沿着顺时针方向旋转，均衡国民收入下降。此规律可解释 1936 年凯恩斯在《就业、利息和货币通论》中提出的"节约悖论"现象，即节约对个人而言是好事，是一种美德，但对整个国家来说并不是好事，会导致国家的经济萧条。如图 3.11 所示，对于国家整体经济运行而言，全社会节俭会使边际消费倾向从 $MPC_1=b_1$ 降至 $MPC_2=b_2$，其他条件不变，且在社会就业不充分的状态下，总需求曲线从 AD_1 顺时针旋转至 AD_2，国民收入从 Y_1 下降到 Y_2。

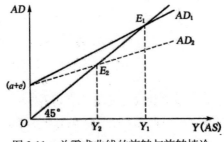

图 3.11　总需求曲线的旋转与旋转悖论

节俭悖论是根据凯恩斯主义的国民收入决定理论推导出来的，只适用于经济衰退期和萧条期，此时的总需求较低，产能过剩，降低储蓄对社会经济的发展有利。但在充分就业状态，降低储蓄只会使总需求迅速膨胀，刺激价格迅速上涨，致使经济过热，进而引起通货膨胀。此时降低消费能有效抑制通货膨胀，故而节俭是否是一种美德要根据社会利益来判断。因此，短期内，在资源得不到充分利用时，节俭的悖论是存在的；在长期中，或资源被充分利用的时候，节约的悖论则不存在。

三、三部门经济中均衡国民收入的决定

三部门经济的主体包括家庭、企业和政府三个部门。此时，构成总需求 AD 的项目除私人消费 C、投资 I（为简便分析，继续假设为常数 e）以外，还有政府购买 G；总供给 AS 项目中，除了私人用于消费 C、储蓄 S 以外，还包括政府税收 T。

政府购买主要用于政府的行政、军费及公共福利等的开支，常由政府的政策目的和指导思想来决定，西方经济学将政府购买假定为政府的一个外生政策变量，由于其一般不随国民收入的变化而变化，通常假定为常数。

税收指政府部门向个人和企业征收的税收总和。从税收量与收入关系的角度来看，税收分为两种：一种是定量税，如对啤酒征收的消费税，它不随收入的变动而发生变化；另一种是比例税，如个人所得税，是按照收入的比例进行征收的，如果收入增加，比例税也会相应增加。在只分析税收对均衡国民收入产生的影响时，为了便于分析，也将税收假定为常数。

在有政府部门存在的三部门经济当中，除政府购买、政府税收外，还要考察政府对于私人部门的影响。政府对私人部门产生的最重要的影响是通过税收和转移支付直接影响消费者的收入水平。当存在政府税收 T、转移支付 TR 时，消费者用于消费、储蓄的收入并非总收入 Y，而是可支配收入 Y_d，且 $Y_d=Y-T+TR$。此时，消费者的消费函数变为：$C=f(Y_d)=a+bY_d=a+b(Y-T+TR)$。

则，由"总需求 AD= 总供给 AS"决定的三部门经济均衡国民收入模型可表示为：

$$AD=C+I+G=f\left(Y_d\right)+e+G=a+bY_d+e+G \qquad （式3.16）$$
$$=a+e+G+b\left(Y-T+TR\right)=Y=AS（总供给为既定的）$$

由此，得出均衡国民收入为：

$$Y_E=\frac{a+e+G-bT+bTR}{1-b}$$

可知，三部门经济条件下，消费（自发性消费支出 a 和边际消费倾向 b）、投资、政府转移支出、政府购买增加，都会使均衡国民收入增加，而税收增加会使均衡国民收入减少。三部门经济，总需求 $AD=$ 总供给 AS 均衡国民收入可通过图 3.12 说明。

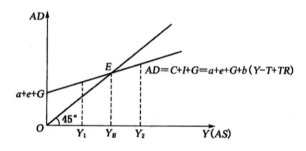

图 3.12　三部门经济均衡国民收入决定模型

图 3.12 中的横轴为收入水平，在总供给既定的情况下，也可代表总供给 AS；纵轴代表总支出或者总需求。坐标内的 45° 线上，$AD=AS$，E 点为经济均衡状态，对应的均衡国民收入为 Y_E。

通过图 3.12 可知，如果消费、投资、政府购买和政府转移支付增加，对应的经济总需求就增加，均衡的国民收入也增加；如果消费 C、投资 e、政府购买 G 或政府转移支付 TR 等各项都减少，即总需求减少，而均衡国民收入会下降。政府税收增加，会导致家庭这一部门的消费减少，使均衡国民收入下降；反之，政府减少税收，会使均衡国民收入增加。

三部门经济中均衡国民收入决定也可以由投资 = 储蓄（私人储蓄 S 和政府储蓄 $T-G$），即 $I=e=S+\left(T-G\right)=-a+\left(1-b\right)\left(Y-T+TR\right)+\left(T-G\right)$ 的均衡条件加以说明，此处不再赘述。

第五节　乘数原理

1931 年，英国经济学家卡恩提出了乘数概念，凯恩斯对其进行了应用与推广，形成了著名的乘数原理，是凯恩斯主义和其他宏观经济学派分析宏观经济的一个重要工具。

乘数原理又称倍数原理，指由于经济的连锁反应，某一变量发生变化导致相关的另一变量成倍变化。与乘数原理相关的是乘数效应，是指经济活动中一个变量的增减引起经济总量产生变化的连锁反应。

不同部门应用乘数原理时的具体概念是不同的，如投资乘数、支出乘数、政府购买乘数与对外贸易乘数等。本节要重点介绍的是与两部门经济、三部门经济及四部门经济国民收入决定有密切关系的乘数，探索这些因素发生变化会对均衡国民收入产生何种程度的影响。

一、投资乘数

投资乘数是凯恩斯的宏观经济理论中最为重要的乘数概念之一。投资乘数是指投资变动所引起的国民收入改变化量与投资变化量间的比率，是衡量投资变动引发的国民收入变动连锁反应程度的指标，表明投资的变动会使国民收入产生若干倍变动。

投资具有乘数作用的原因是国民经济各部门，如工业、农业、建筑业等都存在密切关联。某一个部门增加投资，不仅会使本部门的收入增加，而且还会在各个部门引起连锁反应，会增加其他部门的收入，最终使国民收入成倍增长。例如，在两部门经济中，假定其他的条件不发生变动，投资增加了 100 亿元，即 $\Delta I=100$。增加的 100 亿元投资拉动了投资品需求。增加的 100 亿元用来购买投资品，那么参与投资品生产的各生产要素就获得 100 亿元的收入，国民收入增加 100 亿元，即 $\Delta Y_1=100$。但增加的 100 亿元投资对经济产生的影响并不止于此。当消费者收入增加 100 亿元后，会增加消费，同时留出一部作为储蓄。将消费者的边际消费倾向假定为 0.8，则消费者会在 100 亿元中花费 80 亿元购买消费品。这样，消费需求就增加了 80 亿元。消费总需求增加会带动消费品的生产增加 80 亿元，这 80 亿元以生产中的工资、利润、租金、利息等形式流入到要素持有者——家庭当中，使国民收入再增加 80 亿元，即 $\Delta Y_2 = 80$。同样，生产消费品所需要素的所有者会将收入的这 80 亿元中的 80%（64 亿元）用于消费，社会总需求就增加了 64 亿元，并由此使国民收入增加 64 亿元，即 $\Delta Y_3 = 64$。如此循环，增加 100 亿元投资，最终社会增加的国民收入为：

$\Delta Y_1 = \Delta Y_1 + \Delta Y_2 + \Delta Y_3 + \cdots$

$= 100 + 100 \times 0.8 + 100 \times 0.8^2 + \cdots + 100 \times 0.8^\infty$（此为首项为 100，公比为 0.8 的等比例数列）

$$= \frac{100 \times (1 - 0.8^\infty)}{1 - 0.8} = 500$$

一般假设投资变动国民收入也随之变动，如果家庭部门的边际消费倾向是 $MPC = b$，那么，增加投资引起的列国民收入增加量为：

$$
\begin{cases}
\Delta Y_1 = \Delta Y_1 + \Delta Y_2 + \Delta Y_3 + \ldots \\
= \Delta I + \Delta Ib + \Delta Ib + \cdots \Delta Ib^\infty \text{（此为首项是 } \Delta I \text{，公比是 } b \text{ 的等比数列）} \\
= \frac{\Delta I \cdot (1 - b^\infty)}{1 - b} = \frac{\Delta I}{1 - b} = \frac{\Delta I}{1 - MPC} \\
0 < MPC = b < 1
\end{cases}
$$

于是推算出投资乘数为：$K_I = \dfrac{\Delta Y}{\Delta I} = \dfrac{1}{1 - b} = \dfrac{1}{1 - MPC}$。

投资乘数还可通过均衡国民收入：$Y_E = Y = \dfrac{a + e}{1 - b} = \dfrac{a + I}{1 - b} = f(I)$ 得出，即：

$$K_I = f'(I) = (\frac{a + I}{1 - b}) = \frac{1}{1 - b}$$

由公式可知，投资乘数 K_I 的值取是由边际消费倾向 MPC（或 b）的大小决定的。边际消费倾向越接近于 1，投资乘数越大；边际消费倾向越接近零，则投资乘数越小。

投资乘数可通过图 3.13 来说明。

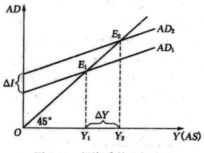

图 3.13　投资乘数几何表达

图中的 AD_1 表示初始总需求，AD_2 表示新的总需求，Y_1 为初始均衡国民收入，Y_2 为新的均衡国民收入，则 $\Delta Y = Y_2 - Y_1$。AD_2 这一新的总需求曲线与初始的总需求曲线的纵向距离，即截距之间的距离，代表投资变化量 ΔI。投资乘数即为 $K_I = \dfrac{\Delta Y}{\Delta I}$。

投资乘数原理表明投资增加会使国民收入成倍增加，也说明了投资减少，国民收入也会成倍下降，即投资乘数具有双向作用。

需要注意的是，乘数原理产生作用是有特定条件的，必备的条件包括：

（1）投资乘数效应是长期作用的结果，短期内，如一两年是不能实现的，上例中从投资增加 100 亿元到国民收入增加 500 亿元经历了很长一段时期。

（2）在投资增加从而使国民收入产生变化的过程中，要有充足的资本品和劳动力为经济运行提供保障，即在资源没有得到充分利用的前提下。一旦资源限制了投资需求、消费需求，国民收入的增加便会受劳动力、资本品等生产要素价格上涨的影响，使国民收入的增加量无法达到投资总额的 $\dfrac{1}{1-b}$ 倍。

二、政府相关乘数

政府相关乘数是宏观经济理论中相对重要的乘数概念，包括政府购买乘数 K_G、政府税收乘数 K_T、政府转移支付乘数 K_{TR} 和平衡预算乘数。

（一）政府购买乘数

政府购买乘数是一个政府支出乘数，是指政府购买有一定变动而引起的国民收入变化量与政府购买支出变化量间的比率。

与投资变动效果相同，如果政府购买的变动量为 ΔG，国民收入将随之变动 ΔY。政府购买增加也会带动经济总需求增加，并使国民收入随之增加。

若经济系统中的家庭部门边际消费倾向为 $MPC=b$，由政府购买增加而引起的国民收入的一系列增加量的总和等于：

$$
\begin{cases}
\Delta Y = \Delta Y_1 + \Delta Y_2 + \Delta Y_3 + \ldots \\
\\
\Delta Gb + \Delta Gb^2 + \ldots + \Delta Gb^\infty\ （此为位首项是 \Delta G，公比是 b 的等比数列）\\
\dfrac{\Delta G \cdot (1-b)}{1-b} = \dfrac{\Delta G}{1-b} = \dfrac{\Delta G}{1-MPC} \\
0 < MPC = b < 1
\end{cases}
$$

由此得出政府的购买乘数：$K_G = \dfrac{\Delta Y}{\Delta G} = \dfrac{1}{1-b} = \dfrac{1}{1-MPC}$。

与投资乘数相同，政府购买乘数也可通过三部门均衡国民收入决定模型 $Y_E = Y = \dfrac{a+e+G+bTR+bT}{1-b} = f(G)$ 求得，即：

$$
K_G = f'(G) = \dfrac{1}{1-b} = \dfrac{1}{1-MPC}
$$

上式表明，政府购买增加，则国民收入以其 $\dfrac{1}{1-MPC}$ 的倍数增加。

（二）政府的转移支付乘数

政府转移支付乘数也是政府的一项支出乘数，是政府转移支付的变化所引起的国民收入的变动总量与政府购买支出的变动总量之比。

政府转移支付进入消费者可支配收入，因此，假设消费者的边际消费倾向为 $MPC=b$，政府转移支付增加为 ΔTR，其中只有一部分（边际消费倾向与政府转移支付变动量的乘积部分）转变成消费，国民收入的增加量为 $b\Delta TR$，其他部分转变成消费者的储蓄。国民收入增加了 $b\Delta TR$，会使消费支出、

国民收入增加 $b^2\Delta TR$。如此不断反复，持续进行。政府转移支付增加 $b\Delta TR$，引起的一系列国民收入的增加之和等于：

$$\begin{cases} \Delta Y = \Delta Y_1 + \Delta Y_2 + \Delta Y_3 + \ldots \\[2mm] = b\Delta TR + \Delta TRb^2 + \Delta TRb^3 + \cdots + \Delta TRb^\infty \\[2mm] = \dfrac{b\Delta TR \cdot (1-b^\infty)}{1-b} = \dfrac{b\Delta TR}{1-b} = \dfrac{MPC\Delta TR}{1-MPC} \\[2mm] 0 < MPC = b < 1 \end{cases}$$

由此可得，政府转移支付乘数 $K_{TR} = \dfrac{\Delta Y}{\Delta TR} = \dfrac{b}{1-b} = \dfrac{MPC}{1-MPC}$。

政府转移支付乘数也可由 $Y_E = Y = \dfrac{a+e+G+bTR-bT}{1-b} = f(TR)$ 求

得，即 $K_{TR} = f'(TR) = \dfrac{b}{1-b} = \dfrac{MPC}{1-MPC}$。

这说明，当政府支付增加，导致国民收入以其 $\dfrac{MPC}{1-MPC}$ 的倍数增加。

（三）政府税收乘数

政府税收乘数指的是国民收入变动与引起变动的税收变动量间形成的比值关系。

以政府税收增加为例。假设消费者的边际消费倾向为 $MPC=b$，政府税收增加 ΔT，导致消费者可支配收入减少 ΔT，消费支出减少 $b\Delta T$，国民收入减少 $b\Delta T$。国民收入减少 $b\Delta T$，又使消费减少 $b^2\Delta T$，从而使国民收入减少 $b^2\Delta T$，影响是反复推进的。政府税收增加 ΔT，引起国民收入减少的总量的之和等于：

$$\begin{cases} \Delta Y = \Delta Y_1 + \Delta Y_2 + \Delta Y_3 + \ldots \\[2mm] = -b\Delta T - \Delta Tb^2 - \Delta Tb^3 - \cdots - \Delta Tb^\infty \quad （此为首项为 b\Delta T, \\[2mm] \qquad\qquad\qquad\qquad\qquad\qquad 公比为 b 的等比数列） \\[2mm] = \dfrac{-b\Delta TR \cdot (1-b)}{1-b} = \dfrac{b\Delta T}{1-b} = \dfrac{MPC\Delta T}{1-MPC} \\[2mm] 0 < MPC = b < 1 \end{cases}$$

可得出政府税收乘数 $K_T = \dfrac{\Delta Y}{\Delta T} = \dfrac{b}{1-b} = -\dfrac{MPC}{1-MPC}$。

也可由 $Y_E = Y = \dfrac{a+e+G+bTR-bT}{1-b} = f(T)$ 求得政府税收乘数，即

$K_T = f'(T) = -\dfrac{b}{1-b} = -\dfrac{MPC}{1-MPC}$。这表明，当政府税收增加时，国民收

入以 $\dfrac{MPC}{1-MPC}$ 的倍数减少。

（四）平衡预算乘数

平衡预算乘数指的是在政府保持财政收入与财政支出相等的条件下，政府购买（税收）变动引起的收入变动与政府购买（税收）变动量的比率，二者之比等于 1。

如果政府增加支出 ΔG（增加购买），同时增加收入 ΔT（增加税收），且 $\Delta G = \Delta T$，保持政府的财政收支平衡。依据政府购买乘数，增加政府购买 ΔG 将引起国民收入增加 $\Delta Y_G = \dfrac{\Delta G}{1-b}$；根据税收乘数，增加税收 ΔT 将引起的国民收入变动：$\Delta Y_T = \dfrac{b\Delta T}{1-b}$。于是，等量增加政府购买和税收（$\Delta G = \Delta T$），国民收入的总变动为：

$$\Delta Y = \Delta Y_G + \Delta Y_T = \frac{\Delta G}{1-b} - b\frac{\Delta T}{1-b} = \Delta G = \Delta T$$

平衡预算乘数 $K_B = \dfrac{\Delta Y}{\Delta G} = \dfrac{\Delta Y_G}{\Delta G} + \dfrac{\Delta Y_G}{\Delta T} = K_G + K_T = 1$。表明政府的购买

和税收等量变动时，国民收入变动量与政府购买（政府税收）变动量相等。

三、进出口乘数

在开放经济中，还存在出口乘数和进口乘数。

（一）进口乘数

进口乘数指由进口的变动引起的国民收入变动量与进口变动量的比率。

若整体经济当中消费者的边际消费倾向为 $MPC=b$，进口总量增加 ΔM，这种情况下，用于购买本国产品的消费支出将减少 ΔM，导致国民收入减少 ΔM。国民收入减少 ΔM，又使消费支出和国民收入减少 $b\Delta M$，不断反复。进口增加 ΔM，引起的国民收入增加量总和等于：

$$\begin{cases} \Delta Y = \Delta Y_1 + \Delta Y_2 + \Delta Y_3 + \ldots \\[2mm] = -\Delta M - \Delta Mb - \Delta Mb^2 - \ldots - \Delta Mb^\infty \quad (\text{此为首项为 } \Delta M, \\[2mm] \qquad\qquad\qquad\qquad\qquad\qquad \text{公比为 } b \text{ 的等比数列}) \\[2mm] = \dfrac{1 - \Delta M \cdot (1 - b^\infty)}{1-b} = \dfrac{\Delta M}{1-b} = -\dfrac{\Delta M}{1-MPC} \\[2mm] 0 < MPC = b < 1 \end{cases}$$

由此可得进口乘数 $Y_E = Y = \dfrac{a+e+G+bTR-bT+X-M}{1-b} = f(M)$ 求得，即 $K_M = f'(M) = \dfrac{1}{1-b} = -\dfrac{1}{1-MPC}$。这表明，进口增加的时候，国民收入会以其 $\dfrac{1}{1-MPC}$ 的倍数减少。

（二）出口乘数

所谓的出口乘数是指因出口变动所引起的国民收入变动量同出口变动量的比率。

假定消费者的边际消费倾向为 $MPC=b$，出口增加 ΔX，则用于购买本国产品的消费支出将增加 ΔX，导致国民收入（GDP）增加 ΔX。由于国民收入增加了 ΔX，又带动国民收入、消费支出增加 $b\Delta X$，这一影响会不断持续。出口增加 ΔX 所引起的国民收入增加量的总和等于：

$$\begin{cases} \Delta Y = \Delta Y_1 + \Delta Y_2 + \Delta Y_3 + \dots \\[2mm] \quad = \Delta X + \Delta Xb + \Delta Xb^2 + \dots + \Delta Xb^\infty \quad (\text{此为首项为} \Delta X, \\[2mm] \qquad\qquad\qquad\qquad\qquad\qquad\qquad \text{公比为} b \text{ 的等比数列}) \\[3mm] \dfrac{\Delta X \cdot (1-b)^\infty}{1-b} = \dfrac{\Delta X}{1-b} = \dfrac{\Delta X}{1-MPC} \end{cases}$$

$$0 < MPC = b < 1$$

得出进口乘数 $K_X = \dfrac{\Delta Y}{\Delta X} = \dfrac{1}{1-b} = \dfrac{1}{1-MPC}$。

出口乘数可通过 $Y_E = Y = \dfrac{a+e+G+bTR-bT+X-M}{1-b} = f(X)$ 求

得，$K_X = f'(X) = \dfrac{1}{1-b} = -\dfrac{1}{1-MPC}$。表明，当出口增加时，国民收入会

以其 $\dfrac{1}{1-MPC}$ 的倍数增加。

四、乘数效应产生的条件

在凯恩斯的就业理论当中，乘数理论有着非常重要的地位。凯恩斯认为，因消费需求不足导致的总需求不足，主要依靠投资进行弥补；当私人投资不足时，必须要靠政府来增加公共投资支出来解决这一问题。通常所说的增加投资（或政府支出）会使就业和收入数倍增加的理论就是乘数理论。理论上，在社会生产中，收入、投资、消费、政府的财政支出、就业等变量间确实存在连锁反应，但连锁反应的具体效果在经济实践中会受某些条件的限制，使乘数效应大大削弱。限制因素主要有两种：①社会中的过剩生产能力。由于乘数理论是在经济大萧条的背景下提出的，存在大量的闲置经济资源，如果不满足这种条件，社会无过剩生产能力，那么投资增加及因此促成的消费支出的增加并不会使生产增加，只会对物价造成刺激，使物价整体上升。②利率水平。乘数理论是在只考虑产品市场不考虑货币市场的前提下提出的，如

果考虑利率变动因素，乘数效应会减弱。例如，增加投资使经济运行对货币资金的需求增加，但得不到与需求相对应的供给；另外，投资与消费支出增加，货币需求增加若得不到相应支持，利率就会上升，这样不但会对消费产生抑制作用，还会对投资产生阻碍，最终使总需求明显降低。此外，凯恩斯的乘数效应主要强调政府购买、消费、出口、投资等自发性的支出增加时对产出与就业产生的刺激，实际上，乘数效应同样也会在反方向上发挥作用，如果进口、税收等增加时产生乘数效应会使国民收入成倍减少。例如，正向乘数效应（使收入增加）在收入增加时，将增加的收入用来购买进口产品及劳务，这种情况下，进口的负向效应会与正向乘数效应抵消；若政府为了增加公共工程建设的支出而增加税收，那么公共工程中增加的就业者的开支将因纳税人减少支出而被抵消；如果政府支出是靠借钱而非提高税收，会使私人部门的货币减少，同时，支出增加会使收入减少，个人和企业通常都会增加货币的储备量，货币需求就会增加，这会使利率提高，进而对私人投资产生排挤作用。

第四章　产品市场及货币市场均衡

第一节　关于投资决定

在凯恩斯提出的关于收入—支出分析的框架中，投资支出是总支出的主要构成部分，且很容易产生波动，投资支出变动是总支出曲线发生移动的重要原因。本节将对投资进行深入分析。

在西方国家，人们购买土地、证券等都被理解为投资。但在经济学中，这些都不能算作投资，仅仅是资产权的转移。经济学中的"投资"，指的是资本的形成，社会增加的实际资本，包括增加的厂房、存货、设备及新的住宅建筑等。

构成总支出的投资分为三大类：居民住宅投资、固定资产投资及存货投资。居民住宅投资主要是家庭购买新住房的投资。固定资产投资涵盖企业购买的新的生产设备及投资建设的厂房等建筑物。存货投资指企业储备的各类物品，包括企业依据对销售状况的预期而储备的生产成品或为下期生产存储的中间产品及原材料等投入品。接下来主要分析固定资产投资与存货投资。

决定投资的因素有很多，主要包括实际的利率水平、预期的收益率及投资风险。

一、投资与实际利率

凯恩斯认为，是否要投资新的厂房、设备、机器、仓库等实物类资本，取决于投资的预期利润率以及为购买此类资产需借款项利率之间的比较。若前者高于后者，投资便是值得的；若前者低于后者，投资便不值得。因此，在各种因素中，利率是决定投资的首要因素。此处的利率特指实际利率。

在投资的预期利润率既定时，企业是否进行投资，取决于实际利率的高低。当利率下降，投资需求量就会增加；当利率上升，投资的需求量就会减少。投资为利率的减函数，因为利率大小衡量了投资固定资产的成本。企业可能通过借款获得投资资金。这种情况下，利率越高，企业进行融资要付的利息也就越高。因此，利率决定着投资成本。若企业用自有资金进行投资，利率则是衡量投资机会成本的指标。此时，利率仍然衡量着投资成本。

由于上述原因，当利率上升，投资者自然会减少在机器、设备等方面的投资，而利率下降时会增加投资。投资和利率间的这种反方向的变动关系即投资函数，其公式为：

$$I=I(r) \qquad\qquad （式4.1）$$

假定 $I=I(r)=1\ 000-50r$（亿元）。1 000 表示即使利率为零的时候也存的投资量，称为自主投资。50 是系数，表示当利率上升或者下降一个百分点，投资减少或增加的量，称为利率对于投资需求的影响系数。如果将投资函数写作 $I=I(r)=I_0-dr$ 的形式，式中的 I_0 为自主投资，$-dr$ 是投资需求当中和利率相关的部分，投资和利率间的函数关系可见图4.1。

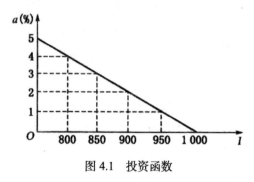

图 4.1 投资函数

图4.1中的投资需求曲线，也称投资的边际效率曲线，"投资的边际效率"是由"资本的边际效率"的概念引申出来的。

二、投资与资本边际效率

（一）贴现原理

为了详细解释资本边际效率，要先对贴现率问题进行简明的说明。

贴现是将某一金额的将来值（最终值）折算为现值的过程。因存在利息，货币便具有了时间价值。当期货币价值大于未来的等额货币价值是必然的；也可以反过来理解，即未来某一时期的货币价值小于当期的等额货币的价值也是必然的。货币的时间价值可用利息率来表示。利息率包括两种形式：单利与复利，在讨论企业的资金使用时，应选择复利的形式。

假设本金是 100 元，而年利率是 5%，可得出：

第 1 年的本利和为：$100 \times (1+5\%) = 105$（元）

第 2 年的本利和为：$105 \times (1+5\%) = 100 \times (1+5\%)^2 = 110.25$（元）

第 3 年的本利和为：$110.25 \times (1+5\%) = 100 \times (1+5\%)^3 = 115.76$（55）

如此推算，现用 r 代表利率，R_0 代表本金即现值，R_1、R_2、R_3 分别为第 1 年、第 2 年、第 3 年的本利和（终值），那么各年的本利和可表示为：

$$R_1 = R_0 (1+r)$$

$$R_2 = R_1 (1+r) = R_0 (1+r)^2$$

$$R_3 = R_2 (1+r) = R_0 (1+r)^3$$

$$\cdots\cdots$$

$$R_n = R (1+r)^n$$

现在将问题倒过来研究，利率、本利之和作为已知条件，通过公式求出本金。这是求本利之和公式的逆向运算。假定利率为 5%，1 年后的本利和是 105 元，则通过公式 $R_n = R (1+r)^n$ 可计算具体的本金数额：

$$R_0 = \frac{R_1}{1+r} = \frac{105}{1+5\%} = 100 (元)$$

这说明，当利率为 5%，1 年之后，105 元的折合现值为 100 元，2 年后的 110.25 元、3 年后的 115.76 元的折合现值都是 100 元。式中：R_0 代表现值，R_1 是终值，r 为贴现率，在这里为利率。据此可算出 n 年之后 R_n 的现值：

$$R_0 = \frac{R_n}{(1+r)^n}$$

如果投资一个项目，投资的年利润率是 4%，每年可得到投资利润是 100 万元，项目的周期为 5 年（终值为 500 万元）。问：在不计残值的情况下，现期（现值）应该投资多少？

已知投资 5 年后的终值，则现值的计算公式是：

$$R_0 = \frac{R_1}{1+r} + \frac{R_2}{(1+r)^2} + \frac{R_3}{(1+r)^3} + \frac{R_4}{(1+r)^4} + \frac{R_5}{(1+r)^5}$$

此处使用的贴现率为投资的年利润率。表 4-1 中列出贴现率分别为 4%、5%、6% 时现值的计算结果，V 代表现值。

表 4-1　现值计算表

	r=4%	r=5%	r=6%
R_1=100	V_1=96.15	V_1=95.25	V_1=94.34
R_2=100	V_2=92.46	V_2=90.70	V_2=89.00
R_3=100	V_3=88.90	v_3=86.38	V_3=83.96
R_4=100	V_4=85.48	V_4=82.27	V_4=72.21
R_5=100	V_5=82.19	V_5=78.35	V_5=74.73
R=500	V=445.18	V=432.95	V=421.24

若贴现率为 4%，5 年内全部的预期收益是 500 万元，则其现值为 445.18 万元，表示当前需要投入 445.18 万元；若贴现率为 5% 和 6%，为保证未来能获得 500 万元，对应的当前投入分别是 432.95 万元、421.24 万元。

企业对于项目的投资额与贴现率为反向变动关系。当项目的收益既定时，贴现率低，要投入的资金多；贴现率高，需要投入的资金少。反之，项目收益为既定的，贴现率越高，表明投资资金的使用效率越高，也可以理解为资金盈利能力越强；贴现率越低，说明投资资金使用的效率越低，也可以理解为资金盈利能力越低。投资的贴现率，即经济学中的资本边际效率。

（二）资本边际效率的概念

资本边际效率这一概念是由凯恩斯提出的。资本边际效率为贴现率的一种，这种贴现率正好使一项资本品使用期内的各预期收益现值之和等于该资

71

本品的供给价格或重置成本。

现假设某一资本物品可使用 n 年，且使用到最终还有残值，资本边际效率公式为：

$$R_0 = \frac{R_1}{1+r} + \frac{R_2}{(1+r)^2} + \frac{R_3}{(1+r)^3} + ... + \frac{R_n}{(1+r)^n} + \frac{J}{(1+r)^n} \quad （式4.2）$$

上式中，R 为资本品供给价格；价格 R_1、R_2、R_3…R_n 是不同年份（时期）预期的收益；J 代表这一资本品在 n 年年末报废时的价值；r 代表资本边际效率。资本边际效率高，表明同样的投资所获得的未来收益额大。

在某个项目投入一定的资金时，投资的资本边际效率其实就是投资的预期收益率。那么为什么不直接使用投资预期收益率呢？原因包括三方面：①投资的预期收益与实际的未来收益并不一定相等，这由未来的情况决定，而资本边际效率是为投资决策提供依据，在投资前已经明确；②通过资本边际效率能够反映投资增值的过程与增值的效果，而预期收益率反映了投资增长的结果；③预期收益率及预期利润率指向某项目的预期收益，而资本边际效率则指向资本使用的收益，当我们强调投资资本使用效率的时候，使用"资本边际效率"更为准确。

三、资本边际效率曲线

如果资本品的供给价格、资本品报废时的价值和各年的预期收益均能估算出来，就算出了资本边际效率，若资本边际效率比市场利率高，投资是值得的，否则是不值得的。

由式（4.2）可知，r 的值取决于资本品供给价格及预期收益：当预期收益既定，供给价格越大，r 越小；当供给价格为既定的，预期的收益越大，r 越大。在实际的经济运行中，不同投资项目的资本边际效率也不一样，当企业有若干投资项目可以选择时，不同投资额也会产生不同的资本边际效率，企业在对比不同投资额的资本边际效率及利率后作出投资选择。假设企业可选的投资项目及对应的资本边际效率为表 4-2 中所示的内容。

表 4-2 企业投资的资本边际效率

	A 项目	B 项目	C 项目	D 项目
投资额（万元）	50	75	25	50
投资总额量（万元）	50	125	150	200
MEC（%）	10	8	6	5

　　表 4-2 中某企业可选择的投资项目有 4 个，分别对应不同的投资量，且按预期收益率依次递减的顺序排列。企业决定投资，首先会投资预期收益率较高的项目，且按预期收益率逐渐递减的顺序安排投资。当只投资一个项目时，预期收益率与资本边际效率是相同的。当投资项目超过一个时，资本边际效率会比项目预期收益率递减得更快。

　　选择项目 A，投资金额为 50 万元，其资本边际效率是 10%；如果同时选择 A 项目与 B 项目，共投资 125 万元，资本边际效率下降至 8%；选择 A、B、C 三个项目，投资金额达 150 万元，资本边际效率为 6%；同时投资四个项目，投资额为 200 万元，资本边际效率是 5%。通过总结，可以发现投资量和资本边际效率的之间的关系：投资量越大时，资本边际效率反而越低，二者之间是反向变动的关系。

　　由表 4-2 总结出企业投资的资本边际效率和投资量之间的关系，见图 4.2。

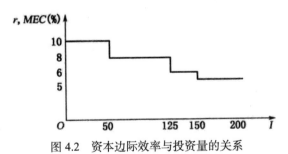

图 4.2 资本边际效率与投资量的关系

　　在图 4.2 中，当投资量为 50 万元、125 万元、150 万元、200 万元时，对应的资本边际效率分别为 10%、8%、6%、5%。若利率为 10% 或更低一些，只有项目 A 是值得投资的，投资量为 50 万元；市场利率为 8% 或更低的情况下，A 和 B 均是值得投资的项目，投资总量为 125 万元；当市场利率降至 5% 或低于5%，C、D项目也可投资，投资金额为200万元。通过图示可知，对这一企业而言，利率越低的时候，投资的需求量就越大。图中形成的折线即该企业的资本边际效率曲线。

一企业资本边际效率曲线为阶梯形，但如果将经济社会当中所有企业的资本边际效率曲线加总起来，阶梯形的折线会逐渐成为一条平滑的线，因为总合过程中会彼此抵消。这条线就是凯恩斯提出的资本边际效率曲线（如图4.3所示）。

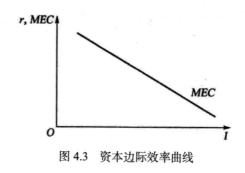

图4.3 资本边际效率曲线

这一条资本边际效率曲线表明，投资量（I）和利率（r）呈反方向的变动关系：当利率越高时，投资量就越小；利率越低时，投资量就越大。

资本边际效率曲线实际上就是投资的需求曲线，但西方部分经济学家认为，MEC曲线还无法准确代表企业投资需求曲线。这是因为，一旦利率下降，若所有企业都增加投资，这时资本品价格就会上涨，代表式（4.2）中R（资本品的供给价格）会增加，在预期收益相同的情况之下，r必然会缩小，否则，公式不成立，即资本边际效率无法使未来的收益折合为与资本供给价格相等的现值。

此时，因R上升而被缩小的r的数值称为投资的边际效率（Marginal Efficiency of Investment，MEI）。因此，预期收益相同时，投资的边际效率比资本的边际效率要小。

因为投资的边际效率比资本的边际效率小，所以投资边际效率的曲线比资本边际效率的曲线更加陡峭，如图4.4。尽管这样，MEI曲线与MEC曲线同样也可以表示利率与投资量间的反方向变动关系，只是使用投资的边际效率曲线时，利率的变动对于投资量变动影响会稍微小一些。西方经济学者认为，投资的边际效率曲线能更准确地呈现投资及利率间的关系。所以，西方的经济学著作大都采用 *MEI* 曲线表示利率、投资量间的关系，投资需求曲线是指 *MEI* 曲线，即式（4.1）提到的投资需求函数。

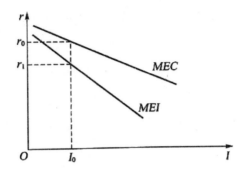

图 4.4　资本边际效率曲线和投资边际效率曲线

四、投资与预期收益

上文提到的实际的利率水平会对投资需求产生影响，其实是从资金成本的角度讨论投资需求，而预期收益是影响投资需求的另一重要因素。影响预期收益的因素包括多个方面，这里分析最重要的三点。

（一）对所投资项目的产出需求预期

当企业决定是否投资某项目及具体投资额时，首先考虑的是市场未来对这一项目生产产品的需求，因为市场对产品的需求状况不仅会决定产品是否能顺利销售，而且还会对产品价格走势产生影响。如果企业觉得所投资项目产品的市场需求未来会逐渐增加，便会增大投资额。假设一定量的产出会要求具备相应量的资本设备，预期的市场需求有多少增加，就会要求投资也增加多少。产出增量和投资间的关系称作加速数，产出的变动与投资间关系的相关理论为加速原理。

（二）产品成本

投资预期收益也取决于投资项目生产产品所需的成本，特别是劳动者工资成本。因为工资成本是产品成本最重要的构成部分，其他条件不变，工资成本增加会使企业利润降低，减少了投资的预期收益。尤其是劳动密集型的投资项目，工资成本的上升会使投资需求显著降低。对于那些可用机器代替人力劳动的生产项目，工资上升则意味着投入更多设备比使用更多劳动力更有利可图，因而实际工资上升又意味着投资预期收益的增加，这会拉动投资需求。可见，工资成本变动对于投资需求产生的影响是不确定的。大多数情况下，随着劳动成本上升，企业更多地采用新机器、新设备，使投资的需求增加。基于此，新古典经济学认为投资需求会随着工资的增加而增加。

（三）投资税抵免

政府税收政策也会对投资的预期收益产生影响，因为税收会直接影响投资收益。有一些国家，政府为吸引投资，会采用投资税抵免政策，即政府规定依据总投资额按照一定比例减免所得税。例如某企业某年投资总额为5000万元，政府规定的投资抵免率为15%，该企业就可以少缴纳750万元所得税，这750万元等于政府为企业支付的项目投资成本。若该企业当年的所得税低于750万元，只有300万元，则余下的450万元额度可用于未来年份的所得税抵扣。投资抵免政策对于投资的影响，取决于这一政策是长期的，还是临时的。如果政策是临时的，其产生的效果也具有临时性，一旦超过政策的期限，投资的需求有可能不升反降。比如，政府为了刺激经济，宣布在某一具体的年份实行投资抵免政策，该年的投资有可能因此大幅增加，本来准备下一年到位的投资也可能提前至这一年，使来年的投资需求明显下降，了解政策的企业会也有可能将当年本该到位的投资延迟至政策实行的年份，导致政策实行前一年的投资需求下降。

五、存货投资

存货投资是企业投资的一个重要部分，企业会依据非计划存货（也称非意愿性的存货）量的变化来调整自身的生产规模。非计划的存货是企业计划之外的存货量变动。通常，企业为增加应对市场变化的灵活性，会预备一定量的存货，称为计划存货或意愿性存货。计划存货在宏观经济学中被视为支出，它是投资支出的一部分。因此，企业的计划存货增加，并不代表总支出低于总产出。

下列分析主要针对企业计划存货，也就是存货投资。

（一）企业持有存货的原因

1. 企业持有存货是为了平稳生产

由于经济运行中存在着诸多不确定因素，产品销售过程中常常会有需求波动，使销售量也随之发生波动。销售量在每个月甚至每一天都会产生不同程度的变化，企业依据销售量的动态变化随时调整产量，需要付出高昂的代价，工人、机器等可能有时处于闲置状态，有时又要为赶生产量而集中加班。因此，企业为保持产出水平的稳定，不必根据短期需求波动而频繁地调整产品生产量。当稳定的产品生产与不稳定的需求结合起来，就出现了存货。

2. 企业持有存货是为了便于生产

除了存储成品外，企业也会存储原材料。原材料存货是一种重要的生产要素，当企业持有的原料存货量大，就可以生产出更多的产品。企业持有存货需要大量订购原材料，这样能减少订货的次数，比频繁少量订货花费的成本低。

3. 持有存货是为了便于销售

消费者的需求需要及时得到满足，企业要及时为其提供所需的商品。为此，生产者必须要保证持足够的成品存货以随销售量的增加而增加配货量。因为产品都有固定的生产周期，不可能立即生产出大量成品，如果企业无法及时满足顾客需求，顾客就会选择其他同类产品。同时，企有一定的成品存货还能避免脱销。通常企业是在了解产品的市场需求前进行生产决策，一旦实际需求量大于生产量，而企业又没有存货，相应的物品会在一定时期内出现脱销的情况，企业会失去良好获利时机。存货能避免这一情况发生。

4.存货是不可避免的

因为产品在生产过程中要经过许多道工序，从原材料到成品需要一定的时间。当产品完成部分工序的时候，形成的零部件也就成为了企业存货，这种存货也叫中间产品或在制品。

（二）存货投资的影响因素

1.利率

存货投资与企业的资产投资类似，都主要受利率影响。将存货储备起来，在储备过程中会有一定的机会成本，企业卖出储备的存货，这部分存货转化为现金。如果企业将相等数额的现金存入银行，可以通过存储获得利息收入，其大小通过利率来衡量。而企业将资金以物品的形式储存起来，就失去了利息收入。因此，利率可以用来衡量企业存货的机会成本。当利率上升，存货成本增加，企业会减少存货量。与固定资产投资一样，存货投资与利率之间也是减函数关系。

2.预期

除利率外，预期是影响存货的另一重要因素。一般，当经济进入衰退期时，企业可能不愿意储备存货，而是急于把存货变现；而当经济发展进入繁荣时期，企业会尽可能增加存货，一方面为扩大生产做准备，另一方面是为了满足逐渐增加的销售需求。

（三）存货投资的易变性

相较于固定资产的投资，存货投资的波动性更大。固定资产是企业的长期非流动资产，若调整数量花费的成本较高，而存货则是企业主要的流动性短期资产，调整数量成本较低。这种区别决定了二者在短期的波动程度有所不同。在对经济波动现象进行分析时，存货投资波动往往具有关键作用。

第二节 IS 曲线

一、IS 曲线及其推导

把投资视为利率的函数后，西方经济学者进一步通过 IS 曲线说明了产品市场均衡的条件。

产品市场均衡，即产品市场中的总供给等于总需求。根据前面的分析可知，三部门经济中当总需求等于总供给时，$C+I+G=C+S+T$，实现经济均衡的条件为 $I+G=S+T$；而两部门经济中，总需求等于总供给是指 $C+I=C+S$，均衡的条件是 $I=S$。若消费函数为 $C=a+bY$，无论是从总需求等于总供给的角度，还是从投资等于储蓄的角度，两部门经济均衡收入决定公式均为 $Y=\dfrac{a+I}{1+b}$。在公式中，投资 I 作为外生变量影响着均衡收入。现在将投资视为利率的函数，即 $I=I_0-dr$，则均衡收入公式为：

$$Y=\frac{a+I_0-dr}{1-b} \qquad\qquad （式4.3）$$

公式中，a、I_0、d、b 均为常数，其中，$d=\dfrac{\Delta I}{\Delta r}>0$。这一公式是由投资等于储蓄这一均衡条件推算得出的，均衡国民收入和利率之间是反方向的变化关系。

下面通过举例进行说明。假设投资函数 $I=1500-50r$，消费函数 $C=700+0.5Y$，储蓄函数则为 $S=Y-C=-700+0.5Y$，所以，均衡收入是：

$$Y=\frac{a+I_0-dr}{1-b}=\frac{700+1500-50r}{1-0.5}=4400-100r$$

若 $r=1$，$Y=4300$；

若 $r=2$，$Y=4200$；

若 r=3，Y=4100；

若 r=4，Y=4000；

……

如图 4.5，画一个坐标，纵轴代表利率，横轴代表收入，可得到一条表示利率和收入相互关系的曲线。曲线上的任何一点都代表投资与储蓄是相等的，即 $I=S$，产品市场此时是均衡的，这条曲线被称为 IS 曲线。

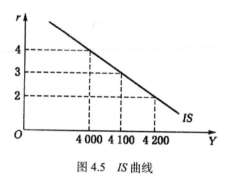

图 4.5　IS 曲线

IS 曲线可从投资和利率之间关系（投资函数）、储蓄和收入间的关系（储蓄函数）以及储蓄和投资间的关系（储蓄等于投资）推导得出，如图 4.6 所示。

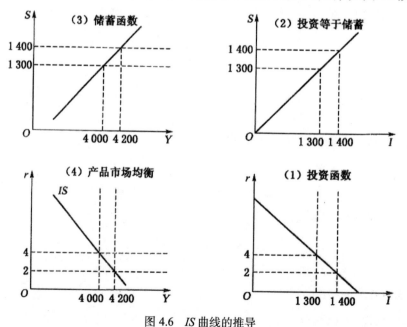

图 4.6　IS 曲线的推导

象限（1）中的斜线表示投资需求为利率的减函数，横轴表示投资量，纵轴表示利率 r。该图线是依据上例中投资需求函数 $I=1500-50r$ 画出的。

在象限（2）中，斜线上的任何一点都表示投资、储蓄之间实现了均衡，纵轴代表储蓄 S，横轴为投资 I，始于原点的 45° 直线上的任何一点都表示经济均衡时投资等于储蓄。例如，当利率 r 为 4% 时，投资 I 为 1 300 亿元，储蓄 S 也为 1 300 亿元。利率下降时，投资增加，储蓄也相应增加，如利率下降到 $r=2\%$，投资增加至 1 400 亿元，储蓄也增至 1 400 亿元。

象限（3）的斜线表示储蓄为国民收入的增函数，这条线就是根据 $S=-700+0.5Y$ 得出的。例如，在第（1）象限中，$r=4\%$ 时，$I=1\,300$；在第（2）象限，因为 $I=S$，储蓄必然为 1 300 亿元；在（3）象限中，通过储蓄函数得出，收入为 4 000 亿元，储蓄才能为 1 300 亿元（$1\,300=-700+0.5Y$，$Y=4\,000$）。若利率下降为 2%，投资上升为 1 400 亿元，均衡储蓄也是 1 400 亿元，均衡收入为 4 200 亿元（$1\,400=-700+0.5Y$，$Y=4\,200$）。

最后，由象限（4）中的斜线得出产品市场的均衡点。当利率 $r=4\%$ 时，使储蓄、投资相等的国民收入为 4 000 亿元；利率降为 2% 时，投资和对应的储蓄会上升为 1 400 亿元，均衡收入一定为 4 200 亿元。总之，若利率分别是 1%、2%、3%、4%、5% 的时候，只有对应的国民收入分别为 4 300 亿元、4 200 亿元、4 100 亿元、4 000 亿元、3 900 亿元时，才能满足 $I=S$ 的产品市场均衡条件。将满足产品市场均衡条件的利率和收入的各个组合点连接起来，就得到了 IS 曲线。IS 曲线表示与任何一个给定的利率相对应的国民收入水平，在这一水平上，投资与储蓄恰好相等。

由于利率下降意味着投资水平较高，此时对应的储蓄水平、收入水平都比较高，因此，IS 曲线斜率为负值。

二、IS 曲线的经济学含义

IS 曲线反映了产品市场均衡条件下的产出与实际利率之间的关系，曲线上的任一点都满足产品市场均衡的条件，即投资等于储蓄。它说明，在产品市场，均衡总产出和利率之间为反向变化关系，利率提高，均衡的总产出量降低，利率降低时，均衡总产出提高。IS 曲线上的任一点都表示 $I=S$，即产品市场实现了宏观均衡；反之，当点位于 IS 曲线外表示 $I\neq S$，意味着产品市场并没有达到均衡状态。

在经济实践中，投资、储蓄并非总能保持均衡，产品市场有时处于非均衡状态。图 4.7 中 A 点、B 点均为非均衡状态。

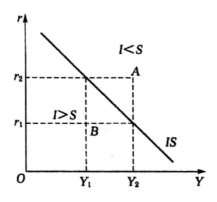

图 4-7　IS 的非均衡状态

A 点对应的实际收入为 Y_2，实际利率为 r_2，处于 IS 的非均衡状态。当收入为 Y_2，要使产品市场均衡，则对应的利率水平必须为 r_1，由 r_1 决定的投资、储蓄的水平为相等的。也就是说，当利率 $r = r_2$，收入 $Y=Y_2$ 时，Y_2 并不是经济均衡产出的水平。因为投资为利率的减函数，而储蓄为利率的增函数，所以，当实际利率水平达到较高的 r_2，必然会使投资低于储蓄。由于投资不可能吸收全部储蓄，就会导致产量和收入下降，A 点往左移动。

B 点的情况与 A 点相反。B 点对应的实际收入是 Y_1，实际利率是 r_1，也处于 IS 的非均衡状态。当收入位于 Y_1 点时，为了产品市场的均衡，利率必须为 r_2，如果现行的利率过低，就会导致投资高于储蓄。投资一旦高于储蓄，会使资本积累增加，进而使产出、收入增加，促使 B 点往右移动。

通过上述分析可得出以下结论：在 IS 曲线上的点都表示投资等于储蓄的产品市场均衡状态下利率、收入的组合；IS 曲线右侧的点表示投资小于储蓄非均衡状态下的产品市场中收入和利率的组合；IS 曲线左方的点表示投资大于储蓄非均衡状态下的产品市场收入、利率的组合。在图 4.7 中，IS 曲线的右侧，

$I < S$，现行利率过高，而导致投资量小于储蓄量，结果为收入下降，A 点朝左移动；在 IS 曲线左侧，$I > S$，表示现行利率过低，导致投资量大于储蓄量，表现为收入增加，B 点朝右移动。

三、IS 曲线的移动

在一个经济体系中，如果知道了消费函数与投资函数，就能得出 IS 曲线。IS 曲线是通过储蓄曲线、投资曲线推导出来的，因此，当投资或者储蓄产生变动时，IS 曲线也会随着变动。

从投资变动来看，若投资增加，利率水平不发生变化，则投资曲线会逐渐右移，IS 曲线也会向右移动；若投资减少，则投资曲线会向左移，IS 曲线也会向左移。

从储蓄的变动来看，收入不变，储蓄增加，则储蓄曲线会向左移动，IS 曲线也向左移动；储蓄减少，储蓄曲线向右移动，IS 曲线也向右移。

具体的变动情况可见图 4.8、图 4.9。

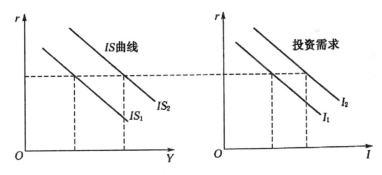

图 4.8　投资发生变动时 IS 曲线的移动

（一）投资需求变动分析

如果因种种原因，如投资边际效率的提高、技术革新、企业家对于经济前景的预期过于乐观等，导致同一利率水平上的投资需求增加，如上例的 $I = 1500-50r$ 变成 $I = 2000-50r$，即投资的需求曲线往右上方移动，那么 IS 曲线也向右上方移动，曲线往右移动的量等于投资需求曲线的移动量乘以乘数。

在图 4.8 中，投资需求从 I_1 提高为 I_2，IS_1 则向右移至 IS_2，IS 曲线左移时的情况可依次画出。

（二）储蓄函数变动分析

假设人们的储蓄意愿增加了，上例中的储蓄函数由 $S=-700+0.5Y$ 变为 $S=-500+0.5Y$，即消费函数由 $C=700+0.5Y$ 变为 $C=500+0.5Y$，这时，储蓄曲线向左移动。若投资的需求不变，同样的投资水平就要求均衡收入水平下降，因此 IS 曲线会向左移动，其移动量与储蓄增量乘以乘数相等。在图 4.9 中，当储蓄曲线从 S_1 向左移至 S_2，IS_1 曲线也向左移至 IS_2。

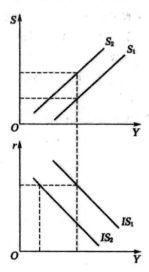

图 4.9　储蓄变动时 IS 曲线的移动

四、IS 曲线斜率

（一）IS 曲线斜率的意义

IS 曲线斜率的大小取决于投资函数、储蓄函数的斜率，这从 IS 曲线的表达公式中就能看出来。

两部门经济的均衡收入公式为：

$$Y = \frac{a + I_0 - dr}{1 - b} \qquad （式4.3）$$

上式可进一步变形为：

$$r = \frac{a + I_0}{d} - \frac{1 - b}{d} Y \qquad （式4.4）$$

式（4.4）就是 IS 曲线的代数表达式。因为 IS 曲线图上纵轴表示利率，横轴表示收入，公式中的 $\frac{1-b}{d}$ 是 IS 曲线斜率绝对值。

IS 曲线斜率的大小反映了均衡的总产出在利率变动时的敏感度。斜率越大时，总产出对于利率变动反应就越迟钝；斜率越小，总产出在利率变动时的反应越敏锐。由于 IS 曲线针对货币市场对于产品市场的影响给出了解释，因此，从 IS 曲线倾斜程度即可了解货币市场的变动对于产品市场均衡带来的影响。IS 曲线的斜率越大，货币市场的利率变动时，对于产品市场的均衡产出影响越小，说明两大市场的关联程度越低，以货币政策来改变利率时，对产出的影响越小，货币政策的效果差；反之，IS 曲线越平缓（斜率小），当货币市场的利率变动，其对产品市场均衡产出影响越大，两个市场的相关性强，当政府用货币政策改变利率时，就会对产品市场的产出带来较大影响，这种情况下，货币政策就会发挥良好的效果。

（二）影响 IS 曲线斜率的因素

IS 曲线斜率既受 b 的值影响，也受 d 的值影响，斜率大小与 b、d 成反方向变动的关系。

d 代表投资需求对利率变化的反应程度，它表示利率变动时投资变动的程度。如果 d 值较大，即投资对利率变化较敏感，IS 曲线斜率就较小，曲线比较平缓。因为投资对利率敏感时，利率小幅度变动就会使投资产生较大变化，进而导致收入有较大的变化，这在 IS 曲线上的反映是：利率较小变动就要求收入相应有较大变动，这样才能保障产品市场实现均衡。

b 为边际消费倾向，b 较大时，IS 曲线的斜率较小。b 较大意味着支出乘数较大，当利率变动带动投资变动时，收入变动的幅度会比较大，IS 曲线会平缓一些。

西方的经济学家认为，投资对于利率的敏感度是影响 IS 曲线斜率大小的主要因素，因为边际消费倾向是比较稳定的，而税率也不轻易发生变动。

第三节 利率决定因素

一、利率决定于货币的需求和供给

通过第一节和第二节的内容我们了解到，利率决定着投资，且进一步影响着国民收入。但利率是由什么因素决定的呢？古典经济学家认为，利率是投资与储蓄共同决定的。根据相关理论，投资与储蓄均由利率决定，储蓄为利率的增函数，投资为利率的减函数，当投资和储蓄相等，利率就被决定了。这种关系同微观经济学中需求、供给与价格三者间的关系是类似的。

凯恩斯对这一观点持否定态度。他认为，储蓄不仅受利率影响，而且还受收入水平影响；收入是消费、储蓄的源泉，只有当收入增加时，消费、储蓄才可能增加；收入不变，就算利率有一定程度的提高，想要增加储蓄也无从谈起。若不明确收入水平，储蓄与利率间的函数关系就无法建立，储蓄函数无法确定，也就不能明确利率，从而也无法确定投资及国民收入的水平。凯恩斯还提出，如果利率不是投资和储蓄对比关系决定的，而是其他因素决定的，那么投资与收入的决定问题是有可能得到解决的。他认为，利率不是储蓄、投资所决定的，而是由货币供给量、市场对货币的实际需求量决定的。货币的实际供给量是由国家来控制的，为外生变量，因此，本节主要分析货币需求。

二、货币的需求

（一）流动偏好和货币的需求动机

经济市场对货币的需求，称作流动偏好或灵活偏好。所谓流动偏好，是指鉴于货币在使用上具有灵活性，人们宁肯牺牲利息收入而储存不能生息的货币以保持财富的一种心理倾向。

人们如果不以货币的形式持有财富，而是持有其他形式的生息资产，往往会给财富持有者带来收益。例如，以债券的形式持有财富，会获得债息收入；以股票的形式持有财富，会获得相应的股息及红利；以房产的形式持有财富，会得到租金等。既然如此，为什么有的人更愿意持有不能产生利息及其他形式收入的货币呢？就此，凯恩斯表示，就是因为货币使用起来具有灵活性，随时可满足下列三类动机的货币需求。

1. 交易动机

交易动机是个人、家庭或企业为了应对日常购买交易而保留部分货币。在手机移动支付产生以前，人们只能用现金在购买交易中完成支付。因为收入与支出常常不同步，所以人们必须留存一定数量的货币用于日常开支，这是基于交易动机形成的货币需求。

出于交易动机的货币需求量取决于诸多因素，如收入、购买习惯、商业制度、交易的商品品种、数量及商品价格等，主要的影响因素是收入。一般收入越高的人商品交易越多，所需的货币量越大；收入越低的人基于交易动机的货币需求越小，交易动机的货币需求是与收入之间为增函数关系。

2. 预防动机

预防动机指的是人们为了应付意外或突发情况下产生的交易而持有货币。这一货币需求的产生主要是因为意外情况导致未来的收入与支出具有不确定性。一旦发生意外情况，如失业、生病等，人们要支付一定的货币以换取相应的服务或产品。人们出于预防动机所产生的货币需求量要依据具体事件的处理方式及态度来确定，从整体经济社会来看，预防动机的货币需求基本和收入是正比关系，因此可以将视为收入的增函数。

因交易动机、预防动机而产生的货币需求量与收入都是增函数的关系，把二者合并起来，L_1 代表交易动机及预防动机下产生的货币需求量，Y 表示实际的收入，则货币需求量与收入的关系为：

$$L_1=L_1（Y）\qquad\qquad（式4.5）$$

或者也可以写成：

$$L_1=kY\qquad\qquad（式4.6）$$

上式中的 k 为交易动机及预防动机所产生的货币需求之和在总产出中占的比例，$k=L_1/Y$；Y 是实际收入，且购买力是不变的。

3. 投机动机

投机动机是指人们为了能及时利用市场中出现的有利时机进行交易以获利而保留货币。假定人们暂时不使用的资产只能用债券或货币形式来保存，以货币的形式保存财富不能增加收益，而换成债券形式就可能增加收益。既然是这样，人们为何不将闲置财产全部用来购买债券而非要持有货币呢？原因在于，人们想要根据利率或有价证券价格的变化随时进行投机，以获得更可观的收益。

债券价格是不断变动的，时高时低，想要通过购买债券获得一定的收益，必须按照低价买入、高价卖出原则进行操作。债券价格的高低与利率水平成反比。假定一张债券在一年的周期能够获得 10 元收益，利率为 10%，这张债券市价为 100 元，因为利率为 10% 时，将 100 元存到银行也能够获得同样的收益；假如市场利率是 5%，那么这张债券市价是 200 元，因为利率为 5% 时，200 元存入银行也可获得利息 10 元。可见，债券的价格一般会随着利率的变化进行反向变化。

债券的市场价格经常变动，凡预计债券价格上涨（预期利率下降）的人，就会用货币购买债券以便日后会以更高的价格卖出；预计债券价格下跌的人，会卖出债券而选择保存货币，以便债券价格下跌时再次买进。这种预计债券价格而把货币留在手中的情况，就是投机性货币需求。有价证券未来价格的不确定性是构成投机需求的前提，这一需求和利率的变化方向是相反的。利率越高，表明价证券的价格越低，如果人们认为证券价格已经低于正常水平，且很快就会回升，就会把握机会及时地买进证券，这时，人们手中投机动的机货币量会减少。相反，当利率越低，即券价格越高，如果人们认为这一价格已超出正常水平，预计会下跌，就会抓住时机及时抛售证券。这时，人们出于投机动机持有的货币量会增加。

人们的投机性货币需求取决于利率，与利率为减函数关系。如果用 L_2 来表示投机的货币需求量，用 r 代表利率，则货币需求量与利率关系的公式可以表示为：

$$L_2 = L_2(r) \qquad （式4.7）$$

$$或：L_2 = -hr \qquad （式4.8）$$

上式中，h 为货币投机需求的利率系数，代表货币需求对于利率变化的敏感度，$h = \Delta L_2 / \Delta r$，负号则表示投机需求和利率变动为负相关的关系。

（二）货币的需求曲线

货币的总需求包括人们对于货币的交易需求、预防需求、投机需求等全部需求。货币交易需求、预防需求都是由收入决定的，而投机需求由利率决定，因此，货币总需求的函数可以表示为：

$$L = L_1 + L_2 = L_1（Y）+ L_2（r）= kY - hr \qquad （式4.9）$$

上式中，L、L_1、L_2 均代表对货币的实际需求。货币需求函数可用图 4.10 来表示。

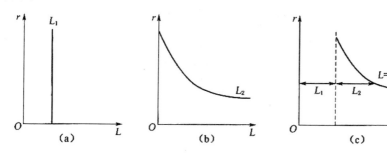

图 4.10　货币需求曲线

在图 4.10（a）中，垂线 L_1 代表满足交易动机、谨慎动机的货币需求的曲线。L_1 与收入为增函数关系，和利率不存在直接关系，因而与横轴垂直。图 4.10（b）

中，L_2 是满足了投机动机货币需求的曲线。L_2 与利率为减函数关系，因而曲线朝右下方倾斜，代表货币的投机需求量会随利率的下降而增加。图 4.10（c）中，L 线则为涵盖 L_1、L_2 全部货币需求的曲线，纵轴为利率，横轴为货币需求量，这一条需求曲线代表一定收入水平的货币需求量与利率的关系，当利率上升，货币的需求量就减少，而利率下降的时候，货币的需求量反而增加。

货币需求量与收入水平间的正相关关系，需要在同一坐标图中画若干条货币需求曲线来表示，实际上表现为是货币需求量的变化。

（三）流动偏好陷阱

流动偏好指的是人们对于持有货币的偏好，之所以存在持有货币偏好，是因为货币是灵活性（流动性）最大的资产，随时可用于交易、应付各类意外的需要以及投机。

虽然货币有最大灵活性，但持有货币也需要付出成本。当货币被人们持有时，就牺牲了将其存于银行获得的相应利息或购买能够生息的资产获可得的收益，这就是持币的机会成本。机会成本的高低对人们持有货币的意愿产生直接影响。通常，持币机会成本随着市场利率的降低而降低，这会促使货币投机的需求增加，使货币 $L_2(r)$ 的需求量进一步扩大。

当利率下降到极低水平，货币投机需求将会变得无限大，这时就算中央银行持续增加货币供给，利率也不会继续降低。这一使中央银行的货币政策失效的现象被称为"流动性陷阱"或"流动偏好陷阱"，也叫"凯恩斯陷阱"。

在图 4.11 中，货币需求曲线 L_2 先朝着右下方倾斜，表示伴随利率下降，货币投机需求在不断增加。当利率下降至极低水平，货币的投机需求量到了最大值，代表货币需求的曲线 L_2 成为一条无波动的水平线。

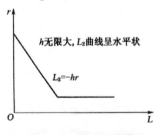

图 4.11　流动性陷阱

在利率极低且今后不会上升的情况下，人们更愿意持有货币；人们选择愿意持币而非购买证券，是因为预期的证券价格不会再上升并可能出现下降。

三、货币供给

货币供给量是指经济运行中的全部货币量，也可以理解为人们实际上持有的货币量。所谓的货币供给是存量概念，是一个国家某一时间点上保持的不属于政府或银行的所有的纸币、硬币及银行存款之和。货币供给量分为名义货币量与实际货币量两种，而名义货币量是不关注货币的实际购买力而仅计算票面价值的一种货币量。将名义的货币量折算为购买力不变的实际货币量，需要通过价格指数来调整。用字母 M、m、P 分别表示名义货币量、实际货币量及价格指数，实际货币量的计算公式为：

$$m = \frac{M}{P} \qquad\qquad （式 4.10）$$

货币供给有狭义和广义之分。各国的中央银行对于货币量估计的口径不相同，但基本的划分依据是一致的，都是根据流动性的大小来划分的。根据流动性，对于货币供给量可按以下口径来划分：

M_0：货币流通中的现金，包括铸币和纸币；

M_1：M_0 和活期存款；

M_2：M_1 和定期存款；

M_3：M_2 和货币的近似物（比如政府债券与商业票据等）。

其中，M_1 为通常说的狭义的货币量，具有较强的流动性，是一国中央银行的重点调控对象；M_2 为广义的货币量，M_2 和 M_1 的差额为准货币，其流动性比较弱；M_3 为最广义货币量，是基于金融创新而设立的。通常货币供给是指 M_1，且专指名义货币量。

货币供给量依靠国家的货币政策调节，属于外生变量，其大小和利率的高低没有关系，因此货币的供给曲线为一条和横轴垂直的直线，见图 4.12。

在图 4.12 中，货币供给曲线 m 是与横轴垂直的一条直线，表明无论利率怎样变化，货币供给始终不变。货币供给量是由国家的货币政策决定的，与利率不相关。

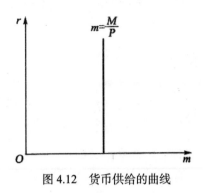

图 4.12　货币供给的曲线

货币需求 L 被划分成 L_1、L_2 两部分，为了保证货币供给与实际货币需求对应，实际的货币供给量也被分成 m_1 和 m_2 两个部分。其中，m_1 需要满足的货币需求量 L_1 是基于交易动机、预防动机而形成的，m_2 需要满足的货币量 L_2 是由投机动机形成的需求，即要保证 $m_1=L_1$，$m_2=L_2$。因为总货币供给量 $m=m_1+m_2$，所以 m_1 与 m_2 为互补关系，当 m 的值确定时，若 m_1 值大，m_2 值就小；相反，若 m_1 的值小，则 m_2 的值大。

四、货币的市场均衡与利率的决定

商品价格是由商品的供给、需求共同决定的，利率是货币的价格，同样是由货币的供给与需求决定的。当货币需求与货币供给相等时，货币市场便达到均衡，就会出现均衡的利率水平。

利率变动会使债券价格产生变动，这时人们会重新安排自己持有的货币量，货币总需求也就会发生变动，利率调节着货币需求。只有货币需求等同于货币供给量时，货币市场才能实现均衡。

当市场利率比均衡利率低，表明货币的需求超过了货币供给，人们会出售手中的证券来增加货币持有量，这会导致证券的价格降低，利率提高，降低了人们的货币需求，这种变化会一直持续，直到货币供求相等。相反，若市场利率比均衡利率高，货币需求就小于货币供给，人们会觉得手中持有货币过多,便会把多余货币用于购买有价证券。这会使证券价格上涨,利率下降,这种变化会一直持续,直到货币的供求相等才会停止。货币市场实现均衡的过程可用图 4.13 表示。

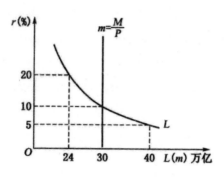

图 4.13 货币市场均衡

图 4.13 中,中央银行根据具体货币政策将货币供给量定为 30 万亿元,根据给出的货币需求曲线,若利率是 10%,货币市场的需求也是 30 万亿元,此时货币市场为均衡状态。若最初利率是 20% 而不是 10%,利率为 20%,货币总需求是 24 万亿元,但货币供给却是 30 万亿元,而总产量 Q 不变,货币供给超出了货币需求。这表明人们手中持有的实际货币量要多于其用于交易、投机实际需要的货币量,人们会想办法减少自己持有的货币量,将其中的一部分货币转换成能够生息的资产。人们会选择购买更多证券,证券需求与证券供给之比会上升,这会推动证券的价格上涨,利率会下降。这在增加货币的投机需求的同时也会增加投资,使国民的收入增加,增加交易动机、谨慎动机的货币需求,直到货币的需求增加至 30 万亿元,与货币供给相等为止。

图 4.13 中初始的利率水平低于均衡水平为 5%,此时的货币需求是 40 万亿元,需求高于供给。这表明人们手中持有的货币无法完全满足交易及投机的需求货币量,人们会通过一定方式增加货币持有量。通常人们会抛出手中持有的证券,当证券市场出现供过于求时,证券价格就会下降,而利率会上升。利率上升会减少货币投机需求,减少了投资,这会降低国民收入,进而减少了谨慎动机、交易动机的货币需求,一直到货币总需求下降到 30 万亿元才会停止。

由于货币供给量是由政府决定的，在短的周期中可以将其视为一个不变的量，实现货币市场的静态均衡需要不断调整货币需求，以适应不变的货币供给。只有货币的供求相等，利率才能不再发生变动。

货币的需求曲线、供给曲线变动时，会改变货币市场的均衡。当人们对于交易需求或者投机需求的货币量增加时，需求曲线会向右上方移动，当货币需求减少，需求曲线往左下方移动；当中央银行增加货币供给总量时，供给曲线将向右移动，当中央银行减少货币供给时，货币的供给曲线将向左方移动。

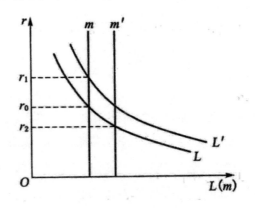

图 4.14　货币市场均衡的变化

在图 4.14 中，货币供给曲线 m、货币需求曲线 L 达到均衡时的利率水平是 r_0，若货币需求增加，需求曲线 L 移动到 L'，均衡利率的水平从 r_0 上升至 r_1；相反，货币需求如果由 L' 减少至 L，均衡利率水平则由 r_1 下降为 r_0。货币供给变动也会影响货币市场的均衡，假设货币供给从 m 增加为 m'，均衡利率水平会从 r_0 下降至 r_2；相反，当货币供给由 m' 减少到 m，而均衡利率水平将从 r_2 上升至 r_0。

第四节　*LM* 曲线

一、*LM* 曲线及其推导

货币的供给量由中央银行来控制，因而可以假定它是一个外生变量，至少在短期内不会随着货币需求的变动而变动。货币供给量为既定的，只有通过调节货币需求力实现货币市场的均衡。

当货币需求量和货币供给量相等时，货币市场就达到了均衡，其公式可表示为：

$$m = L = L_1(Y) + L_2(Y) = kY - hr \qquad （式4.11）$$

也可以写作：

$$r = \frac{kY}{h} - \frac{m}{h} \qquad （式4.12）$$

通过等式可知，若 m 既定，L_1 增加，L_2 必然会减少，否则货币市场的均衡就会被打破。货币的交易需求与收入是增函数关系，收入增加，交易需求也增加。投机需求 L_1 与利率为减函数关系，利率上升，投机需求减少。因此，国民收入的增加促使货币的交易需求也增加时，利率必须相应提高，从而使货币投机需求减少，才能使货币市场的均衡得以维持。反之，一旦收入减少，利率会下降，否则，货币市场也不能保持均衡。

上述公式表明，当 m 既定时，用 Y 与 r 的各种不同组合来表示货币市场均衡时收入和利率的函数关系，形成的曲线为 *LM* 曲线。

为准确说明 *LM* 曲线，下面进行举例。假定对于交易需求的货币量函数为 $m_1 = L_1(Y) = 0.5Y$，对于投机需求的货币量函数为 $m_2 = L_2(r) = 2\,000 - 250r$，而货币供给量 $m = 3\,000$ 亿元，为便于计算，假设实际的货币供给量等于名义货币供给量 M。从货币市场均衡的条件可得：

$0.5Y + 2\,000 - 250r = 3\,000$，得 $y = 2\,000 + 500r$ 或 $r = 0.002Y - 4$。则：

若 $Y = 2\,500$，则 $r = 1$（即利率 $r = 1\%$，下同）；

若 $Y = 3\,000$，则 $r = 2$；

若 $Y = 3\,500$，则 $r = 3$；

若 $Y = 4\,000$，则 $r = 4$；

……

如图 4.15 建一个坐标，纵轴表示利率，横轴表示收入，可得到一条反映利率、收入关系的曲线。这条曲线上任何点都代表一定利率与收入形成的组合，组合中的货币需求、货币供给均相等，即 $L=m$，此时的货币市场实现了均衡，这条曲线就是 LM 曲线。

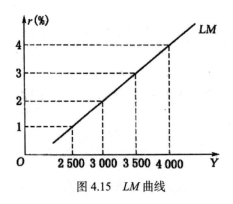

图 4.15　LM 曲线

LM 曲线表示货币需求与货币供给相等情况下收入、利率组合变化的轨迹。LM 曲线可以从货币投机需求与利率间的关系、货币交易需求和收入间的关系以及货币的需求与供给相等的关系推导出来。LM 曲线的推导过程可见图 4.16。

图 4.16 中的象限（1）表示货币的投机需求曲线 $m_2 = L_2(r) = 2\,000 - 250r$，网右下侧倾斜，利率 $r = 1\%$，投机需求的货币量为 $m_2 = 1\,750$ 亿元，当利率 $r = 3\%$，投机的需求量 $m_2 = 1250$ 亿元，这些数据在货币投机需求曲线上构成了两个组合，成为两个点。只需要两个点就能完成直线的对应推导，其他的数据组合以此类推就可以得出。

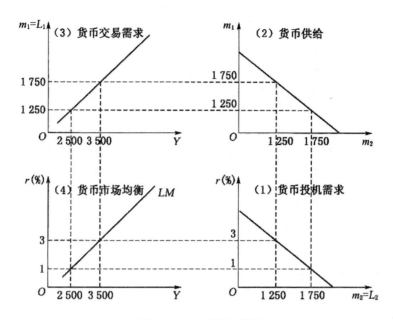

图 4.16　*LM* 曲线的推导

象限（2）中往右下方倾斜的直线为货币的供给曲线，已知 $m = m_1 + m_2$，所以 m_1、m_2 为互补关系，这一互补关系可用一条与纵轴、横轴都呈 45°的直线来表示。当投机需求货币量 $m_2 = 1\ 250$ 亿元（位于横轴），用于交易需求的货币量就是 $m_1 = 3\ 000 - 1\ 250 = 1\ 750$ 亿元（位于纵轴）。当投机需求货币量达到 $1\ 750$ 亿元时，交易需求货币量就为 $1\ 250$ 亿元。

象限（3）中是货币交易的需求曲线 $m_1 = L_1（Y）= 0.57$，横轴代表收入，货币交易需求与收入是正相关的关系，因此曲线往右上侧倾斜。当 $Y = 2\ 500$ 亿元时，$m_1 = 1\ 250$ 亿元；若 $Y = 3\ 500$，则 $m_1 = 1\ 750$ 亿元。

象限（4）表示和货币市场均衡一致的利率与收入的组合。这些组合是由从象限（1）、象限（2）、象限（3）的中的变量对应关系形成的。例如，当 $r = 1\%$ 时，$m_1 = 1\ 750$ 亿元，$m_1 = 3\ 000 - 1\ 750 = 1\ 250$ 亿元，当 $m_1 = 1\ 250$ 亿元时，为使货币市场处于均衡状态，收入水平为 $2\ 500$ 亿元。这样，利率 $r = 1\%$ 与收入 $Y = 2\ 500$ 就在象限（4）中形成了相应组合点。再如，利率 $r = 3\%$ 与收入 $Y = 3\ 500$ 的是象限（4）中具有同样意义的另一个点。以此可以在象限中找到无数个组合点，利率、收入组合点连在一起就构成了一条直线，向右上方倾斜，这条直线就是 *LM* 曲线。在这条曲线上的任一点都表示货币总供给和货币总需求相等。

二、*LM* 曲线的含义

货币市场中的总产出和均衡利率是正向变化的，均衡利率提高，总产出也会增加，均衡利率降低，总产出减少。二者的关系反映在图上就是一条向斜向右上方的 *LM* 曲线。

LM 曲线上的任何点都表示 $L=m$，货币市场均衡。偏离 *LM* 曲线的任何点位都表示 $L \neq m$，货币市场没达到均衡。非均衡有两种情况，下面分别取图 4.17 中的 *A* 点和 *B* 点进行说明。

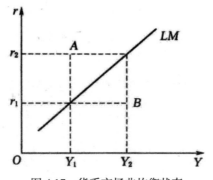

图 4.17　货币市场非均衡状态

LM 曲线左侧的 *A* 点，对应的实际收入水平是 Y_1，实际的利率水平是 r_2，而根据 *LM* 曲线，为确保货币市场均衡，实际收入水平要为 Y_1，对应的利率应为 r_1，也就是说均衡时的利率水平是 r_1。如果利率水平过高，货币市场必然存在货币需求量低于货币供给量的情况，即 $L < m$，表明现行利率过高，导致人们不愿持有太多货币。参照关于图 4.13 的分析，如果经济市场中的货币需求不足时，必然会使利率下降，这样才能调整实际的货币需求，使货币市场逐渐达到均衡。在图 4.16 中，*A* 点向下移动，在实际收入不变的情况下，利率下降到 r_1 时，货币市场才会均衡。

B 点与 *A* 点的情况相反，*B* 点在 *LM* 曲线的右侧，对应的收入水平为

Y_2，利率为 r_1。若收入水平是 Y_2，要使货币市场处于均衡，利率水平要为 r_2，实际的利率水平低，说明货币需求高于货币供给，即 $L > m$，此时人们希望持有更多货币，这会导致利率上升，以控制人们持有过多货币的需求。反映在图中为 B 点慢慢上移，利率上升到 r_2，货币市场才达到均衡。

总之，若收入、利率的组合点在 LM 曲线外，货币市场就处于不均衡状态，点在 LM 曲线左侧，代表货币需求量小于供给量；点在曲线右侧，代表货币需求量大于货币的供给量。当货币需求与货币供给不相等，货币需求改变，会使利率有一定程度的变动，需求小于供给时，利率会下降，需求大于供给时，利率则上升。

三、曲线的斜率

从 LM 曲线产生的过程可知，LM 曲线斜率是由货币的投机需求曲线斜率和交易需求的曲线斜率决定的，即取决于式（4.12）$r = \dfrac{kY}{h} - \dfrac{m}{h}r$ 中 k 与 h 的值。根据公式，$\dfrac{k}{h}$ 为曲线斜率，k 或 h 值发生变动会影响 LM 曲线的斜率。

假定 k 不变，h 越大，即货币需求对于利率敏感度越高，斜率就越小，LM 曲线就越平缓。因为货币需求的利率弹性 h 较大时，利率只要稍微下降或上升，货币投机动机的需求 m_2 就会有明显增加或者减少。由于货币的供给量是不变的，这样货币交易需求 m_1 就会有较明显的减少或者增加，均衡收入也会出现下降或上升的情况，LM 曲线就比较平缓。

假设 h 不变，k 越大，即货币需求对于收入变动敏感度就越高，斜率就越大，则 LM 曲线就越陡峭。因为，如果货币交易需求的系数——k 的值较大，表示收入水平较低，人们需要持有较多的货币进行交易，基于交易动机的货币需求会更快速地增长，使 LM 曲线比较陡峭；如果不存在投机需求，货币都用于交易用，那么 LM 曲线是一条无波动的垂直线。

由图 4.16 可以看出，h 越大，象限（1）表示投机需求的曲线越平缓，因而 LM 曲线越平缓；而 k 越大，使象限（3）中交易需求的曲线越陡峭，因而 LM 曲线就越陡峭。

西方的学者认为，通常货币的交易需求函数是比较稳定的，因此，LM曲线的斜率主要受货币投机需求函数的影响。投机动机的需求和利率是负相关关系，利率越高时，货币的需求就越小，而利率越低时，货币的需求就越大，这就决定了LM曲线由左向右倾斜，斜率为正。在货币的供给量一定时，要使货币市场始终均衡，利率下降，m_2会增加，m_1会减少，收入水平也会下降；利率上升，收入的水平也会上升。

LM曲线斜率共有三种情况：斜率为零、斜率无限大、斜率是正数。

当斜率为零时，货币的投机需求随利率下降而增加，当利率降至极低水平，投机需求会趋于无限大，这就是所谓的"流动偏好陷阱"。因此，货币投机需求曲线可视为一条水平线。

在图4.18中，当利率下降到r_1，因为投机需求曲线成了水平线（见图4.13），所以LM曲线也有一段为水平状态，这一区域被称为"凯恩斯区域"，又被称为"萧条区域"。原因是，利率一旦降到极低水平，政府会实行扩张性的货币政策，增加货币供给量，但这样的政策不能使利率进一步降低，也不能有效增加收入，因而这时货币政策是无效的。相反，扩张性的财政政策会使IS曲线右移，收入水平会在利率不变的情况下有所提高，最终财政政策的效果显著。凯恩斯认为，20世纪30年代经济大萧条时期西方经济就是这种情况，因而LM曲线水平的这一区域也称"萧条区域"或"凯恩斯区域"。

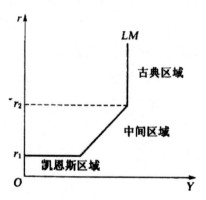

图4.18　LM曲线的三个区域

相反，若利率上升至很高的水平，投机需求量会等于零，这时人们除了出于交易的需要必须保留一部分货币之外，不会因投机需要而持有货币。由于货币投机需求为零，投机需求曲线为一条平行于纵轴的垂直线，无论利率上升为多少，投机需求都是零，人们持有的货币量均为交易的需求量。这样，图 4.18 中 LM 曲线从利率达到 r_2 的时候开始，就成了一段垂直的线。这时如果实施扩张性的财政政策促使 IS 曲线逐渐向右上方移动，只能提高利率，不会增加收入，但如果推行扩张货币政策，使 LM 曲线往右移，不但能够降低利率，还能提高收入水平。这时财政政策无效，但货币政策是有效的，符合"古典学派"的观点。因此 LM 曲线中呈垂直状态的区域被称作"古典区域"。

　　LM 曲线上古典区域与凯恩斯区域之间这段为中间区域。在凯恩斯区域，LM 曲线的斜率为零，在古典区域，曲线斜率为无穷大，在中间区域曲线斜率为正值。这通过图 4.17 可清楚地看出，从 LM 曲线的表达公式 $r = \dfrac{kY}{h} - \dfrac{m}{h}$ 也能说明。LM 曲线斜率为 $\dfrac{k}{h}$，h 为货币需求在利率变动时的系数，$h=0$ 的时候，斜率是无穷大的，因此，LM 曲线在古典区域中呈垂直线状；当 h 无穷大，斜率等于零，因此，凯恩斯区域中的 LM 曲线是一条水平状的线。而当 h 为介于零与无穷大之间的任何值时，因 k 的值总为正数，所以斜率是正数。

四、LM 曲线移动

　　通过 LM 曲线的表达式 $r = \dfrac{kY}{h} - \dfrac{m}{h}$ 可知，$\dfrac{m}{h}$ 的值大小决定着 LM 曲线的具体位置，这一数值一旦发生变化，LM 曲线就会移动。当我们讨论 LM 曲线移动时，要假定 LM 曲线斜率不变，即 k、h 均不变，这样，只有货币实际供给量 m 决定着 LM 曲线移动。由于 $m = \dfrac{M}{P}$，决定实际货币量的因素一个是名义的货币量 M，另一个因素是物价水平 P，这两个因素也影响着 LM 曲线移动。

　　（一）名义货币供给量 M 变动

　　当价格水平保持不变时，M 若增加，m 就会增加，LM 曲线往右下方移动；反之，LM 曲线则会往左上方移。实际上，中央银行实行变动供给量的货币政策，在 IS—LM 模型中的直接表现是 LM 曲线发生移动，图 4.19 表示了这一变化。在图 4.19 中，若增加货币供给量，LM 曲线由 LM_0 向右移至 LM_1。

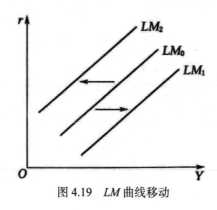

图 4.19　LM 曲线移动

（二）价格水平变动

当价格水平 P 为上升的状态，实际的货币供给量 m 会变小，LM 曲线会移向左上方；反之，LM 曲线向右下方移动。图 4.19 中的价格水平上升，LM 曲线就从 LM_0 往左移至 LM_2。实际上，能由 $IS—LM$ 模型推导出总需求曲线，解释总需求线通常都向右下方倾斜的原因，也就是价格水平与收入水平之间为反向变动关系。

第五节　$IS—LM$ 模型分析

$IS—LM$ 模型为凯恩斯主义宏观经济学理论的核心内容。凯恩斯理论最核心的内容是"有效需求原理"，他认为国民收入取决于与总供给量一致的有效需求，出现经济萧条的根本原因是有效需求不足，而导致有效需求不足的原因是边际消费倾向的递减与资本边际效率的递减，以及消费者的流动性偏好等心理规律的共同作用。这三大心理规律与四大经济变量（边际消费倾向、资本的边际效率、货币需求与货币供给）关系密切。凯恩斯将利率同货币经济、实物经济联系起来，突破了新古典经济学派将实物经济、货币经济分别研究的二分法，否定货币中性假设，提出货币市场中的均衡利率会对投资的收益产生影响，同时产品市场中的均衡收入反过来又影响货币的需求及利率，这就是货币市场、产品市场间的相互联系与相互作用。但凯恩斯并没有建立模型使上述的四个变量形成系统联系，汉森与希克斯用 IS—LM 模型将四个变量置于一个系统中，构成了产品市场与货币市场相互作用、共同决定着国民收入与利率的宏观经济理论框架，这一理论框架较为完善地表述了凯恩斯提出的"有效需求理论"。同时，凯恩斯主义学派以 IS—LM 模型为中心，对其经济政策，即财政政策、货币政策进行了解释。

一、产品市场与货币市场同时实现均衡

凯恩斯通过《就业、利息和货币通论》一书说明了总收入取决于和总供给相等的有效需求，而有效需求则取决于消费支出和投资支出，鉴于短期内的消费倾向是稳定的，所以对有效需求产生主要影响的是引致投资，投资量又受资本边际效率与利率的比较所影响。当资本边际效率是一定的，投资要看利率水平，利率水平又受货币需求影响。货币需求包括货币的交易需求和投机需求。交易需求要视收入水平而定，而投机需求是根据利率水平浮动变化的。因此，在市场中，要确定收入，首先要确定利率，否则是无法确定投资水平的；而利率是在货币市场上决定的，如果不先确定货币市场上的收入水平，利率就不能确定，而实际收入水平又受商品市场影响。这样，凯恩斯的理论推理就陷入了循环：利率通过投资来影响收入，而收入又通过货币需求来影响利率；或者也可以反过来说明，收入要依赖利率，利率又依赖收入。后来的研究者发现了循环推论存在错误，并将产品市场、货币市场进行结合，建立了一般的均衡模型——IS—LM 模型，以此解决循环推论的相关问题。通过前面的分析我们已经了解，IS 曲线上有关于利率与收入相对应的一系列组合能使产品市场实现均衡；在 LM 曲线上的利率及相应收入组合点能使货币市场达到均衡。但能使产品市场、货币市场同时均衡的利率、收入组合只有一个，在 IS 曲线与 LM 曲线的交点上，其具体数值通过求解 IS 与 LM 的联立方程可以得到。

二、两市场一般均衡实现的过程

产品市场、货币市场非一般均衡分为两种情况，第一种是一个市场均衡，另一市场不均衡；第二种是两市场都是不均衡的。

先来分析第一种情况。产品市场与货币市场只有一个实现了均衡，另外一个是不均衡的，具体可分为四类，详细情况见图 4.20。

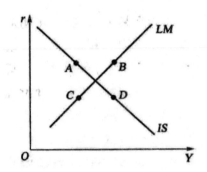

图 4.20　仅有一个市场均衡的四中情况

图 4.20 中的 A、B、C、D 四点分别为 IS 曲线或 LM 曲线上的任意点。A、D 两点表示产品市场均衡，而货币市场不均衡；B、C 两点表示货币市场均衡，而产品市场不均衡。具体情况如表 4-3 所示。

表 4-3　一个市场均衡，另一个市场不均衡

非均衡的具体状况	产品市场	货币市场
A 点　I=S　L < M	产品的供求相等	产品的供给超额
B 点　I < S　L=M	产品供给超额	产品供求相等
C 点　I < S　L=M	产品需求超额	产品供求相等
D 点　I=S　L > M	产品的供求相等	产品的需求超额

产品市场若不均衡，会使收入产生变动。当投资金额大于储蓄金额，收入增加，收入、利率形成的组合点右移，如图 4.20 C 点位于 IS 曲线的左侧，I > S，使 C 点往右移，收入增加；投资额小于储蓄额，收入减少，图 4.20 中 B 点位于 IS 曲线右侧，I < S，促使 B 点朝左移动。

货币市场不均衡，利率就会变动。货币需求量大于供给量，利率就会上升，

收入、利率组合点上移，如 D 点在 LM 曲线的右侧，$L > M$，D 点就向上移动；当货币需求总量小于供给总量，利率会下降，图中 A 点的位置在 LM 曲线左边，$L < M$，A 点会向下移动。

上述 A、B、C、D 四种类型的收入、利率组合，无论是产品市场不均衡还是货币市场不均衡，收入与利率一旦发生变化，就会导致两个两市场都为不均衡的状态。出现这一情况，说明收入、利率组合既不在 IS 曲线上，也不在 LM 曲线上，即投资、储蓄不相等，且货币需求、货币供给也不相等。具体分为四种类型，如表 4-4 与图 4.21 所示。

表 4-4 两市场都不均衡

非均衡的详细状况	产品市场	货币市场
I 区 $I < S$ $L < M$	产品供给超额	货币供给超额
II 区 $I < S$ $L > M$	产品供给超额	货币需求超额
III 区 $I > S$ $L > M$	产品需求超额	货币需求超额
IV 区 $I > S$ $L < M$	产品需求超额	货币供给超额

非均衡状态下，收入和利率调整仍然遵循与第一种情况相同的原则，即投资高于储蓄，收入便增加，投资低于储蓄，收入就减少；货币需求高于货币供给，则利率上升，而当货币需求低于货币供给，则利率下降。

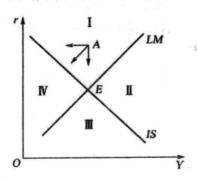

图 4.21 两个市场都不均衡

图 4.21 中的 A 点在非均衡状态的 I 区，位于 IS 曲线右侧，此时投资小于储蓄，同时还在 LM 曲线的左侧，货币需求量小于供给量。用于投资的金额小于用于储蓄的金额，收入减少，A 点往左移，货币需求小于货币供给，

使利率下降，A 点又会同时往下方移动。两个方面共同作用使 A 点向左下方移动，直到 IS 曲线上，这时又达到了第一种情况下 A 点的状态。只要两市场达不能同时达到均衡，这种调整便会一直持续，逐渐向 E 点靠拢，达到 E 点时就实现了同时均衡。

三、两个市场的一般均衡变动

当 IS 曲线与 LM 曲线相交，货币市场和产品市场在交点处实现了均衡。然而，二者都均衡时不一定代表实现了充分就业。凯恩斯认为，经济均衡不一定是在充分就业时的产出水平上实现的，只要总需求与总供给是相等的，经济就能达到均衡。例如在图 4.22 中，曲线 IS 和曲线 LM 交点 E 决定的均衡状态下的收入、利率分别是 Y_0、r_0，但充分就业收入则为 Y^*，均衡收入比充分就业的收入要低。在这样的情况下，仅通过市场自我调节无法实现充分就业的均衡，需要政府通过财政政策、货币政策进行调节。财政政策是政府通过支出与税收方面的变化来调节国民收入，若政府降低税收或增加支出，增加政府的净支出，从而增加社会的总支出，会使 IS 曲线向右上移动。当 IS 上移至 IS' 和 LM 线于 E' 点相交，就达到了充分就业收入水平。货币政策是中央银行改变货币的供应量以改变利率与收入的方式，当央行增加市场的货币供给量时，LM 曲线往右下方移，移动到 LM' 和 IS 曲线在 E'' 点相交，正好就达到充分就业时的收入水平。国家也可以同时改变政府支出、税收与货币供给量，使 IS、LM 曲线的位置同时发生改变，使二者在 Y^* 的垂直线上相交，以达到充分就业。

通过图 4.22 可以看出，IS 曲线和 LM 曲线移动时，除了收入发生变动，利率也会因此变动。当 LM 曲线不变，IS 曲线往右上方移时，不仅收入会提高，利率也会上升。因为 IS 曲线右移是消费、投资、政府支出等社会总支出增加而引起的，总支出增加带动生产与收入增加，而收入增加引起人们对于货币交易的需求增加。由于货币的供给固定（假定 LM 是不变的），货币需求的增加会带动利率上升。当 LM 不变，IS 曲线往左下方移动的时候，收入、利率均会下降。

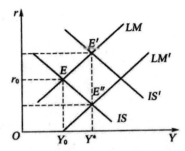

图 4.22　均衡收入与均衡利率变动

当 IS 曲线不变，LM 曲线向右下方移动时，收入增加，利率下降。因为，LM 曲线右移，可能是货币供给不变而需求下降，也可能是货币需求不变而供给增加。在 IS 曲线不变的情况下，即产品供求不变，LM 曲线右移，表明货币市场供过于求，必然会导致利率水平降低。利率下降会刺激消费与投资，使收入有所增加。相反，当 LM 曲线往左上方移动时，利率会提升，收入会降低。

如果 IS 曲线、LM 曲线一起发生移动，收入、利率的变动情况则由 IS 和 LM 的移动方向决定。如果 IS 曲线往右上方移动，LM 曲线向右下方移动，可能会使收入增加，但利率不变。这就是扩张性财政政策与货币政策结合可能会出现的市场变化。

第六节　凯恩斯的基本理论体系

关于凯恩斯经济学理论的基本内容，前面几节通过产品市场均衡、货币市场均衡、两个市场的同时均衡已经做了详细介绍。为进一步了解凯恩斯主义宏观经济理论，在此介绍西方学者对凯恩斯理论所做的框架总结图表。

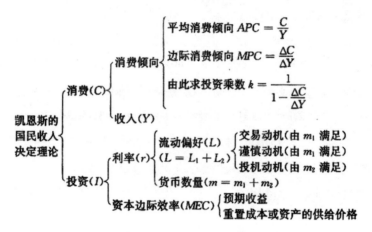

图 4.23　西方学者对凯恩斯理论框架的总结

图表概括的凯恩斯经济理论主要包括下列几点：

（1）国民收入决定了消费与投资。

（2）消费是由消费倾向、收入共同决定的。消费倾向可细分为平均消费倾向与边际消费倾向。边际消费倾向大于 0 且小于 1，因此，当收入增加，消费也相应增加。但所增加收入用来增加消费的比例会越来越小，用于储蓄的比例会越来越大。

（3）消费倾向是比较稳定的。因此，国民收入的波动主要是投资变动引起的。投资增加或减少，会通过投资乘数使国民收入多倍地增加或者减少。投资乘数和边际消费倾向相关。由于边际消费倾向是大于 0、小于 1 的，因此，投资乘数取值大于 1。

（4）投资是利率与资本边际效率共同决定的，投资与利率是反向变动的关系，与资本边际效率为正向变动关系。

（5）利率变动主要受流动偏好、货币数量的影响。流动偏好为货币需求，是由 L_1、L_2 组成的，其中，L_1 为交易动机、谨慎动机的需求，L_2 是投机动机的需求。货币数量 m 表示货币供给，是由能够满足交易动机、谨慎动机、投机动机等的货币共同组成的。

（6）资本边际效率是由预期收益、资本资产重置成本来决定的。凯恩斯认为，导致资本主义社会经济大萧条的根本原因是消费需求、投资需求等的总需求不能实现社会充分就业。消费需求不足是因为边际消费倾向小于 1，即人们没有把增加的收入都用来增加消费额度，而投资需求不足则是因为在长期内资本边际效率是递减的。要解决需求不足的问题，政府必须发挥调控作用，通过有效的财政政策及货币政策促进充分就业。由于"流动性陷阱"的存在，货币政策的效果往往是有限的，要增加收入还是主要通过财政政策。

凯恩斯理论的主要内容还可以用上文提到的代表产品市场与货币市场同时均衡的模型来表示。

在产品市场中：

储蓄函数为：$S = S(Y) = -a + (1-b)Y$

投资函数为：$I = I(r) = I_0 - dr$

均衡条件为：$S(Y) = I(r)$

由此得出 IS 曲线：$Y = \dfrac{a + I_0 - dr}{1 - b}$

在货币市场中：

货币需求函数为：$L = L_1(Y) + L_2(r) = kY - hr$

货币供给函数为：$m = \dfrac{M}{P}$

均衡条件为：$m = L$

可得 LM 曲线：$m = kY - hr$

或 $r = \dfrac{kY}{h} - \dfrac{m}{h}$

通过对 IS 和 LM 联立方程求解，即得出产品市场与货币市场同时达到均衡的具体收入与利率。

第五章　总需求与总供给模型

第一节　*AD—AS* 理论模型

　　凯恩斯于 20 世纪 30 年代提出了以有效需求为核心的国民收入决定理论，这一理论的提出标志着现代宏观经济学成为一门独立的学科。凯恩斯经济学否定并批判了以分析均衡价格为核心的新古典经济学，在西方经济学中掀起了一场"凯恩斯革命"，成为西方经济学的主要力量。

　　需要说明的是，凯恩斯经济学也存在着明显的不足，其中最大的不足就是缺少微观基础，忽视了供给分析。而诸如经济的周期性波动、通货膨胀、失业等宏观问题，如果不从微观层面展开分析，很难作出深刻、合理的解释。

　　新剑桥学派、新古典综合派等凯恩斯理论的追随者意识到了凯恩斯经济学中存在的这一缺陷，并尝试为这一理论体系构建微观的理论基础。直至 20 世纪 80 年代，新凯恩斯主义经济学家相继提出了价格黏性理论，工资黏性理论、信贷配给与利率黏性理论，深入分析微观经济的主体在劳动、产品、资本等市场理性的选择，以及追求最大化利益的活动是怎样的导致宏观经济失衡与非市场出清，揭示了微观经济主体的行为与失业、总供求不平衡、经济波动等宏观的经济现象间存在的内在联系，为凯恩斯主义经济学搭建了坚实可靠的微观经济学理论基础。

一、价格黏性理论

　　新凯恩斯主义学者提出，价格既非凯恩斯所描述的刚性，也非新古典宏观经济学研究者所总结的弹性，实际上价格为黏性的。简而言之就是价格一直处于缓慢地变动、不断调整的状态。使价格具有黏性的原因是多方面的，主要包括风险与信息不完全、市场寡头结构特点、成本加成的定价与菜单成本。此论述是最重要的价格黏性理论之一。价格黏性理论是新凯恩斯主义的理论创新。价格黏性形成的四种原因表明，由于微观经济主体——厂商基于自身的利益最大化作出的理性选择，使价格不会轻易变动，需求变动时，厂商通常不会通过调整价格均衡市场，而是改变生产规模来适应总需求变动，这就会导致经济剧烈波动、失业增加。新凯恩斯主义经济学家立足于微观经济，从供给角度解释了经济的周期性波动及失业的原因。

二、工资黏性理论

工资是劳动要素的价格，因此，工资黏性也可理解为一种广义的价格黏性理论，但其主要分析的是劳动市场失衡的原因。工资黏性产生的原因包括下列几种：①工资交错调整论；②隐含合同论；③局内人与局外人论；④效率—工资理论。效率—工资论是工资黏性形成的主要原因，工资黏性是厂商与工人经过理性选择之后出现的结果。由于存在工资黏性，若劳动供给高于实际需求，社会不可能通过降低工资调整劳动市场，而劳动市场的供求一旦失衡，会导致经济运行中产生大量非自愿失业。黏性工资理论是从微观供给的分析出发，通过 $AD—AS$ 模型来解释宏观经济中失业问题的重要理论。

三、信贷配给和利率黏性

在新凯恩斯主义经济学家看来，信息不完全和高风险同时存在的信贷市场中，仅仅依靠利率的调节实现信贷市场的均衡，效率非常低、风险极高。原因是银行对于借款群体的诚信程度和还款能力缺少相关的评估信息，无法形成全面的了解。当利率较高时，会对借款人及其借款动机产生逆向选择的效应，利率过高会让那些还款能力良好、资质较好的借款者被迫放弃向银行借款，而那些愿意在利率较高时借款的个人和厂商，通常是不具有还款能力的、资质较差的借款者，他们为弥补高利率造成的利益损失，通常会投资风险较大的项目以获取较高收益，结果往往事与愿违，导致其无法按约定和承诺还款，甚至会破产。因此高利率降低了信贷市场的效率，增加了信贷的风险性。银行认为，只有提高还款率、降低风险，才能保证利润最大化。所以，当有超额信贷的需求，银行一般不会用提高利率的办法抑制贷款需求，而是进行信贷配给，也就是按照原来的利率将有限的贷款贷给信誉良好但只能在利率较低的情况下进行贷款的人。这样，当信贷需求的资金量超过供给量时，利率并不会提高，信贷配给制度发挥效用，使利率有一定的黏性。在信贷配给的制度和利率黏性的共同作用下，导致信贷市场失灵，绝大部分从事高风险项目投资的厂商因银行惜贷而不能成功取得贷款。但是，若一个社会总是无法保证投资风险较高的经济活动的资金投入，长此以往会对经济发展产生不利影响。基于此，新凯恩斯主义理论学派提出，政府对信贷市场进行干预、实行贷款担保制度等是非常有必要的。

四、个体理性和集体理性之间的冲突

新凯恩斯主义经济学家通过不完全信息理论、博弈论等证明，在复杂的现代化市场经济体系中，个体理性与集体理性通常存在矛盾与冲突，因个人理性选择引发集体非理性选择的情况大量存在。新凯恩斯主义经济学家认为，由于市场经济结构复杂，加上信息不完全的影响，个体的经济参与者是无法协调彼此的经济行为及选择的。研究者提出，现代市场体系是由众多的经济个体共同构成，单个的经济人信息不完全，这加大了商品交易的复杂性，交易过程中的不确定性越来越突出，很难发现潜在的交易机会。虽然经济个体能从个人角度出发进行理性判断和选择，但是对于个体间的冲突没有能力去解决，市场中也缺少对经济个体的行为进行协调从而使经济运行达到最优水平的机制。鉴于这种情况，经济个体只能通过理性选择最大限度地保证自己的利益。尽管经济个体都希望经济运行能够从低产出主线向高产出发展并保持稳定，但是总产出与总价格受众多经济个体共同影响，单个的经济体无法对其产生有效的影响。当总产出、总价格一定时，经济个体单独增加生产不但不能提高自身的效益，反而会使利润降低。所以，仅仅靠一个厂商单独扩大生产规模，是无法带动经济市场进一步发展的。

第二节　总需求及总需求曲线

一、总需求和总需求函数

总需求（Aggregate Demand，AD）指的是一定时间周期内，经济社会对于产品（包括服务）的总需求量，通常包括消费需求 C、投资需求 I、政府购买需求 G 及国外需求（指净出口）（X-M）等四个部分，即总需求 = 消费 + 投资 + 政府购买 + 净出口，即 $AD = C+I+G+$（X-M）。

总需求—总供给模型的关键任务是为凯恩斯经济理论奠定微观经济方面的基础。由于价格机制理论是微观经济学的中心理论，这一理论的需求函数和供给函数都是价格函数。因此，本章建立的总需求函数是：

$$AD=Y=f(P) \qquad （式5.1）$$

其中，P 为经济社会总体的物价水平。总需求函数表示某一既定价格水平下经济社会的国民收入总量，描述的是当产品市场与货币市场都实现均衡时，社会总产量 Y（收入）和一般物价水平（P）之间的关系，可通过 IS—LM 曲线的方程求得。下文以两部门经济为例：

联立 IS 曲线和 LM 的曲线方程，得到以下方程组：

$$\begin{cases} r = \dfrac{a+e}{d} - \dfrac{1-b}{d}Y \\ r = \dfrac{k}{h}Y - \dfrac{M}{Ph} \end{cases}$$

解方程组可得总需求函数：

$$AD = Y = Y_E = \frac{h(a+e)+md}{h(1-b)+kd} = \frac{h(a+e)+\dfrac{M}{P}d}{h(1-b)+kd} = A + \frac{B}{P} \qquad （式5.2）$$

其中 $A = \dfrac{h(a+e)}{h(1-b)+kd}$, $B = \dfrac{Md}{h(1-b)+kd}$。

可见，当其他条件为既定的，一个经济社会的总收入（Y）和一般物价水平（P）是反方向变化的，高物价水平与低国民收入相对应，低物价水平与高国民收入相对应。

二、总需求曲线

（一）总需求曲线及其形成原因

由总需求曲线的方程式（5.2）可得，总需求曲线，即表达产品市场和货币市场同时达到均衡的条件下，社会的经济总量（收入）和一般物价水平之间为反向变化关系的曲线，见图 5.1。

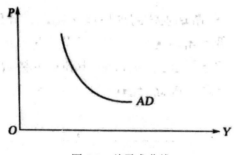

图 5.1　总需求曲线

总需求曲线自左上方向右下方倾斜，描述了当产品、货币市场都达到均衡的时候，一个国家（地区）总体国民收入水平与物价间反方向变化的关系。在四部门经济中，导致这一曲线向右下方倾斜的原因是下列四大经济效应。

1. 利率效应

利率效应是指利率随着物价水平的变动发生同方向的变动，进而带动投资与产出水平反方向变化的经济效应。比如，当物价水平 P 上升，引起实际的货币供给 $m=M/P$ 下降，实际货币供给 m 下降，又使货币市场中货币供给的曲线向左移动，导致利率水平 r 上升，利率水平上升，引起投资 $I = e-dr$

减少，投资的减少促使总需求 $AD[AD= C+I+G+（X-M）]$ 减少，总需求减少使总产出 Y 减少。由此可见，利率效应是物价水平 P 和总收入 Y 成反方向变化关系的一项决定因素。

2. 实际余额效应

实际余额效应又称财富效应、实际货币的余额效应，指的是物价水平产生变化，使消费者持有的货币及其他资产实际的价值变动，可支配的实际财富总量产生变化，从而使消费支出减少的经济效应。比如，当物价水平 P 上升，引起消费者实际的可支配财富的减少，或消费者认为货币的购买力降低，使消费支出 C 减少，消费支出 C 减少，引起总需求 $AD[AD= C+I+G+（X-M）]$ 下降，总需求下降，导致总产出水平下降。可见，实际余额效应是另一个决定物价水平与总收入反方向变化的重要因素。

3. 所得税效应

所得税效应，即物价水平变化使消费者的货币收入产生变化，从而使所得税的税负及可支配收入也有了一定变化，从而导致消费支出也发生变化的一种经济效应。如物价水平 P 上升，消费者的名义收入增加，由于我国实行累进所得税制，名义收入的增加也使消费者个人所得税的税负增加，这样就减少了可支配收入，进而消费支出 C 也减少，消费支出减少会引起总需求 AD 下降，总需求下降会使总产出水平下降。由此可知，所得税效应对于物价水平 P 和总收入 Y 的反方向变化关系也有决定作用。

4. 贸易效应

贸易效应指物价水平发生变化，使本国产品与国外产品之间的相对价格产生变化，从而使本国的出口需求与外国的进口需求相对发生变化，进而使本国的消费水平发生变化的一种经济效应。比如，随着物价水平上升，本国产品会相对昂贵，外国会减少对本国产品的购买，使出口需求 X 呈下降趋势。这时，相对国内物价水平而言，外国的产品会变得便宜，国内会增加外国产品购买量，促使进口需求 M 上升、净出口（$X-M$）下降、净出口（$X-M$）的下降，导致总需求 $AD[AD= C+I +G+（X-M）]$ 下降，总需求下降，引起总产出水平 Y 下降。在开放经济中，对外贸易效应是物价水平 P 与总收入 Y 反方向变化关系中一个不可忽视的因素。

（二）总需求曲线的推导

总需求曲线可由产品市场、货币市场均衡的 IS—LM 模型推导得出。以两部门经济为例，其总需求曲线如图 5.2 所示。

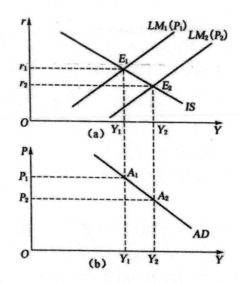

图 5.2 总需求曲线的推导

其他条件为既定的，当物价水平为 P 时，货币市场达到均衡的 LM 曲线位置是 LM_1，产品市场、货币市场同时均衡的点为图 5.2（a）中的 E_1 点，对应的均衡国民收入为 Y_1，因此形成了（P_1，Y_1）组合点，对应总需求曲线上 A_1 点的坐标为（P_1，Y_1）。当物价水平降至 P_2 时，货币市场均衡曲线 LM 将向右移动至 LM_2 处，产品市场、货币市场均衡点对应图 4.2（a）中的 E_2 点，均衡国民收入是 Y_2，$Y_2 > Y_1$。此时形成（P_2，Y_2）组合点，对应总需求曲线 A_2 点坐标为（P_2，Y_2），连接 A_1、A_2 可得到总需求曲线 AD。可见，物价水平由 A_1 点的 P_1 下降至 A_2 的 P_2 时，对应的国民收入从 Y_1 增加为 Y_2，物价水平 P 与国民收入 Y 的变化方向是相反的，总需求曲线朝着右下方倾斜。

（三）总需求曲线的移动

通过总需求曲线的推导过程可知，使总需求移动的因素就是使 IS 曲线移动的因素，也是除了物价水平 P 之外使 LM 曲线发生移动的因素。由于总需求为物价的函数 $AD=Y=f(P)$，所以物价水平 P 的变化并不总是引起总需求曲线移动，而是总需求曲线上的点发生变化——由一个点移动到另一点。

1.IS 曲线与总需求曲线的移动

四部门经济中，使 IS 曲线发生移动的因素包括自发性的消费支出 a、自发性的投资支出 e、政府购买 G、政府转移支付 TR、政府税收 T、出口 X 及进口 M 等七个因素。当自发性消费支出 a、自发性投资支出 e、政府购买 G、政府转移支付 TR 和出口 X 五大因素均增加时，会使 IS 曲线右移，这五个因素减少则会使 IS 曲线往左移；政府税收 T、进口 M 两个因素若增加，则会使 IS 曲线往左侧移动，减少则会导致 IS 曲线往右侧移动。

其他条件既定，IS 曲线右移会使总需求曲线向右移动，IS 曲线左移则会引起总需求曲线往左移动，即 IS 曲线移动的方向和总需求曲线的移动方向一致。图 5.3 以 IS 曲线向右移动为例对此进行了说明。

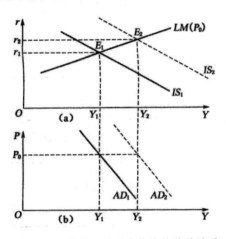

图 5.3 IS 曲线、总需求曲线的移动关系

假设其他的条件既定，社会物价水平为 P_0，这一水平对应的货币市场均衡的 LM 曲线就是图 5.3（a）中的 LM（P_0）。初始阶段，IS 曲线在图 5.3（a）中的 IS 处，均衡点是图 5.3（a）当中的点 E_1，均衡的国民收入是 Y_1，对应总需求曲线是图 5.3（b）中的 AD_1。当政府购买 G 增加时（物价水平不变，仍是 P_0），IS 曲线右移至图 5.3（a）中 IS_2 处，此时，均衡国民收入上升至 Y_2（物

价依旧为 P_0 ），对应的总需求曲线从 AD 右移到 AD_2 处。可见，政府购买 G 的增加带动 IS 曲线、总需求曲线都向右移。

2.LM 曲线与总需求曲线的移动

LM 曲线的方程是 $r = \dfrac{k}{h}Y - \dfrac{M}{Ph}$，其斜率是 $\dfrac{k}{h}$，截距是 $Y = \dfrac{M}{Pk}$。因曲线移动通常是平行移动，其斜率不发生变化。可见，名义货币供给 M、物价水平 P 是引起 LM 曲线移动的因素。当名义货币的供给量 M 增加、物价水平 P 下降，LM 曲线往右移动；反之，就往向左移。总需求曲线移动是由物价水平 P 之外的其他因素引起。因此，使 LM 曲线、总需求曲线移动的共同因素是名义货币供给量 M。

在其他条件既定的情况下，LM 曲线向右移（由 M 增加引起的）将会使总需求曲线右移，LM 曲线向左移动（是 M 减少所引起）则会导致总需求曲线左移。因此，LM 曲线移动的方向和总需求曲线的移动方向也一致。如图 5.4 以 LM 曲线右移为例说明了这一规律。

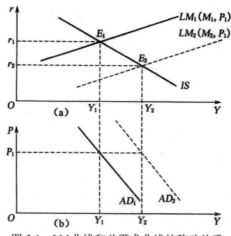

图 5.4　LM 曲线和总需求曲线的移动关系

若其他条件为既定，物价水平为 P，市场均衡国民收入与物价水平组合而形成的曲线是图 5.4（a）的 IS 曲线。最初，名义货币供给为 M_1，对应的货币市场均衡 LM 曲线是图 5.4（a）的 LM_1，均衡点是图 5.4（a）的 E_1 点，均衡国民收入是 Y_1，对应总需求曲线是图 5.4（b）的 AD_1。当名义货币供给 M 增至 M_2 时（物价水平仍为 P_1），货币市场均衡的 LM 曲线右移至图 5.4（a）

的 LM_2 处，此时的均衡国民收入增至 Y_2（物价依然为 P_1），对应的总需求曲线从 AD_1 右移到 AD_2 处。可见，由于名义货币供给 M 的增加，使 LM 曲线、总需求曲线都往右移动。

（四）总需求曲线的斜率

总需求曲线斜率能反映需求价格的弹性，从而直观地显示需求量对于价格变动反映程度的大小。就总需求曲线来说，曲线越平缓，国民收入物价的弹性就越大，国民收入 Y 对物价水平 P 反映程度也就越大，即物价变动对国民经济的运行、国民收入的影响越大；总需求曲线越陡峭，表明国民收入物价弹性越小，而国民收入 Y 对物价水平 P 变化时的反映程度也就越小，这种状态下，物价对于国民收入及国民经济运行产生的影响就会越小。详细情况可见图 5.5。

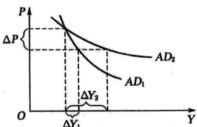

图 5.5　总需求曲线斜率及比较

图 5.5 中的 AD_1、AD_2 为总需求曲线，二者斜率不同，意味着需求价格弹性是不同的，AD_2 总需求曲线相比 AD_1 总需求曲线更平缓，其需求价格的弹性更大。其他条件为既定的，某一时期，物价下降 ΔP，若总需求曲线为 AD_1，国民收入的增加量是 ΔY_1；若总需求曲线是 AD_2，国民收入增的加量是 ΔY_2。显而易见，$\Delta Y_2 > \Delta Y_1$，表示当总需求曲线越平缓时，物价发生变化对一国国民收入的影响就会越大。

两部门经济当中，由总需求曲线的方程 $AD = Y = Y_E = \dfrac{h(a+e)+md}{h(1-b)+kd} =$

$\dfrac{h(a+e)+\dfrac{M}{P}d}{h(1-b)+kd} = A + \dfrac{B}{P}$ 可知，总需求曲线 AD 的斜率 $= |Y'| = \left|-\dfrac{B}{P^2}\right| = \dfrac{B}{P^2}$，

$$B = \frac{Md}{h(1-b)+kd}。$$

因此可得出如下结论：

（1）当边际消费倾向 $MPC = b$ 越小，投资的利率敏感系数 d 就越小，即 IS 曲线斜率 $(1-b)/d$ 越大，上式中的 B 值也越小，总需求曲线斜率越小，曲线会越陡峭，国民收入物价弹性越小，物价对国民收入产生的影响越小。

在图 5.6 中，IS 与 IS' 为两条斜率不同的曲线，和 $LM(P_1)$ 曲线在 E_1 点相交，国民收入为 Y_1 时，产品市场、货币市场都达到均衡。此时，价格从 P_1 升至 P_2，均衡国民收入是 IS 曲线、IS' 曲线同 $LM(P_2)$ 曲线相交的点 E_2、E'_2，对应的均衡国民收入分别是 Y_2 和 Y'_2。可以发现，斜率大的 IS' 曲线对应的总需求曲线 AD' 斜率也比较大，总需求曲线更陡峭。

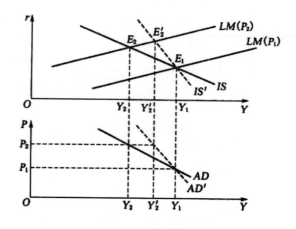

图 5.6 IS 曲线斜率同 AD 曲线斜率之间的关系

（2）当货币需求的收入敏感系数 k 与货币需求的利率敏感系数 h 越小，或 LM 曲线的斜率 k/h 越小，上式中的 B 值越大，总需求曲线的斜率越大，总需求曲线越平缓，国民收入的物价弹性越大，物价变动对国民收入具有的影响就会越大。

在图 5.7 中，$LM(P_1)$、$LM'(P_1)$ 与 IS 曲线相交于 E_1 点，产品市场、货币市场能同时均衡的国民收入是 Y_1，这时，当价格由 P_1 下降为 P_2，IS 曲线与 $LM(P_2)$、$LM'(P_2)$ 曲线的交点 E_2、E'_2 处的国民收入为均衡的，均

衡国民收入为 Y_2、Y'_2。通过图示可知，斜率较大的 LM' 曲线所对应的总需求曲线 AD' 斜率比较小，总需求曲线相对平缓。

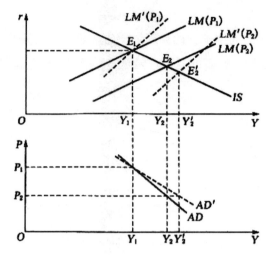

图 5.7　LM 曲线斜率与 AD 曲线斜率之间的关系

第三节　总供给以及总供给曲线

一、总供给和总产出函数

　　总供给是指在一定时期内经济社会的生产者向国内及国外所提供的最终产品的总和，且总供给 = 总收入 =GDP。某一时期的经济社会总供给水平往往由这一时期社会总体生产水平所决定。因此，要想研究总供给必定要先研究总生产。

　　通过微观经济理论我们了解到，生产部门的生产分为短期、长期两种，与此相对应就有了短期生产函数和长期生产函数。凯恩斯的经济理论所考察的是短期生产，其总生产函数一般指短期的生产函数。在短期内，社会的资本存量通常会很大，新增资本流量对于现有的资本存量产生的影响非常有限。因此，分析短期的生产函数时，可将资本视为既定值，即资本 K 是常数。生产函数描述的是技术水平和资本存量一定的条件下，经济最大总产量 Y 与劳动就业量 N 之间的关系，即：

$$Y = f(N, \overline{K}) = f(N) \qquad （式 5.3）$$

可见，在较短的周期中，社会的生产总量取决于雇佣的劳动量，且随雇佣劳动量变化而变化，二者的变化是同向的，如图 5.8 所示。

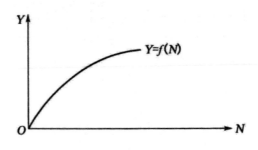

图 5.8　短期社会生产总量函数曲线

短期总生产函数曲线是一条往右上方倾斜、减速上升（切线的斜率逐渐变小）的曲线。这是因为，短期中所有生产者（企业）都选择在社会生产函数的第二阶段开始进行生产。

二、劳动力市场及就业率的决定

通过短期总生产分析可知，国民收入水平主要由劳动量的多少决定，即经济社会整体劳动力市场就业的水平。因此，要研究短期的社会生产总量必须研究劳动市场供求关系和雇佣劳动量的均衡问题。

（一）劳动力市场的总供给

从经济社会整体来看，劳动的总供给曲线是一条向右上方倾斜的曲线。其他条件不变，劳动力市场供给量是由劳动力的价格水平决定的，即实际工资 $\omega = \dfrac{W}{P}$。其中，W 代表名义工资收入（货币形式的工资收入），且有：

$$N_S = N_S(\omega) = N_S(\frac{W}{P}) \qquad （式 5.4）$$

短期名义工资由合同、制度等决定，通常不会发生变化，因此，劳动市

场供给是物价 P 的函数。

图 5.9 为劳动力市场总供给曲线。随着工资水平（W/P）的提升，劳动力市场总供给量在不断增加，当实际的工资率达到 W/P_f，劳动力市场就业量达为最大值——N_f，此时社会实现了充分就业。充分就业状态一般需要在较长的经济运行周期中才会实现。

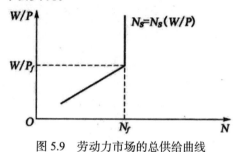

图 5.9　劳动力市场的总供给曲线

（二）经济市场的劳动力总需求

与普通商品需求一样，当其他条件为既定的，经济社会对于劳动力的实际需求主要取决于实际的工资水平，二者是反向变动的关系。需求曲线的方程式为：

$$N_d = N_d(\omega) = N_d\left(\frac{W}{P}\right) \qquad （式 5.5）$$

劳动力市场总需求曲线的变化趋势如图 5.10 所示。随着实际工资水平（W/P）的提升，劳动力市场的需求逐渐减少，当实际的工资水平为 W/P_1 时，对应的劳动力总需求量为 N_1；实际工资上升为 W/P_2 时，劳动力市场总需求量将上升至 N_2。

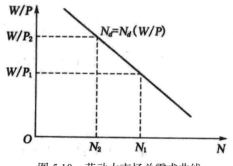

图 5.10　劳动力市场总需求曲线

（三）劳动力市场长期均衡和短期就业率的确定

实现充分就业为宏观经济运行的一个长期目标，劳动力市场长期的均衡状态是图 5.9 中（W/P_f, N_f）处。将劳动力市场总需求、总供给曲线综合起来，就能对劳动力市场长期的均衡、短期的就业量决定进行分析，确定短期生产函数的自变量，即雇佣劳动量或就业量 N 的取值，进而确定短期的生产总量与供给总量 Y。

劳动力市场长期均衡及短期的就业量确定见图 5.11。

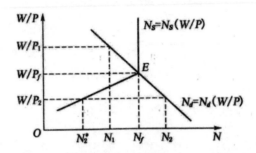

图 5.11　劳动力市场长期均衡和短期就业量确定

在长期的经济运行当中，劳动力市场均衡点对应图中的 E 点，此时的就业量是 N_f，实际的工资率是 W/P_f。如果短期经济社会物价水平是 P_1，实际的工资率是 W/P_1，这时劳动力市场对于劳动力的需求量为 N_1，实际供给量为 N_f，$N_1 < N_f$，劳动力市场出现供大于求的现象，而实际雇佣的劳动量（就业量）为 N_1。若短期经济社会物价水平是 P_2，物价水平较高，实际的工资率偏低，为 W/P_2，此时劳动力市场需求量是 N_2，供给量是 N_2^*；此时，$N_2 > N_f > N_2^*$，劳动力市场供不应求，经济社会物价水平高。受高物价压力影响，短期内劳动者迫于生计会接受现行的工资水平而选择就业，则实际的雇佣劳动量（就业量）是 N_f。

三、总供给曲线的推导

将总供给、总生产的关系以及劳动力市场的均衡、短期就业量的决定综合起来，就能推导出宏观总供给曲线，四者的逻辑关系是：物价 P 为已知→

实际工资率（W/P）→劳动力市场供需关系和实际雇佣的劳动力（N）→总产出 Y[总生产函数 $Y=f(N)$]→总供给曲线上对应点的坐标（P，Y）。

　　总供给曲线的几何推导如图5.12，该图的解读顺序为：子图（1）→子图（2）→子图（3）→子图（4）。

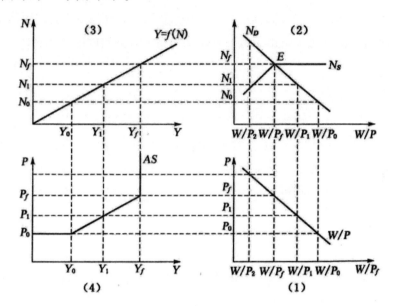

图 5.12　总供给曲线推导过程

　　例如，当物价水平为 P_f 时，实际工资率为 W/P_f[图（1）]，劳动力市场为充分就业状态下的长期均衡，对应雇佣劳动量 N_f[图（2）]，从而总供给是 $Y_f=F(N_f)$[图（3）]，进而得出总供给曲线 AS 上的点（P_f，Y_f）[图（4）]。

　　当物价处于极低水平 P_0 时，实际的工资率是 W/P_0[图（1）]，劳动力市场处于供过于求状态，这时对应的雇佣劳动量是 N_0[图（2）]，总供给为 $Y_0=F(N_0)$[图（3）]，对应总供给曲线 AS 上的点（P_0，Y_0）[图（4）]。

　　当物价水平为 P_2 时，实际工资率达到 W/P_2[图（1）]，劳动力市场供不应求，但高物价使劳动者被迫暂时选择就业，这种情形对应的雇佣劳动量是 N_f[图（2）]，总供给为 $Y_f=F(N_f)$[图（3）]，则有总供给曲线 AS 上的点（P_2，Y_f）[图（4）]。

四、总供给曲线的具体形态

经济运行中完整的总供给曲线为图 5.12（4）呈现的曲线形态，即斜率等于零的水平区间，也称为凯恩斯区间、萧条区间；斜率为无穷大的垂直区间为古典区间；斜率在零至正无穷的时候且向右上方倾斜的区间为称中间区间或常规区间。

（一）凯恩斯区间和凯恩斯总供给曲线

总供给曲线中呈水平状态的一部分是凯恩斯区间（萧条区间），如图 5.13 所示。该区间表示，当价格水平既定时，厂商愿意向社会提供所需的任意数量的产品，为总供给曲线表现出的一种极端情况，在实际的经济运行中出现的几率是非常低的。

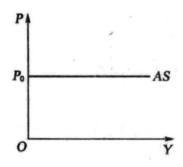

图 5.13　AS 曲线的凯恩斯区间

这种极端情况的出现需要同时满足两个条件：①凯恩斯提出的（短期）"价格（工资）刚性"假设；②经济萧条，社会存在大量劳动力和资本闲置。

凯恩斯认为，如果社会的失业问题非常严重，企业可在现行的工资水平下得到其所需的任何数量的劳动力。当工资作为唯一的生产成本时，意味着企业的生产成本不会因产量变化而发生变化，因而价格也就不会随着产量的变化而变化。企业愿意在现行的价格水平上提供社会所需任何数量的产品。

也可以理解为，由于经济社会存在大量的失业，企业可在当前工资条件下获得足够多的劳动力；产品的平均成本不会因产量增加而提升。因此，在现行的价格水平上，企业有能力向社会提供任意数量的产品。

这种情形仅存在于失业问题严重的经济大萧条时期，因此，它只是一个特例。可见，总供给的萧条区间理论与其产生的背景是密切相关的，也只限于短期的宏观经济分析。

凯恩斯的总供给曲线与总供给曲线的凯恩斯区间既存在密切联系，又有明显的区别。总供给的萧条区间成立需要一定的前提条件——工资刚性，但是凯恩斯提出工资刚性在经济运行中只是短期存在，长期的市场价格是有调整弹性的，最终能让社会实现充分就业。长期来看，总供给曲线是一条和充分就业产出水平垂直的直线。因此，可将萧条区间视为短期的凯恩斯总供给曲线，将垂直区间视为长期凯恩斯总供给曲线。凯恩斯总供给曲线的形状像逆时针旋转 90° 的"L"，如图 5.14 所示。

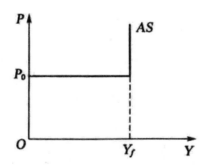

图 5.14 凯恩斯的 AS 曲线

（二）常规区间与凯恩斯主义的总供给曲线

总供给曲线的常规区间或中间区间也称常规总供给曲线，是一条向右上方倾斜的曲线，见图 5.15。常规区间表明，随着物价升高，总的供给量会不断增加，经济社会的就业会扩大。这是总供给曲线的常态，是现实经济运行中最为典型的形态。

127

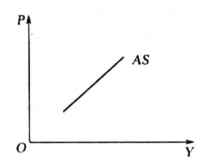

图 5.15　*AS* 曲线的常规区间

　　常规的总供给区间是凯恩斯主义学者以凯恩斯总供给曲线为基础，经过不断完善而来的。沿袭凯恩斯主义的学者以凯恩斯提出的工资刚性、货币幻觉等假说为出发点，提出了凯恩斯主义总供给曲线。

　　"工资刚性假说"认为，短期内货币工资（名义工资）具有向下的刚性和向上的弹性。工资是有最低限度的，因此，不能无底线的向下变动，无论劳动力市场供求关系如何，货币工资绝对不能低于最低工资水平。在这一最低限度标准之上，工资会随劳动力供求关系的变化而变化。

　　1928 年，美国的经济学家欧文·费雪提出了"货币幻觉"的概念。这一概念指的是通货膨胀效应，是人们只根据货币名义价值进行决策，而忽视货币实际购买力已经发生变化的心理错觉。凯恩斯主义认为，"货币幻觉"的存在，使得劳动者不会因为工资不变的时候物价上升、实际的货币供给下降而改变自身的劳动供给决策。

　　通过图 5.16 可以看到，当货币工资 W 不变，由于物价从 P_1 涨至 P_2，从而使实际的工资率从 W/P_1 下降为 W/P_2。此时，由于工货币幻觉的影响，劳动者所提供的劳动量仍旧与原来相同；但对企业的劳动需求来说，实际工资率降到 W/P_2、未实现全社会充分就业的情况下，是能够雇佣到更多劳动力的，企业雇佣劳动力的数量从 N_1 升至 N_2。如果生产者想雇佣的劳动力数量超过了 N_2，就需提高实际的工资水平。

　　由于刚性工资与货币幻觉的存在，当物价水平由 P_1 涨到 P_2 时，实际工资率从 W/P_1 下降为 W/P_2，此时的劳动供给并没有因此减少。未充分就业的劳动力市场中，劳动力的雇佣量会因此大增，进而产出也会增加，从而使总供给曲线向右上方倾斜，形成常规的总供给形态。

　　与凯恩斯相同，后来的学者都承认长期经济社会是能够达到充分就业状态的，相应的总供给曲线为一条垂直于充分就业时产出水平的垂线。凯恩斯主义总供给曲线呈水平边下翻的反"L"状，如图 5.17 所示。

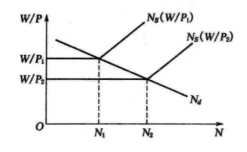

图 5.16　凯恩斯主义关于雇佣劳动力的确定

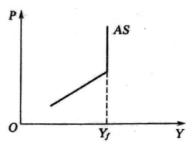

图 5.17　新凯恩斯主义 AS 曲线

　　需要明确的是，无论是工资刚性还是工资弹性，都不是经济运行过程中的普遍现象。充分就业时，名义工资不具有完全弹性；社会存在失业的情况下，名义工资也并不像凯恩斯及其理论支持者认为的那样具有向下调整的刚性。在刚性工资假设中，名义工资是不变的，实际工资、物价水平是反向变化的。因此，经济繁荣时的实际工资有可能比萧条时的实际工资更低，因为前一时期的物价水平可能比后一时期更高。显然，这与经济运行的实际情况存在极大偏差。

　　20 世纪 80 年代，新凯恩斯主义对这一理论进行了修正，提出"工资黏性"假说。假说认为，工资是通过雇佣合同来规定的，在合同协商阶段，劳动者依据预期价格水平决定自身要求的工资水平，如果双方都同意这一工资标准，合同就能成功签订。合同期限之内，劳动者要按照工资水平提供劳动。在此期间，即使实际工资水平有变动，企业方也必须依据合同中规定的工资水平发放工资。基于这一的事实，新凯恩斯主义学者提出了工资存在黏性的两个原因：①合同具有长期性；②合同往往是交错签订的。

　　合同有明确的期限，且期限通常都不短。因为合同期限短暂的会增加劳资双方的调整成本与谈判成本。研究发现，在国内外绝大多数的行业中，劳动合同大都以三年为期，即工资水平在三年内不变。因合同有期限，且期限又比较长，所以工资调整比较缓慢。这种情况下，工资具有黏性。同时，经济活动中涉及的各类劳动合同无法在同一时间签订，因此也不会同时到期，长期合同是交错签订的，工资调整也交错进行。合同交错签订导致工资调整不及时，这是工资黏性存在的另外一个原因。

新凯恩斯主义提出的工资黏性假设对凯恩斯主义价格刚性的假说作了修正，但两种假说对于总供给曲线的认知一致，即图5.17中的曲线形态。

（三）古典区间、古典总供给曲线及长期总供给曲线

总供给曲线上的古典区间是总供给曲线呈垂直状的部分，且在充分就业水平上。它表明，不管价格水平怎样变动，总供给量都是固定的，社会始终为充分就业的状态。这是总供给曲线中的另一种比较极端的情形，在现实经济运行中也是极少出现的。

一般认为，这种极端的总供给曲线的形成是以古典经济学理论的"价格弹性"为基础的，因此也称其为古典总供给曲线。古典经济理论认为，货币工资具有伸缩性，它会随劳动供需情况的改变而改变。当劳动市场出现超额的劳动力供给，这时货币工资会下降；当劳动市场中存在超额劳动需求时，货币工资便会提高。在古典总供给理论中，劳动市场运行不存在摩擦，总能使劳动力保持充分就业。因为全部的劳动力都能就业，就算价格再上升，产量也不会增加，意味着充分就业状态下的国民收入无法再增加。故而总供给曲线不受价格水平影响，是一条垂直的线。

虽然"货币工资具有完全的伸缩性"的假说受到凯恩斯及其追随者的指责，但他们大都承认在较长的周期中，市场机制或者价格机制仍然能够有效调节经济的运行情况，进而实现充分就业。长期中，总供给曲线是一条垂于充分就业垂直的线。所以，总供给曲线的古典区间也称长期的总供给曲线。

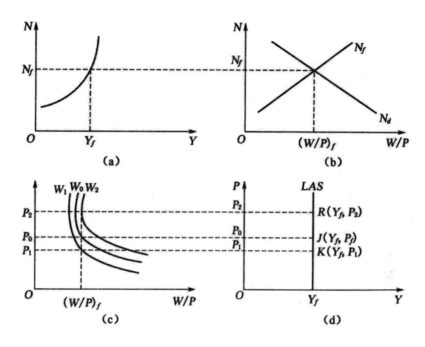

图 5.18　古典 AS 曲线或长期 AS 曲线的形成

在如图 5.18 中，假定劳动市场均衡时的价格水平为 P_0、货币工资为 W_0，相应的均衡实际工资是 $(W/P)_f$，依据古典经济理论，此时的均衡就业量等于充分就业时的就业量 N_f。将 N_f 代入生产函数，图 5.18（a）中可得出对应的产出量 Y_f，Y_f 正是前面说的充分就业时的产量。因为产量 Y_f 与价格水平 P_0 对应，因此，在图 5.18（d）当中可得到点 J（Y_f，P_f）。

若价格水平由 P_0 降到 P_1，假定货币工资是可变的，货币工资就不能维持原来的 W_0 水平，因为货币工资低于 W_0，价格水平下降使实际的工资提高。这会导致劳动供给过剩，工人会因为工作机会有限而进行激烈的竞争，这时可变的货币工资会因劳动供给量过剩而下降。于是图 5.18（c）中的货币工资曲线会从 W_0 降到 W_1，为了使劳动市场恢复均衡，货币工资和价格水平同步下降。这样此前的实际工资 $(W/P)_f$ 可以保持不变。在实际工资不变的前提下，就业量依旧是 N_f，Y 值仍为 Y_f，在图 5.18（d）中的对应点为 K（Y_f，P_1）。

如果价格从 P_0 上升为 P_2，则具有伸缩性特征的货币工资会从 W_0 升至 W_2，以使劳动市场均衡，这时的就业量依旧是充分就业情况下的就业量 N_f，而相应的生产总量也就是充分就业时的总产量 Y_f，这样，就在图 5.18（d）中得到对应点 $R（Y_f，P_2）$。

用同样的方法可考察低于 P_1 及高于 P_2 的所有价格水平对应的情况。在每一个价格水平上，由于货币工资具有伸缩性，会不断调整，直到使充分就业的实际工资确定。因此，任何价格水平上的产量都是充分就业时的产量。将图 5.18（d）中的各点依次连接起来，就得到一条位于充分就业产量 Y_f 上的垂线 LAS，这条垂线就是长期总供给曲线。

五、总供给曲线的移动

由于总供给曲线存在短期的凯恩斯区间（水平区间）、常规区间（向右上方倾斜）和长期的古典区间（垂直），因此，总供给曲线移动的情况可归结为两类：长期总供给曲线左右移动与短期总供给曲线左右移动。

（一）长期总供给曲线的移动

长期总供给曲线对应的产出为社会充分就业时的潜在产出，指在资源和技术条件既定的情况下，一个国家或地区的最高产出水平，即潜在 GDP。一个国家（地区）的产出水平受自身的生产要素总量、质量及技术条件等因素影响。当潜在的产出增加，长期总供给曲线会向右移动；潜在的产出量减少，长期总供给曲线则会向左移动。通常，经济社会当中的劳动力增加、资本增加、劳动力质量提高、生产技术进步、对外开放的水平提升等都会促使潜在的产出水平提高，使长期总供给曲线右移。

（二）短期总供给曲线的移动

因为总供给曲线与物价水平 P 是函数关系，所以，造成短期总供给曲线移动的是物价水平 P 之外的其他的因素。若只有物价水平 P 发生变动，经济产出水平会沿着既定短期总供给曲线上下移动。

短期总供给曲线移动一般可分为两种类型：

（1）长期总供给曲线移动引起短期总供给曲线移动，原因主要包括劳动、资本的数量产生变化、人力资本与技术水平变化以及对外开放程度的提升等。这些因素的变化，导致长期总供给曲线朝右移动时，短期总供给曲线也会随之右移；反之则移动方向相反。在图 5.19 中，在长期总供给曲线 LAS_1 上，最大产出是 Y_{f1}，对应的短期总供给曲线是 SAS_1；当长期总供给曲线在上述因素的推动作用下向右移动至 LAS_2 时，此时最大的产出增长到了 Y_{f2}，对应短期总供给曲线 SAS_2。表明长期总供给曲线从 LAS_1 右移到 LAS_2 的时候，短期的总供给曲线会随之从 SAS_1 往右移到 SAS_2。

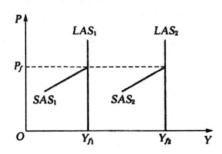

图 5.19　长期的总供给曲线移动使短期总供给曲线随之移动

（2）短期生产成本因素造成的影响。短期的总供给取决于企业的短期总生产，因此，影响厂商短期生产的成本因素，如工资水平 W 与其他短期的生产要素（生产所需的原材料、燃料等的价格）变化都会使短期总供给曲线移动。如工资上涨或原材料涨价等导致生产成本大幅度增加，这时厂商就会压缩生产，使短期总供给曲线往左移动；反之，若短期生产成本明显下降，则短期总供给曲线会向右移动。

第四节　总需求与总供给模型分析

一、AD—AS 模型中均衡的形成

当产品市场、货币市场同时均衡时，一个社会的国民收入 Y 和物价水平 P 为反方向变化的关系，总需求（AD）曲线向右下方倾斜。劳动力市场均衡时，一国的总产出（国民收入）Y 与物价水平 P 形成的总供给（AS）曲线形态，包括水平形态、常规形态（向右上方倾斜）以及古典形态（垂直）。将 AD 曲线、AS 曲线相结合，即可明确阐释产品市场、货币市场及劳动力市场同时均衡的情况下国民收入与物价水平是怎样被决定的。

图 5.20 中的 AD 为总需求曲线，AS 为总供给曲线，两条线的交点 E 代表三大市场都均衡的一个均衡点，均衡国民收入是 Y_e，均衡物价水平是 P_e。西方的古典经济学者提出，受市场机制的影响，总需求、总供给在充分就业的国民收入水平 Y_f 和物价水平 P_f 处会自动均衡，对应图中的 F 点。在市场机制的作用下，总需求和总供给虽然能自动均衡，但国民收入不一定能达到充分就业的水平，并且产出水平也达不到充分就业时的水平，即 $Y_e < Y_f$ 为经济运行常态。

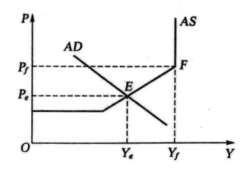

图 5.20　AD—AS 模型均衡国民收入与物价的决定

凯恩斯主义的经济学理论表示，上述的总需求和总供给实现的均衡是市

场内在机制通过自动调节实现的。

当物价水平为 P_e 时，总需求与总供给达到均衡。在两部门经济当中，均衡时的物价水平 P_e 决定投资需求 I（物价水平决定了实际的货币供给 $m-M/P_e$，货币供给决定着均衡利率水平 r_e，均衡利率水平又决定了社会投资需求 $I=e-dr_e$）和消费需求 C（物价的实际水平决定了实际财富，实际财富又决定了消费支出 C），社会总需求 $AD=C+I$，正好等于由此物价水平决定的总生产和总供给 AS[物价水平决定了实际的工资率 W/P_e，实际工资率 W/P_e 决定着实际雇佣劳动量 N_e，雇佣劳动量 N_e 决定总生产与总供给 $AS=Y=F(N_e)$]，从而使社会总消费与总生产具有一致性。

当物价水平高于 P_e 时，总供给 > 总需求，二者不均衡，且生产相对过剩，迫使物价水平不断下降。一方面，物价水平下降使实际工资率提高，从而使劳动需求及实际劳动雇佣量减少，厂商缩减生产规模，总供给量减少；另一方面，物价水平下降使实际的货币供给增加，利率降低，社会的投资需求增加，同时物价下降使消费者拥有的实际财富增加，会带动消费需求增加。因此，当实际物价高于均衡物价时，将诱发物价下降，产生总供给减少、总需求增加的效应，最终会恢复到供需均衡状态。

反之，若物价水平低于 P_e，总供给 < 总需求，二者处于不均衡状态，需求得不到满足，这会直接推动物价上涨。一方面，物价上涨使实际工资率降低，使劳动力需求及雇佣的劳动量增加，厂商扩大生产规模，总供给增加；另一方面，物价水平升高使实际的货币供给量减少，利率上升，投资的需求减少，同时物价上涨导致消费者的实际财富减少，消费需求下降。因此，当实际物价比均衡物价低时，将会触发物价上涨，产生总供给增加、总需求减少的效应，最终供需逐渐恢复均衡。

需要说明的是，总供给曲线分成水平区间、常规区间和古典区间，上文提到的均衡机制是针对经济运行常态——总供给曲线的常规区间而言的。

二、AD—AS 模型中均衡的变动

总需求与总供给的均衡点决定了均衡的国民收入及物价水平，而均衡点的具体位置又是由总需求曲线 AD、总供给曲线 AS 的位置决定的，AD 曲线和 AS 曲线的相对位置一旦变化，均衡点就会变化，而除物价水平外的其他因素引起总供求变动，都会使 AD 曲线、AS 曲线移动，从而使均衡国民收入及物价水平也随之变化。

AD 曲线与 AS 曲线位置相对移动的类型包括以下两种：只有一条曲线移动和两条曲线同时移动。这两种移动情况又细分为四种情形：AD 曲线移动，AS 曲线既定；AS 曲线移动，AD 曲线既定；AD 曲线和 AS 曲线同时朝着同一方向移动；AD 曲线、AS 曲线同时呈反方向移动。

（一）总需求变动对于均衡状态的影响

假设总供给曲线 AS 为既定的，由于总供给曲线分成三个区间，三个区间的特征不同，因此分三种情况来讨论 AD 曲线的移动给均衡国民收入、物价水平带来的影响。

1. 凯恩斯总供给曲线下，总需求曲线移动产生的经济效应

凯恩斯总供给曲线分为长期、短期两部分，短期的凯恩斯总供给曲线在物价水平既定情况下是一条水平线。总需求增加或者减少，只能影响均衡国民收入，物价水平始终保持不变。

在图 5.21 中，初始的均衡点为 E_0，Y_0 为均衡国民收入，P_0 为均衡物价水平。如果除了物价水平 P 以外对总需求有影响的因素发生变化，例如自发性消费支出、投资支出、政府购买等的增加，会使总需求曲线右移；反之会使总需求曲线左移。如果总需求增加，总需求曲线从 AD_0 右移到 AD_1，E_1 为均衡点，均衡的国民收入上升为 Y_1，但物价仍为 P_0。如果总需求减少，曲线左移到 AD_2，均衡点为 E_2，均衡的国民收入下降至 Y_2，物价水平 P_0 依然不变化。

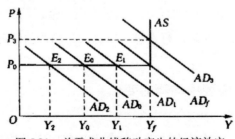

图 5.21　总需求曲线移动产生的经济效应

凯恩斯认为，若短期未能实现充分就业，总需求增加会使产量增加，但不影响价格。原因是，总供给曲线 AS 的水平区间只有在产量水平比充分就业低时才存在。总产量低于充分就业状态下，存在大量非自愿失业，增加产量不会使货币工资提高，同时还存大量闲置的设备、原材料等，即使增加产量，也不必增加成本，产品边际成本较小，产品总量增加不会使单位成本增加，因而价格水平可以保持稳定。

长期凯恩斯总供给曲线是一条与充分就业产出水平垂直的线，在这一条件下，总需求增加引起物价上涨，产出水平是不变的。如图 5.21 所示，总需求增加，总需求曲线 AD 从 AD_f 右移到 AD_3，物价从 P_0 上涨至 P_3，但产出水平与移动前一样，均为 Y_f。

2. 常规总供给曲线下，总需求曲线移动产生的经济效应

20 世纪 80 年代，凯恩斯主义的追随者对凯恩斯总供给曲线提出了异议。他们认为，"在达到充分就业的产量情况下，价格水平才会随着总需求的提高而提高"的观点有待商榷。进而他们又提出，在没达到充分就业产量的情况下，价格水平会随总需求增加而提高（关于长期总供给曲线的观点与凯恩斯是一致的）。主要的表现是：在总需求不断增加、生产扩展的过程当中，特别是后期阶段，产量的增加会导致成本增加，从而价格也会上涨。主要原因包括下列几方面：

（1）生产规模的扩展增加了就业机会。失业减少，从而使工人在劳资双方工资谈判当中居于有利地位。由于劳动需求增加，企业不得不接受货币工资提高的条件，从而导致成本增加。

（2）受收益递减规律的影响，随着生产的不断扩展，产量达到一定的指标时，产品边际成本就会增加，从而导致边际收益减少，增加了单位产品的生产成本。

（3）生产在扩展过程中会出现"瓶颈现象"，生产迅速扩展会使设备、能源、原材料及技术工人等要素出现供应不足的情况，使生产要素涨价，生产同样的产品要比之前投入更多成本。立足于这一观点，后来的学者对理论进行了修改，将总供给曲线的水平区间改成往右上方倾斜、斜率为正值，成了常规总供给曲线。

这时，总需求一旦变动会导致国民收入、物价水平同向变动。当总需求增加，曲线向右移时，均衡国民收入就增加，社会物价水平会上涨；总需求减少，曲线左移，均衡国民收入会减少，物价下降。总需求的变动所引起的国民收入、物价的变化，对于二者产生影响哪个更显著？这取决于总供给曲线斜率的大小。曲线斜率越大，曲线就越陡峭，总需求一旦变动时，对于物价水平有较大影响；总供给曲线的斜率越小，曲线就越平缓，总需求发生变动对于国民收入产生的影响较大。

在图 5.22 中，当总需求曲线由 AD_1 提升至 AD_2，对应的总供给曲线 AB 段的斜率较小，曲线较平缓，物价水平从 P_1 上涨为 P_2，上涨幅度较小；而国民收入由 Y_1 增至 Y_3，物价水平增长幅度较大。当总需求曲线再从 AD_2 提升至 AD_3，对应的总供给曲线 BC 的斜率较大，比较陡峭，物价从 P_2 上涨为 P_3，上涨幅度较大，而国民收入由 Y_2 增为 Y_3，增长的幅度较小。可见，总需求增加会格拉动国民收入及物价水平上涨；总需求减少会促使国民收入、物价水平都出现回落的情况。

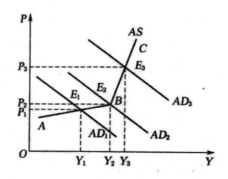

图 5.22　常规总供给曲线下，总需求曲线移动产生的经济效应

3.古典总供给曲线下，总需求曲线移动产生的经济效应

古典总供给曲线是经济社会达到充分就业时（产出等于潜在的产出水平）垂直于横轴的一条垂线，意味着国民收入不受物价水平的影响，无论物价怎样变动，总供给均为充分就业时的产出水平 Y_f。此时，总需求增加或者减少，总需求曲线 AD 右移或右移，都不会使产出发生变化，只能引起物价水平上升或下降。

图 5.23 中，初始的均衡点是 E_0，均衡国民收入是 Y_f，均衡物价水平是 P_0。当总需求增加，曲线由 AD_0 右移到 AD_1，此时的均衡点是 E_1，物价水平升至 P_1，但均衡的国民收入仍为 Y_f。当总需求减少，曲线向左移到 AD_2，此时的均衡点为 E_2，而物价水平相应下降至 P_2，但均衡国民收入仍然为 Y_f。

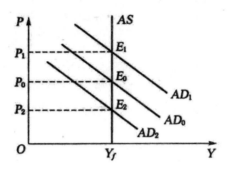

图 5.23 古典总供给曲线下，总需求曲线移动产生的经济效应

（二）总供给变动对于均衡的影响

总供给曲线虽然分为三段不同的区间，但只有常规区间和古典区间会产生变化。当总需求曲线 AD 为既定的，在常规区间和古典区间，若总供给增加，曲线 AS 右移会引起产出增加与物价下降；若总供给减少，曲线 AS 左移会使引起产出减少与物价上升。总供给变动所引起国民收入的变化和物价的变化，到底对哪一方面的影响更明显，取决于 AD 的斜率。AD 斜率越大，曲线会越陡峭，总供给的变动对物价水平产生的影响更明显；AD 斜率越小，曲线就会越平缓，总供给一旦变动，相对于物价的影响，其对于国民收入的影响较大。

下面以经济运行常态的总供给曲线的常规区间为例，研究当总需求既定时，总供给变动时引发的经济效应。

在图 5.24 中，总供给曲线自 AS_1 增加到 AS_2 时，对应的需求曲线 AB 段的斜率较小，曲线平缓，物价水平从 P_1 降为 P_2，下降幅度较小；国民收入自 Y_1 增至 Y_2，增长幅度较大。总供给曲线接着从 AS_2 增长到 AS_3，这时总需求曲线 BC 斜率较大，曲线比较陡峭，而物价水平由 P_2 降为 P_3，出现了大幅度下降，国民收入由 Y_2 增为 Y_3，增长幅度较小。可见，当总供给增加，会拉动国民收入上涨，促使物价水平下降；当总供给减少，则会使国民收入下降，使物价水平上涨。

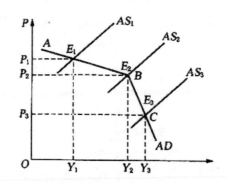

图 5.24　伴随总供给曲线移动产生的经济效应

（三）总供给、总需求同时变化对均衡产生的影响

总需求与总供给同时变动，表示 AD 曲线、AS 曲线会同时移动，通常存在常规 AS 曲线、AD 曲线同时移动和古典 AS 曲线、AD 曲线同时移动两种移动方式。其中，常规 AS 曲线和 AD 曲线同时移动是比较常见的情况，又进一步分为两者同时沿着同一方向移动和同时反向移动。

当 AD 曲线、AS 曲线都向右移动时，均衡国民收入会增加，但物价水平可能上升，可能下降，也可能不变；当两条曲线同时往左移时，均衡的国民收入就会减少，物价水平变化情况同样是无法判定的。

当 AD 曲线往右移，AS 曲线往左移，经济社会的物价水平上升，但国民收入可能增加，可能减少，也可能保持原来的水平；当 AD 曲线左移，AS 曲线右移，此时物价水平会下降，国民收入变化的情况是无法确定的。

第五节　总需求和总供给模型应用

总需求—总供给模型将总需求、总供给相结合，以此解释国民收入与价格水平是如何被决定的，分析引起物价变化的因素以及经济是怎样实现均衡的。利用其中的规律，总需求—总供给模型可以全面地解释通货膨胀、滞涨、经济周期等宏观经济现象，并为政府采取合理的措施科学地调控经济提供有效的理论指导。

一、萧条与高涨

西方主流学派的经济学家尝试通过总供给曲线和总需求曲线来解释宏观经济的波动。他们称往右上方倾斜的总供给曲线为短期的总供给曲线，称垂直的总供给曲线为长期的总供给曲线。根据长期、短期总供给曲线及其和总需求曲线的之间的关系，对经济波动进行了如下阐释。

如图 5.25 所示，充分就业条件下，国民收入为 Y_f，物价水平为 P_f，此点上垂直的 LAS 曲线为长期总供给曲线，SAS 曲线为短期总供给曲线。假设 F 点为经济的初始运行均衡状态，即达到了充分就业。如果在某一因素的冲击下，导致短期的总需求曲线从充分就业的 AD_f 向左移到 AD_1 处，那么均衡点就变成 E_1，对应的产出水平 $Y_1 < Y_f$，物价水平 $P_1 < P_f$，经济陷入萧条状态。此时，政府如果采取财政政策刺激总需求（增加政府购买），总需求曲线会渐渐往右方移动，再次恢复至 F 点的充分就业状态。

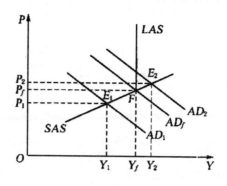

图 5.25　经济萧条与经济高涨

如果因某一因素冲击，促使短期需求曲线从充分就业的 AD_f 移动到 AD_2，均衡点变成 E_2，产出水平为 Y_2，Y_2 大于 Y_f，物价水平为 P_2，$P_2 > P_f$，经济为持续高涨的过热状态。此时，政府若采取财政政策抑制总需求（减少政府购买），总需求曲线便会向左移动，恢复到 F 点的充分就业状态。

（二）滞涨

滞涨也称滞胀，全称是停滞性通货膨胀。"滞"指经济增长的停滞，"胀"指通货膨胀。在宏观经济学当中，滞涨特指经济停滞、高通货膨胀、高失业率并存的经济现象。

很长一段时间内，西方经济学者认为高通货膨胀率与高失业率不可能同时存在。因为，通常通货膨胀会提升就业率（AS 曲线向右上方倾斜）。但是，20 世纪 70 年代发生的石油危机使西方国家的经济进入"高通货膨胀率、高失业率并存"状态，使得此前的理论观点被推翻。

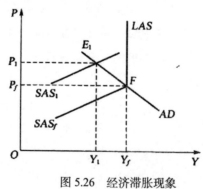

图 5.26　经济滞胀现象

　　运用 AD—AS 模型可以解释经济增长停滞和通货膨胀并存的现象。短期内，若 AD 不变，AS 曲线的位置移动，则市场价格、国民收入会呈反方向运动。如果 AS 的水平下降，市场价格就会上升，国民收入则会下降，这时就引发经济增长停滞和通货膨胀同时存在的"滞胀"现象。

　　在图 5.26 中，Y_f 为充分就业时的国民收入，P_f 为这一状态的物价水平，AD 代表总需求曲线，LAS 代表长期总供给曲线，SAS_f 代表充分就业的短期总供给曲线。设定经济初始均衡状态是 F 点，此时为充分就业。如果短期的总供给曲线 SAS_f 因生产要素的价格变动（比如原材料、石油价格上涨等）而发生位移。由于投入的生产要素价格（或成本）上升，使企业在同等产量下以更高的物价出售产品，或在同样价格下被迫降低产量。这时，SAS_f 曲线向左上方移动到 SAS_1，使原先充分就业状态下的国民收入 Y_f 减少为 Y_1。均衡点则由 F 移动到了 E_1，市场的物价水平从 P_f 上涨至 P_1。可见，当国民收入下降到低于充分就业时的水平，物价水平反而会升至比充分就业时更高的水平，也就出现了经济增长停滞与通货膨胀共存的"滞胀"的现象。

第六章　货币需求与货币供给

第一节　货币的性质及发展

一、货币的性质

生活中往往将货币与"钱"对应起来。宏观经济学从货币的职能出发对货币进行定义。货币有三种基本的职能：价值贮藏、交易媒介及价值尺度。只要某种物品或符号能执行这三种职能，这种物品或符号就是货币。

要表明货币的性质，就要先要明确"交易"，要对交易进行分析，就要说明人们进行交易的原因。有学者从人们的交易偏好来解释各种交易行为，还有一些学者通过分析交易带来的利益来解释交易行为。事实上，人们进行交易的主要原因是，当一个人生产所需的全部商品时，效率是非常低的，通过专业分工，可以量化生产，大大提高生产效率，利于个人积累相关的生产技能和经验。在交易还没出现时，人们只能自己生产所需要的产品，而交易出现以后，当个人生产出超过自身消费需求的专业化产品，就可以用超出部分交换其他的产品。这样，社会的生产效率、消费水平均都得到了提高。

当经济活动中还没有货币作为交易媒介时，交换只能通过以物易物的形式进行。物物交易活动存在很多不便：

（1）物物交易时，需要满足"需求和供给的双重偶合"条件，即当一方拥有甲物品，希望换得乙物品时，必须一个拥有乙物品并且希望换得甲物品的人。在简单的经济交换中，商品、劳务的数目都比较小，这个条件容易满足，随着经济活动越来越复杂，要满足这一个条件也越来越困难。即使交易数额较小，物物交易也是非常麻烦的，例如 A 拥有甲物品，希望换取乙物品，而 B 拥有乙物品，但需要换得丙物品，C 拥有丙物品，但他需要换得乙物品。每个人要想得到目标物品，需要经过无数次循环交易。或者，A 要成功换取所需的物品，首先要把相关的物品持有者聚集在一起，进行讨价还价之后，各方单独进行交易，直到各方都换取自己所需的物品。这种市场搜寻的成本相当高昂。

（2）物物交易在空间和时间上是不可分离的。物物交易中，买卖双方的行为必须要在同一时间、同一地点发生，一种物品的买者同时也是另种一种物品的卖者，买卖发生时，双方在同一时间、同一地点完成交易。现在农村地区仍沿袭着初一和十五赶集的风俗，这与早期的物物交易需要将各方集中到一起才能实现交易有直接关系。

（3）物物交易的双方在交易中难以确定彼此都满意的"交易比例"（交易比例即商品的相对价格），而且交易大都涉及很多种类的物品，只能依据物品的自然单位交易，交易单位不能灵活分割。假如一只羊可以换得 1000 斤面粉，当羊的拥有者目前只需要换得 500 斤面粉时，交易就不能达成，持有羊的一方也不会将羊进行分割之后再交易。

（4）物物交易，每一种产品、劳务交换不同的物品时有不同的交换比率，交换比率就是物品的价格。例如用牛交换大米时有对应的大米价格，交换蔬菜时有对应的蔬菜价格，交换布料时有对应的布料价格等。如此，假设经济社会中共有 n 种产品与劳务，那么全部价格数量为 $\frac{n(n-1)}{2}$，如果 $n=500$，则有 124 750 种价格，如果 $n=1000$，就有 4 995 000 种价格。就算人们经常交易的产品只有几百种，价格数也多达上万种，价格的数量多，会使人们很难比较两种产品的价格孰高孰低，只能经过多次换算才能比较。在实际的经济生活当中，各个国家的货币约十几种，这样换算起来就非常麻烦了。因此物物交易的换算比率会限制社会经济的进一步发展。

上文提到的物物交易的不便，可归纳为一点，即交易的成本高昂，这限制了社会的商品交换及经济发展。以货币作为媒介来交换就能避免上述种种不便，大大节约了交易的成本。下面进行详细分析。

（1）以货币为媒介的交易，不需要考虑"需求和供给的双重偶合"的条件。

每个人都能将其产品先换成货币，然后再用货币购买自己所需的产品，这样就打破循环交易链条的限制，大大降低了市场按寻的成本。

（2）以货币为媒介开展交易活动，打破了时间、空间方面的局限，可以实现时空分离。个人可在任何时刻出售、购买产品，不需选择固定的时间完成交易。同时，每个人都能在一地出售自己的产品，在另一地购买所需产品，打破了物物交易中的地域限制。

（3）以货币为媒介进行交易，简化了讨价还价的过程，也不再受交易产品自然单位的限制。

（4）以货币为媒介进行交易，使市场中的价格数量大大减少，当经济中有 n 种产品和劳务时，价格的数量为 $n+1$ 个，其中包括货币自身的价格，即货币本身价格数是 1。人们比较价格也有了统一标准，能直观地判断产品和劳务价格的高低。

货币的交易媒介职能实际上蕴含了另外两种主要的职能。由于将货币作为媒介能使交易实现时间上的分离，其中就蕴含了货币具有的价值贮藏职能，出售产品后换得货币，会有一段时间持有货币，不存在通货膨胀时，一段时间之后时购买产品依然具有同样的价值，实现了价值的贮藏。在经济活动中，一旦出现通货膨胀，人们就不愿持有货币，更愿意在货币贬值之前进行消费，其结果会导致整个社会交易成本增加，这也是政府要控制通货膨胀的主要原因。另外一个隐藏职能是价值尺度，也体现在以货币为媒介的交易中，价格数量大大减少，货币成了衡量产品及劳务具体价值的标准。

二、货币的发展

货币的发展过程也是使交易更加便利、节约交易成本和提高交易效率的过程。货币产生与发展的第一阶段是商品货币阶段。在交易中，人们都用原始产品来交换市场化程度更高的商品，用这种商品能便捷地换取其所需商品。市场化程度高的商品是指的那种比较容易卖得理想价格的商品。间接交换在下列情况下具有优势：①相比原始产品，充作交换媒介的商品被消费、用于交易的范围更广，因此买方愿意给出一个更高的价格（交换比例更高），正因如此，此类商品更易找到买方；②合约成本、运输成本、毁损成本相对较低。这种具有较高市场化水平的商品逐渐成了商品货币，在交易过程中充当物品交换的媒介。学者发现，贝壳、兽皮、盐、谷物等在交易中都充当过货币。因为商品货币具有物理属性方面的缺陷，这是难以克服的，如质量不统一，容易腐败、毁损，难以分割，不便于携带等。所以，随着交易活动的发展，商品货币渐渐过渡到贵重金属货币阶段。

在以贵重金属为货币的阶段，货币主要为金、银、铜等贵重金属。这些贵重金属的物理属性良好。金属的质地比较均匀，纯粹的金属如纯金、纯银的化学元素一致，可以用牙咬、辨音、化验等易于操作的方式验证其真伪。贵重金属具有良好的耐久性，在交易和运输过程中不易被毁损，也不容易腐败。贵重金属易分割，能够适应价值大小各异的交易，金属经过融化、重铸，可以按各种尺寸、重量重新进行组合。另外，贵重金属体积与价值较为合适，比较小体积就可以代表极高价值，易于携带。由于贵重金属具有上述特点，因而渐渐取代了商品货币，在货币发展历史上占据了主导地位。

金属货币在使用中也存在不便之处：每一次交易都要称重并对成色进行鉴定，称量会相对容易一些，只要交易双方用指定的标准测量工具，一般不会出现大的差错，但由于贵重金属的体积小、重量大，是不太容易测量的，难免出现偏差，导致一方得益而另一方遭受损失。虽然能够通过一些成本较低、易操作的办法来检验贵重金属，但这些检验很难保证金、银的纯度，也使交易的过程更加复杂。在这一情况下，货币进一步发展至铸币阶段，即将金银按照统一的纯度标准铸造成体积相同的货币，这样就能免除每次交易都要称量、检验的烦琐过程，进一步节约交易成本，使效率大大提高。

铸币在流通过程中存在自然磨损，也有人为切削的现象，这使得铸币经过一段时间的使用后，名义价值和实际价值分离，即铸币面值和铸币贵金属实际含量不一致。例如，面值为1克纯金的铸币，在一段时间的流通后有一定的磨损，实际的纯金含量可能只有0.8克、0.7克，甚至更少。各国在发行铸币时往往会在货币表面印制复杂的花纹，主要是为了防止人为切割。

铸币的实际价值、名义价值分离，但不足值的铸币在流通中同样充当足值铸币的职能，这样便催生了一种可能，即人们需要的并不是货币本身，而是其具有的购买力，即能够使人们购买到所需要商品与劳务。这种情况下，发行一种货币符号是可行的，即如果有一种机制可以维持货币符号具有的购买力，就可以用金银以外的任何一种东西代表货币。不久纸币便产生了：北宋初年，我国四川地区出现了最早的纸币——交子。最初的纸币需要持有者（商人或者富有的个人）以个人信誉为担保的，是能够依据合同随时兑换足值铸币的纸质承诺，交易者可将这种纸质凭据兑换成铸币再进行交易。渐渐地人们觉得每次交易要先兑换铸币太麻烦，后来发展为只要交易的双方均信任这一凭据，就直接用这种凭据完成交易，效率更高，也更简单、便利。随着商品贸易的发展，纸币作为货币符号广泛流通。不过，由于早期纸币以个人信誉为保证，发行范围受地域限制，流通的范围较小。后来，纸币发行被国家垄断，国家强制力成为纸币发展的强大后盾，使纸币的购买力有保证，纸币可以在全国流通，从而有效节约了成本。政府明确表示，物品交换中必须要接受和作为清偿债务的合法手段的货币，即为法币。当前，货币已经发展到电子货币阶段，极大程度上节约了交易成本，交易双方只要操作电子账户即可完成交易，而不再需要转移实物（货币或者纸质凭据）。

三、当前的货币层次

货币的职能及发展的历史表明，货币最重要的职能是为交易提供媒介，是促进交换、便利交易、深化社会劳动分工的一种重要工具。在现代经济社会当中，大多数资产或多或少都具有这一职能，怎样区分哪些资产属于货币？货币又怎样计量呢？

任何一项资产都是下列三种特性的组合，即流动性、收益性与安全性。流动性指资产转化为现金的速度与成本，转化成本越低、速度越快，表示流动性越高，反之则流动性越低。收益性指某一种资产获得收益能力的大小，能力越大，资产的收益越高。例如，通货的收益性为零，即通货无任何利息收益，而国债的收益性要高一些，股票可获得股息及资产溢价的收益，其收益性也是比较高的。一般，资产的流动性较高，收益性往往较低，当其流动性低时，收益性高。安全性指资产遭受损失可能性的大小，或者表明其资产价值的风险及不确定性到底有多大，当遭受损失的可能较大时，资产的安全性低，反之，安全性就高。以股票为例，经济状况会影响公司股票，企业经营情况也会影响股票，其收益会有较大波动，股票价格也常常发生波动，安全性较低。相对于股票而言，政府发行的短期国债有国家财政作为担保，具有国家强制力，其收益波动性很小，因此安全性高。如果把资产的这三种特性视为三种不同成分，则每项资产都可视为流动性、安全性、收益性等属性的平衡组合。

这样，我们可以根据流动性的高低，按照从高到低的顺序对当前社会中的各类资产进行排序，其顺序为：通货＞活期存款＞定期存款＞短期国债＞公司债券＞公司股票＞长期国债＞珠宝首饰＞住宅。这个排列并不完整，还存在其他资产。确定哪些资产应归入货币，实际上就是要在这一资产系列中某一点上画线，线的左侧为流动性较高的资产，右侧为流动性较低的资产，这就是现代货币层次的具体概念。货币的层次划分越窄，涵盖的资产类型就越少，流动性较低的资产业就越少。通常将货币划分为四个层次，具体如下：

M0＝通货（流通中的货币，包括各类面值的纸币与辅币）；

M1＝M0＋活期存款；

M2＝M1＋定期存款＋储蓄存款；

M3＝M2＋短期国债。

一般称M1为狭义货币，称M2为广义货币。各国对货币层次的定义有较大差异，上文的划分只是大致情况，有些国家将货币层次划分至M4，几乎包含了目前流动性较高的所有资产类型。

我国将货币层次定义为：货币＝流通的现金＋活期存款；准货币＝定期存款＋储蓄存款＋其他存款；其中，货币代表一般定义当中的狭义货币、M1，货币和准货币代表一般定义中的广义货币、M2。

第二节　银行体系及货币创造

一、银行体系

当前，各国的银行体系主要是由中央银行、商业银行及其他金融机构共同组成的。中央银行是为政府拥有的、负责控制与管理全国银行体系的银行，是一国的最高金融机构。例如，美国的美联储（美国联邦储备体系），英国的英格兰银行，我国的中国人民银行。有些国家和地区无中央银行，则选定某一特殊商业银行代替行中央银行履行部分职能。

（一）中央银行

中央银行的功能具体分为以下五个方面：①担任银行的银行，即中央银行的负债被商业银行作为自身储备的一部分而持有，中央银行的这种功能为银行之间的货币交换与清算提供了方便。②垄断货币的发行，早期的私人银行也能发行纸币，近代以来，货币发行职能都由各国的中央银行来执行。③充当最后贷款人，中央银行作为最后贷款人为银行体系的发展提供支持，当银行体系内部出现资源枯竭时，最后贷款人要随时为其注入高能货币，防止仅持有少量储蓄的商业银行由于资金不足而出现经营困难的状况。④对商业银行实施监管，中央银行作为监督商业银行的机构，要求商业银行必须满足最低的资本要求，提供日常财务报表，服务于中央银行的各项检查，执行贷款条件和贷款利率限制等。在我国，中央银行的这部分职能归入中国银行业监督管理委员会（简称银监会）。⑤执行各项货币政策，这是现代中央银行的一项非常重要的功能，即采用控制货币供应量的方式实现预期的宏观经济目标。

（二）商业银行

商业银行是政府或私人设立的企业性质的金融组织，面向社会大众提供存贷款等相关的金融服务。商业银行的业务具体可分成三大类：第一类为负债业务，即从社会大众手中广泛吸收存款。第二类业务为发放贷款，把吸纳的资金贷放给有需求的个人或企业。商业银行主要通负债业务与贷款业务的利差来获得利润。商业银行按照利率向存款人支付一定的利息，同时向贷款人收取利息，通常贷款利率比存款利率高，二者形成的差利就是商业银行的经营收入，扣除经营管理的成本之后，即为商业银行最终的利润。第三类是表外业务，也称中间业务。表外指的是资产负债表外，这类业务对前两种业务的资产负债情况不产生影响。表外业务主要包括提供结算服务、担保、公用事业费的代收、证券经销、汇兑、票据承兑、咨询等，这类业务在现代商业银行业务中的重要性日益增强。

（三）其他金融机构

其他金融机构是指除商业银行外提供金融服务的企业，主要包括保险公司、证券公司、信托投资公司、邮政储蓄、投资银行等机构。在金融分业经营制度下，除邮政储蓄机构能吸收存款以外，上述金融机构均不能从事吸收存款、发放贷款的业务，主要靠收保险费、管理费、佣金等获取营业收入。这是因为，我国的邮政储蓄机构已改为中国邮政储蓄银行，转变为商业银行。例如，保险公司通过收取保险费获得经营性的收入，扣除赔付款、管理费用之后即为其经营所得的利润。证券公司为目标客户提供证券业务的买卖与咨询等服务，主要通过收取交易佣金获取营业收入。当然，在金融混业经营的背景下，各类金融机构的业务界限不明，在不同国家的制度也存在较大差异。

二、存款创造与货币供给

宏观经济学中的货币供给往往是指狭义的货币层次 M1，即机构与个人所持有的全部现金及活期存款。由于活期存款可作为交易的支付手段，因此商业银行能间接创造存款货币，执行货币的职能，这种功能称为商业银行存款创造功能。

要理解存款创造功能，首先需要说明中央银行与商业银行间的制度规定，以及涉及法定存款准备金率的问题。商业银行在经营中，每天都会有存款业务，也会有取款业务，存款额多于取款额的部分可作为银行经营资金，将这一部分资金用于发放贷款，以此获得经营收入。商业银行为满足个人及企业日常随时提取存款的需要，需要预留一定的资金，即存款准备金，这部分资金和银行存款总额的比率就是存款准备金率。后来，政府为有效控制金融风险，通过政策规定商业银行的准备金数量，这是法定存款准备金率。例如，目前我国银行执行差别存款准备金率，大型的金融机构是20%，中小金融机构是16.5%，如果某商业银行需要执行20%的存款准备金率，该银行每天营业结束之后，其存款准备金率绝对不能低于法定存款准备金率。当然，商业银行并非每天营业结束时能满足法定存款准备金率的硬性要求，当实际的存款准备金率比法定的准备金率低时，商业银行可借助银行的同业拆借市场，通过贷款来达到法定要求。事实上，银行同业拆借市场正是在法定准备金率的要求产生之后才迅速扩大的。

商业银行具有货币创造功能，主要是因为其活期存款是货币供给量的重要构成部分，当其分活期存款数额发生改变时，流通中的货币供给量便会产生变化。为了便于分析，假定商业银行资产只有贷款这一种运用形式，且其全部存款全部都是活期存款。在进一步假定个人或企业获得贷款之后支付另一交易方的货款，对方得到货款之后立即将其存入银行。而且人们手中不保留现金，银行也不存在超额准备金。这种情况下，小赵出售自己持有的短期国债后得到了100万元的支票，将其存入甲商业银行。当甲银行得到这笔活期存款之后，按照法定准备金率留出一定的准备金，剩下的存款全部用来发放贷款。设法定的准备金率是为20%，100万元对应的存款其准备金是20万元，余下的80万元全部贷款给A企业。A企业收到贷款后，向B企业支付80万元货款，B企业获得这笔货款后又将其以活期存款的方式存入乙银行。B银行同样依据20%的准备率留出了16万元作为法定准备金，又将剩下的64万元作为贷款提供给C企业。C企业将这笔贷款用于支付D企业的货款，

D 企业得到 64 万货款之后将这笔钱存入了丙银行，丙银行中的活期存款因此又增加了。随着经济活动的进行，这一过程会持续下去，详细的过程参见表 6-1。

表 6-1 银行存款创造过程

存款人	银行	银行存款（万元）	银行贷款（万元）	存款准备金（万元）
小赵	甲	100.00	80.00	20.00
B	乙	80.00	64.00	16.00
C	丙	64.00	51.20	12.80
D	丁	51.20	40.96	10.24
E	戊	40.96	32.77	8.19
F	己	32.77	26.31	6.55
…	…	…	…	…
合计		500	400	100

将整个过程中的银行存款增加量相加，则存款增加量是：

$100+80+64+51.2+\cdots=100\times(1-0.2)^0+100\times(1-0.2)^1+100\times(1-0.2)^2+\cdots$

$+100\times(1-0.2)^n+=\dfrac{100}{1-(1-02)}=\dfrac{1}{0.2}\times100=500$

将贷款的增加量相加，结果是：

$80+64+51.2+\cdots=100\times(1-0.2)^1+100\times(1-0.2)^2+\cdots+100\times(1-0.2)^n+\cdots$

$=\dfrac{100\times(1-0.2)}{1-(1-02)}=\dfrac{0.8}{0.2}\times100$

$=400$

将准备金的增加量相加，结果为：

$20+64+12.8+\cdots=100\times0.2^1+100\times0.2^2+\cdots+100\times0.2^n+\cdots$

$=\dfrac{100\times(1-0.2)}{1-(1-02)}=\dfrac{0.2}{0.2}\times100$

$=100$

由上述的推导过程可知，如果初始存款量增加 100 万元，最终整个银行体系的存款增加 500 万元，存款增量为初始存款金额的 5 倍，这就是在假定基础上的简单货币乘数。通过存款增量表达式可得出：最终存款的增加量为法定存款准备金率的倒数倍，将法定存款准备金率设为 e，则货币乘数为：

$$K_{mm} = \frac{1}{e}。$$

上面的分析，我们假定存在多家银行，不同企业将获得的货款存在不同银行，其实就算当仅有一家银行，上述过程同样成立，银行的活期存款增长数额依旧会是法定存款准备金率的倒数倍。因为对不同企业来说，银行会开设不同账户，当有活期存款时，银行不需考虑存款的来源。

下面我们将假定情况放松，来分析现实的经济情况。上文的分析没考虑银行预留超额准备金及个人或者企业预留现金的情况。如果用 R_T 代表银行总准备金率，用 R_o 代表超额准备金率，则有下列关系：

$$R_T = e + R_O$$

即总准备金率为法定准备金率与超额准备金率之和。由于商业银行必须按照中央银行提出的法定存款准备金率的规定，因此，$R_o \geq 0$，即商业银行的最低准备金率（超额准备金）为零，总准备金率与法定的准备金率相等。设准备金与存款的比率为 R_T，$R_T = \frac{RE}{D}$，其中，RE 代表准备金量，D 代表存款量。在此情况下，当初始存款增加，下一轮可贷出金额为 $1-R_T$，此时货币乘数缩小了，公式为：

$$K_{mm} = \frac{1}{R_T} = \frac{1}{e + R_O}$$

我们在考虑企业或个人留一定现金的情况下，他们获得贷款后会将一部分钱留在手中。设通货存款的比率为 $c = \frac{CU}{D}$，其中，D 代表存款量，CU 代表通货量。每次企业得到贷款向另一企业支付货款后，另一企业只将 $1-c$ 部分存到银行，货币乘数又一次缩小，公式为：$K_{mm} = \frac{1}{c + R_T} = \frac{1}{c + e + R_O}$

由于上文仅考虑初始存款增加情况下，活期存款增加量和初始存款量之间的关系。从整个银行体系来看，考虑到原有货币存量的部分，总的货币乘数要比上述公式反映的值小一些。我们再沿用上面的定义来说明"基础货币"或"高能货币"。通过前面的分析可见，存款创造的结果是：全部初始存款均转化成准备金的时候，存款创造的过程才能停止。因此，存款创造以通货和准备金（法定准备金与超额准备金）为基础，两部分之和被称为基础货币或者高能货币。用 B 代表基础货币，则 $B=CU+RE$。由于这里考虑的货币供给是狭义货币层次 M1，$M1=CU+D$，因此，考虑原有的货币存量后的货币乘数为：

$$K_{mm} = \frac{M1}{B} = \frac{CU+D}{CU+RE}$$

上式中的分子、分母同时除以 D，可得：

$$K_{mm} = \frac{CU+D}{CU+RE} = \frac{\dfrac{CU}{D}+\dfrac{D}{D}}{\dfrac{CU}{D}+\dfrac{RE}{D}} = \frac{1+c}{c+R_T} = \frac{1+c}{c+e+R_O} \qquad （式6.1）$$

从上述的一般货币乘数公式可得到前面的分析中得到的一系列乘数公式。假如，公众手中不持有通货，即 $c=0$，上式则变为 $K_{mm} = \dfrac{1}{e+R_O}$，正是前面只考虑了商业银行持有超额准备金的情况。再假如，当商业银行不持有超额准备金时，表示 $R_O=0$，上式就变成 $K_{mm} = \dfrac{1}{e}$，就是最简单的一种货币乘数。

通过货币乘数的公式我们可以分析中央银行、商业银行以及企业或个人的行为。由于法定准备金率、基础货币是中央银行可控制的变量，通过调节基础货币及法定准备金率，中央银行可间接对货币的供应量实施控制，从而调整整个经济系统，这正是下文分析三大货币政策的基础。不过，因为货币乘数公式中还涉及公众、商业银行的行为参数，即 c 与 R_O，所以，中央银行很难完全控制货币的供应量。当商业银行认为经济运行不理想时，就不愿意向外发放大量贷款，转而提高超额准备金率，这会影响 R_O，货币供应量会减少。另外，公众可能因通货膨胀不愿持有货币，这会对 c 产生影响，也会对货币供应量造成一定影响。在多方因素的影响下，中央银行的政策难以达到理想效果。

第三节　货币需求

一、货币需求及货币需求的动机

经济社会中的资产类型有许多种，资产可以带来一定收益，而货币却无法带来收益，既然这样，为什么人们愿意持有无法生息的货币呢？这是需要通过货币需求来解释的问题。宏观经济学中货币需求的定义是人们愿意以货币形式持有的财富数量。货币需求也称流动性偏好，这种说法准确地反映了大众持有货币的原因——货币具有高流动性。

宏观经济学领域总结了人们持有货币的原因，具体动机包括以下三种：

（1）交易动机。交易动机指人们为了满足交易需要而持有货币。这也是货币产生的原因及发展的基础。货币的突出功能是在交易过程中充当媒介，促进社会中的劳动分工进一步深化，提高经济活动的效率，有效节约交易的成本。

（2）预防动机。预防动机指人们持有货币是为了应对意外的需要，应付经济生活当中的种种不确定性。生活中，即使个人没有购买产品或劳务的计划，也总会持有一定数量的货币，以应对意料之外的交易。

（3）投机动机。所谓投机动机是指人们为获取一定的资产收益或为避免物价变动造成实际资产贬值，及时调整资产组合而形成的一种货币需求。例如，人们在股票投资中遵循三个三分之一原则，即准备用于投资的全部资产中，以货币形式持有的占三分之一，以股票的形式持有占三分之一，余下的三分之一则以其他投资风险较小的资产形式（短期的国债）持有。这样能有效规避风险。这种持有货币占总资产三分之一的形式实际上是货币投机动机的反映。

二、影响货币需求的因素

对人们的货币需求产生影响的主要因素有三个：收入、价格与利率，下面结合货币的需求动机进行阐述。鉴于交易动机、预防动机的货币需求的性质相近，经济实践中也很难明确区分，此处将二者合并起来分析，用 L_T 表示这两部分需求，用 L_S 表示处于投资动机的货币需求，用 L 表示货币总需求（流动性偏好）。

收入是交易动机、预防动机货币需求的主要影响因素。收入和货币需求的变动方向是相同的，当收入水平越高，货币的需求水平也就越高。假设人们持有货币量占收入的份额为 k，则这一部分的货币需求可表示为：$L_T=L_T(Y)=kY, k>0$，参数 k 表示货币需求对于收入变化的敏感度，当 k 值越大，收入变化对于货币需求产生的影响就会越大。例如，某人的月收入是 3000 元，在一个月（按 30 天计）当中均匀地花费这笔收入，那么此人每天可花费 100 元。一月的第 1 天持有货币为 3 000 元，到第 1 天结束持有 2 900 元，到第 2 天结束手中持有 2 800 元，整个月以此类推。用 n 代表一个月当中的某一天，则该人每一天手中的货币量是：

$$\{3000+2900+2800+\cdots+[3000-100\times(n-1)]+0\}\times\frac{1}{30}=\frac{(3000+0)\times30}{2\times30}=1500$$

由公式可得，此人每天平均持有货币量为收入的 0.5 倍，即 $k=0.5$。具体情况可以见图 6.1 的描述。

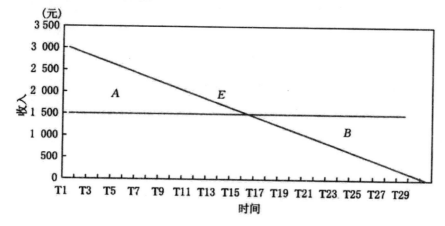

图 6.1　收入与货币需求

通过图 6.1 可知，面积 A 和 B 为全等关系，切割 A 部分后将其移到 B 部分，二者完全重合。可见，如果此消费者每天均匀地花费月收入，平均每天所持有的货币量为收入总量的一半。

图 6.2 揭示了交易动机、预防动机的货币需求同收入之间的关系，为一条往右上方倾斜的射线。在图 6.2 中，收入水平达到 Y_1 时，货币需求 $L_{T1} = kY_1$。

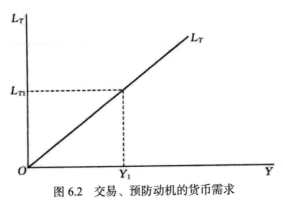

图 6.2　交易、预防动机的货币需求

利率与投机动机的货币需求之间呈反方向变动关系。对于这一关系，可从两方面去理解。一方面，利率可衡量持有货币的机会成本，若利率处于较高水平，这时若持有货币，机会成本是较高的，因此人们不愿大量地持有货币；反之，若利率处于较低水平，持有货币的机会成本就会变小，这时人们会愿意增加货币持有量。另一方面，当人们持有的资产总量为既定，货币持有量越大，其他形式的资产持有量就越小，假定其他类型的资产只有债券这一种。那么，货币与债券的持有量是反向变动关系，用公式可表示为：$P_B = \dfrac{R}{r}$，P_B 为债券价格，R 为债券收益，r 为利率。为了便于分析，假定债券是无限期的。利率水平升高时，若债券的收益不变，债券的价格就会下降，按照需求定律，这时人们会增加债券持有量，减少货币的持有量。反之，就会减少债券持有量，增加持有货币的需求。这种关系可用下面的图式来表示：

$$r \uparrow \Rightarrow P_B = \frac{R}{r \uparrow} \downarrow \Rightarrow D_B \uparrow \Rightarrow L \downarrow$$

$$r \downarrow \Rightarrow P_B = \frac{R}{r \downarrow} \uparrow \Rightarrow D_B \downarrow \Rightarrow L \uparrow$$

利率与货币需求间的关系用公式表示就是：$L_S = L_S(r) = H_0 - hr$，$h > 0$，其中，H_0 是常数项，是不受利率影响的投机动机货币需求，h 为货币需求对利率变化的参数，即 h 越大，货币需求对于利率变化就越敏感。当利率水平极高时，投机动机的货币需求会趋向于无穷大；当利率水平极低时，投机动机的货币需求会趋向于零。利率水平升高，债券价格就会降低，人们预期债券的价格会有所提高，高水平利率不会维持太长时间，会增加债券购买量，这时，投机动机的货币需求会降至零。当利率水平非常低时，债券价格就变得极高，这时人们会预期债券的价格可能下跌，低水平利率不会持续太久，出于理性选择不购买债券，而是尽量持有货币。凯恩斯称这种情况为"流动性陷阱"，这时"增加货币供应量以降低利率"的政策不会产生任何实际效果，货币的需求趋向无穷大，货币需求曲线这时是一条水平线。

在图 6.3 中，若利率水平为 r_1，货币需求量是 L_{S1}，即使利率水平提高，货币的需求量也大幅度降低。若利率水平降至 r_2，对应的货币需求量是 L_{S2}，降到 r_2 后，利率水平已经非常低，不可能再次下降，人们会选择持有全部新增的货币量，如 L'_{S2}。

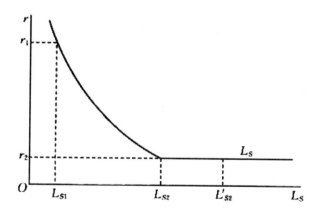

图 6.3　投机动机的货币需求

价格水平对货币需求的影响主要是改变了实际的货币需求量，设 m_d 为实际的货币需求量，反映了消费者用持有的货币能够购买的实际商品的数量。

例如，当商品价格水平为 2 时，消费者 100 元的名义货币可以购买 50 单位的商品，若商品价格水平提高到 4 时，同样数量的名义货币只可以购买到 25 单位的商品。因此，在实际的货币需求或消费者所消费商品实际的数量不变时，名义货币需求与价格水平为一对一关系，即当价格提高一倍，名义货币需求也会提高一倍，这时二者的关系如下：$m_d = \dfrac{L}{P}$，其中 P 代表价格水平。

三、货币需求函数

货币需求函数是指影响货币需求的主要因素与货币需求的函数关系，根据上文的分析，可得到下列两个函数：

名义货币需求函数：

$$L = L_T + L_S = H_0 + kY - hr \qquad （式 6.2）$$

实际货币需求函数：

$$m_d = \frac{L}{P} = L_T + L_S = H_0 + kY - hr \qquad （式 6.3）$$

在不考虑价格水平的前提下，名义与实际的货币需求函数一致。另外，为了简化分析，此处将投机动机的货币需求函数当中的常数项并入了交易和预防动机货币需求的公式，上述函数就变成：

名义货币需求函数：

$$L = L_T + L_S = kY - hr \qquad （式 6.4）$$

实际货币需求函数：

$$m_d = \frac{L}{P} = L_T + L_S = kY - hr \qquad （式 6.5）$$

结合上述两部分的货币需求函数，可以绘出货币总需求函数基本图形，见图 6.6。图 6.6 中的（1）为交易和预防动机货币需求，由于图是以利率、货币需求为轴画出的，因此需求曲线为一条垂线。将图 6.6 中（1）与（2）两个部分进行水平加总，可得到货币总需求曲线。可以在利率为 r_1 时将图中（1）的 L_{T1} 与图中（2）的 L_{S1} 结合起来，就得到了图中（3）的 L_1，以此类推，可得到完整的货币需求曲线。

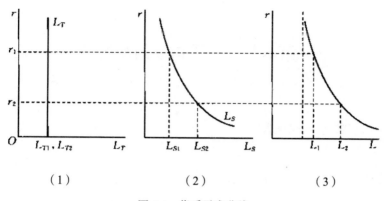

图 6.4　货币需求曲线

不少经济学家对货币的需求函数进行了深入研究，主要有鲍莫尔—托宾对交易动机货币需求的研究、惠伦对预防动机的货币需求的研究以及托宾对于投资动机货币需求的研究。下面主要介绍莫尔—托宾的交易动机货币需求模型。

鲍莫尔—托宾模型主要分析了持有货币的两类成本：一类是消费者持有货币的机会成本，另一类是消费者持有其他资产的交易成本。简单来说，当消费者减少货币的持有量时，减少了持有货币的机会成本，但增加了持有其他资产的交易成本。反之，消费者增加货币的持有量，增加了持有货币的机会成本，但减少了持有其他资产的交易成本。消费者要根据这两类成本的相互关系确定最优的货币持有量。

第四节 货币市场的均衡

一、均衡利率的决定

上面分别研究了货币市场的两极力量，接下来，我们将货币需求和货币供给放在一起，考察货币市场中均衡利率的决定问题。

虽然中央银行不能完全控制货币供给量，但可以在很大程度上影响它，个人和企业的行为都受制于中央银行的货币政策，因此，一般将货币供给看作货币市场的外生变量，货币供给曲线是一条垂线。

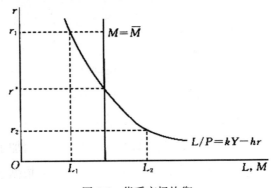

图 6.7　货币市场均衡

在图 6.7 中，横轴代表货币需求和供给，纵轴代表利率，那么两条曲线的交点 E 就是货币市场的均衡点，其对应的利率 r^* 就是均衡利率。当市场实际利率为 r_1，高于均衡利率 r^*，此时货币需求为 L_1，由于货币供给为 $\overline{M}$，货币需求小于货币供给，生息资产价格较低，愿意购买生息资产的人数众多，会抬高生息资产的价格，从而促使利率降低，只有利率水平均衡，货币与生息资产之间才达到均衡，人们的行为不再有改变的动机。反之，当市场实际利率低于均衡利率，为 r_2 时，货币需求为 L_2，货币需求大于货币供给，生息资产价格较高，愿意出售生息资产的人数众多，从而会降低生息资产价格，促使利率提高，同样只有在均衡利率水平，货币市场达到均衡，同时也意味着生息资产市场达到均衡。

结合前面的分析，我们可以用模型来说明货币市场均衡问题，用 M 表示货币供给，则货币供给函数为 $M=\overline{M}$，是一个外生变量。模型结构如下：

$$
\begin{cases}
M=L & \text{均衡条件} \\
\dfrac{L}{P}=kY-hr & \text{货币需求函数} \\
M=\overline{M} & \text{货币供给函数}
\end{cases}
$$

当收入 Y 和参数 k、h 给定时，可以求解出均衡的利率水平，即为：

$$
r^{*}=\frac{kY}{h}-\frac{\overline{M}}{hP}
$$

二、均衡利率和均衡货币量的变动

当货币需求曲线、货币供给曲线或者两者发生变动时，均衡利率水平会相应变动，表 6-4 列出了货币市场的比较静态分析。

表 6-4　货币市场的比较静态分析

变动项目		货币需求曲线变动方向	货币供给曲线变动方向	均衡利率	均衡货币量
货币需求	增加	右上方	不变	提高	不变
	减少	右下方	不变	下降	不变
货币供给	增加	不变	右方	下降	增加
货币供给	减少	不变	左方	提高	减少
货币需求和供给同时变化	同时增加	右上方	右方	不确定	增加
	同时减少	左下方	左方	不确定	减少
	需求增加供给减少	右上方	左方	提高	减少
	需求减少供给增加	左下方	右方	下降	增加

从均衡利率的表达式，我们得到几个重要的比较静态导数，反映了货币

需求、货币供给以及相关参数变动对均衡利率的影响。

当收入变化时，可得：

$$\frac{\partial r^*}{\partial Y} = \frac{k}{h}$$

由于 k, $h > 0$，因此，$\dfrac{\partial r^*}{\partial Y} > 0$，收入和均衡利率同方向变动。

当货币供给变化时，可得：

$$\frac{\partial r^*}{\partial \overline{M}} = -\frac{1}{hP}$$

由于 h, $P > 0$，因此，$\dfrac{\partial r^*}{\partial Y} < 0$，货币供给与均衡利率反方向变动。

同样，我们可以求出关于 k、h 和 P 的比较静态导数，根据导数的符号可以确定这些参数与均衡利率的关系。

第七章　消费与储蓄理论

第一节　消费及消费函数

一、消费支出及其影响因素

消费指的是人们在最终产品和劳务方面的支出，通常消费支出在 GDP 中占有相当大的份额。

在现实生活中，人们的消费支出水平是多种因素共同作用的结果，而且在不同经济社会各种因素的相对影响程度也有极大的不同。归纳而言，影响人们消费支出水平的因素有：收入水平、商品价格水平、利率水平、消费者偏好、家庭财产状况、消费信贷状况、收入分配状况、消费者年龄构成以及制度、文化和风俗习惯。

（一）收入水平

收入水平与消费支出成正相关关系，即收入水平越高，消费支出的绝对值越高。

（二）商品价格水平

在其他条件不变时，商品价格水平与消费支出也呈现同方向变化的关系，人们为了保证生活水平或者购买的商品数量不变，商品价格水平越高，消费支出的绝对量也越高。

（三）利率水平

利率水平越高，消费支出水平越低。在人们收入既定时，要么用于现期消费，要么用于将来消费（储蓄）。当利率水平提高时，人们现期消费的代价就越大，储蓄可以获得更高的收益，人们更加愿意储蓄，而在收入水平既定或短期内变化不大的情况下，储蓄增加意味着消费水平下降。

（四）消费者偏好

消费者偏好是指消费者在消费心理上的差别，某些消费者愿意更多地将收入用于现期消费，而有些消费者则愿意将收入用于将来消费。当一国偏好现期消费的消费者数量较多时，该国的消费支出水平就会较高，反之则较低。

（五）家庭财产状况

当家庭财产状况较好时，各类消费品的档次一般较高，从而使消费支出提高。即使收入水平出现暂时性下降，这类家庭也可以将过去积累的资产转而用于当前的消费。反之，家庭财产状况较差时，消费支出水平一般较低，当收入暂时下降时，由于过去积累的资产数量较少，消费支出会出现较大幅度的下降。

（六）消费信贷状况

消费信贷状况越发达，其机制越完善，消费者比较容易获得信贷支持，提供消费信贷者的风险较小，还贷有保障时，消费支出水平就越高；反之，消费支出水平就越低。

（七）收入分配状况

一般而言，一国收入分配状况越平均，消费支出水平就越高。因为在收入分配状况比较平均的情况下，个人收入水平越低，收入总量中用于消费的部分就越高，从整个社会的水平来看，消费支出就越高。相反，在收入分配状况不平均时，个人收入水平相差较大，尽管社会上绝大多数的低收入人群的消费占其收入的比重较高，但对于高收入阶层来说，用于消费支出的部分占收入的比重较低，由此造成整个社会的消费水平与收入分配平均的国家相比较低。

（八）消费者年龄构成

在一个经济社会中，消费者年龄层次越低，消费支出水平就越高，一方面是由于年轻人的消费习惯，另一方面则是由于年轻人处于消费的高峰期；反之，一个经济社会年龄构成中老年人较多，则消费支出水平就越低。

（九）制度、文化和风俗习惯

即一个经济社会长期以来形成的经济活动方式及习惯。有些经济中鼓励超前消费和奢侈消费，消费支出水平就较高，反之则较低。

二、消费函数

为了分析消费支出对国民收入的影响，我们引入消费函数概念。消费函数是消费支出与其影响因素之间的函数关系，用公式表示就是：

$$C=f(Y, P, r, F, W\cdots)$$

式中，"Y"表示收入水平、"P"为价格水平、"r"为利率、"F"为消费者偏好、"W"为家庭财产状况、"$\cdots$"表示其他影响消费支出的因素。在上这些因素中述，最重要的因素是收入水平。一般，消费函数可以表示为：

$$C=C(Y) \qquad\qquad （式7.1）$$

凯恩斯认为，家庭收入对消费支出有决定意义。就此，他提出一条极为重要的被称为凯恩斯主义三大心理规律之一的边际消费倾向递减规律：随着收入的增加，消费也会增加，但消费的增加不及收入增加得多。即随着收入的增加，消费的绝对量也会增加，但其相对量却在下降。

凯恩斯的基本思想可以用表7-1和图7.1表示。图7.1中的横轴表示收入，纵轴表示消费，随着收入水平逐渐提高，消费的绝对量也在增加，但增加的趋势越来越慢，意味着消费在收入中的比重逐渐下降。

表 7-1   消费和可支配收入的假设数据

序号	可支配收入	消费	储蓄
A	200	300	-100
B	500	580	-80
C	800	800	0
D	1200	1100	100
E	1800	1500	300
F	2400	1800	600
G	3000	2200	800
H	4000	2500	1500

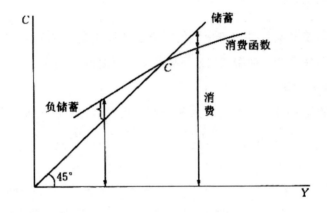

图 7.1   消费函数

从图 7.1 中可见，在 C 点以前（收入为 800 元），消费大于收入，消费者处于负储蓄状态，即消耗以前的储蓄，在 C 点以后，收入大于消费，消费者有正储蓄。

对于随着收入变化消费支出的变化情况，宏观经济学中用边际消费倾向和平均消费倾向来说明。边际消费倾向，是指当收入增量消费支出增量所占的比例，若分别用 ΔC 和 ΔY 表示消费增量与收入增量，则 MPC 可以表示为：

$$MPC = \frac{\Delta C}{\Delta Y} \qquad （式 7.2）$$

与边际消费倾向对应，宏观经济学中还用平均消费倾向表示与每一收入水平相对应的消费支出量。其计算公式是：

$$APC = \frac{C}{Y} \qquad （式7.3）$$

根据定义，我们可以计算表7-2假设数据情况下的边际消费倾向和平均消费倾向的状况。

表7-2 消费和可支配收入的假设数据

序号	可支配收入	消费	边际消费倾向（MPC）	平均消费倾向（APC）
A	200	300		1.500
			0.933	
B	500	580		1.160
			0.733	
C	800	800		1.000
			0.750	
D	1200	1100		0.917
			0.667	
E	1800	1500		0.833
			0.583	
F	2400	1850		0.771
			0.417	
G	3000	2100		0.700
			0.400	
H	4000	2500		0.625

当收入变化量趋于零时，MPC还可以表示为：

$$MPC = \lim_{\Delta Y \to 0} \frac{\Delta C}{\Delta Y} = \frac{dC}{dY} \qquad （式7.4）$$

即通过对消费函数求关于收入的一阶导数，就可以得到边际消费倾向。根据边际值与总值、平均值与总值的基本关系可知，消费曲线上任何一点切线的斜率，就是与这一点相对应的边际消费倾向。而消费曲线上任一点与原点相连而成的射线的斜率，则是与这一点相对应的平均消费倾向。当消费函数曲线为非线性时，边际消费倾向递减，意味着随着收入水平增加消费函数曲线越来越平缓，曲线上点的斜率越来越小。

在通常宏观经济学教学中，把消费支出和收入的关系视为简单的线性关系，消费函数可表示为：

$$C=a+bY \qquad \text{（式7.5）}$$

其中，a 称为自发性消费，其经济含义在于，即使人们的收入为零，但为了维持基本的生存需要，也要有一部分消费支出，当然这部分消费可能来源于以往的储蓄，也可能来源于向其他人的借贷。从这一意义出发，可知 a 在短期情况下一般为正值。此外，在线性消费函数的情况下，参数 a 实际上反映了除了收入以外其他因素对消费支出的影响。当其他因素发生变化时，消费函数曲线会出现向上或向下移动。

线性消费函数情况下，b 就是边际消费倾向，这时是一个常数，由于消费增量不可能超过收入增量，因此 b 是一个小于1的正值，即 $0 < b < 1$。假设收入为 Y_1 时，消费支出为 C_1，收入为 Y_2 时，消费支出为 C_2，则有如下关系：

$$C_1=a+bY_1$$
$$C_2=a+bY_2$$

两式上下相减，可得：

$$\Delta C=C_1-C_2=a+bY_2-a-bY_1=b\left(Y_2-Y_1\right)=b \cdot \Delta Y$$

因此，有：

$$MPC = \frac{\Delta C}{\Delta C} = b$$

线性消费函数中，bY 称为引致消费，其经济含义是当收入增加1单位时，消费增加 b 单位，b 单位消费支出的增量是由收入所"引致"出来的。

第二节　储蓄及储蓄函数

一、储蓄函数

收入、消费和储蓄是三个相互联系的概念，宏观经济学中将储蓄定义为收入中没有用于消费的部分，用 S 表示储蓄，有如下关系：

$$S=Y-C \qquad （式7.6）$$

在上述关系中，Y 表示收入，而消费 C 又是关于收入的函数，因此，储蓄也是收入的函数。不失一般性，我们将储蓄函数定义为：

$$S=S（Y） \qquad （式7.7）$$

由于收入为消费和储蓄之和，在图形上，消费函数与储蓄函数是对应的，见下图 7.2。图 7.2 可由图 7.1 得到，即将每一给定收入下，消费函数曲线与 45° 线的垂直距离绘在图上，正储蓄部分绘在第一象限，负储蓄部分绘在第四象限，由此就可以得到储蓄曲线。

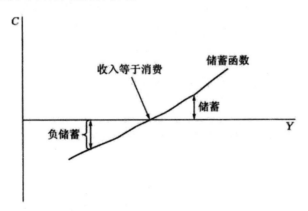

图 7.2　储蓄函数

前面在分析消费曲线时指出，随着收入增加，消费曲线越来越平缓，对应的，储蓄曲线则表现为越来越陡直。对此，可以用边际储蓄倾向（Marginal

Propensity to Save，MPS）和平均储蓄倾向（Average Propensity to Save，APS）说明。与 *MPC* 的定义类似，*MPS* 定义为收入增量中储蓄的比例，其用公式表示为：

$$MPS = \frac{\Delta S}{\Delta Y}$$ （式7.8）

同样，当 ΔY 趋向于零时，*MPS* 还可表示为：

$$MPS = \lim_{\Delta Y \to 0} \frac{\Delta S}{\Delta Y} = \frac{dS}{dY}$$

APS 定义为每一收入对应的储蓄量，即：

$$APS = \frac{S}{Y}$$

当消费函数为线性函数时，根据储蓄的定义，储蓄函数也是线性函数，可得公式：

$$S = Y–C = Y–a–bY = –a + （1–b）Y$$

可知，线性储蓄函数情况下，边际储蓄倾向 *MPS*=1–b。储蓄函数的纵截距为 –a，其经济含义也十分明显，当自发性消费 a 为正值时，只可能来自过去的储蓄或他人的借贷，是储蓄的减量。

与前面的分析类似，边际储蓄倾向也是储蓄曲线每点的斜率，平均储蓄倾向是储蓄曲线上对应点与原点边线的斜率。根据斜率的变化可知，当边际消费倾向递减时，边际储蓄倾向是递增的。

二、消费函数和储蓄函数的关系

从前面关于消费函数与储蓄函数的分析出发，我们可以得到二者之间的三个重要关系。

（1）消费函数和储蓄函数互为补数，二者之和等于总收入。这一关系实际上是储蓄定义的同义反复，当两个函数均为线性的情况下，可以得出如下关系：

$$C+S=a+bY+[–a+（1–b）Y]=Y$$

从图形上看，消费曲线与 45°线之间的垂直距离就等于相应的储蓄量，如图 7.3 所示。消费曲线与 45° 线相交点对应于储蓄曲线与收入轴的交点，表明这时收入等于消费，储蓄为零。在该点之前，消费曲线位于 45° 线上方，消费大于收入，储蓄为负；在该点之后，消费曲线位于 45° 线下方，收入大于消费，储蓄为正。消费曲线与 45° 线的垂直距离等于储蓄曲线与横轴的垂直距离。

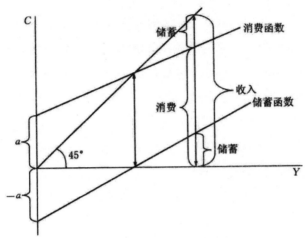

图 7.3　消费函数和储蓄函数的关系

（2）*APC* 和 *MPC* 都随着收入增加而递减，但 $APC > MPC$。*APS* 和 *MPS* 都随收入增加而递增，但 $APS < MPS$。为简单起见，我们使用线性消费函数和储蓄函数证明如下：

由于 a、b、Y 均为正值，有：

$$APC = \frac{C}{Y} = \frac{a+bY}{Y} = \frac{a}{Y} + b > b = MPC$$

$$APS = \frac{S}{Y} = \frac{-a+(1-b)Y}{Y} = \frac{-a}{Y} + (1-b) < 1-b = MPS$$

（3）*MPC* 和 *MPS* 互为补数，*APC* 和 *APS* 也互为补数，即 $MPC+MPS=1$、$APC+APS=1$。证明如下：

由 $\Delta Y = \Delta C + \Delta S$ 及 $Y = C + S$，得：

$$MPC + MPS = \frac{\Delta C}{\Delta Y} + \frac{\Delta S}{\Delta Y} = \frac{\Delta C + \Delta S}{\Delta Y} = \frac{\Delta Y}{\Delta Y} = 1$$

$$APC + APS = \frac{C}{Y} + \frac{S}{Y} = \frac{C+S}{Y} = \frac{Y}{Y} = 1$$

第三节　现代消费理论的发展

上述关于消费支出与收入的关系是在凯恩斯《就业、利息和货币通论》的基础上建立起来的，后来的学者将其称为绝对收入假说，即消费支出取决于收入的绝对量。这一假说在解释国民经济总体的行为时偏离不是很大，足以反映影响消费支出的主要原因，也能够为相关宏观经济分析提供理论依据。但是，后来的经济学家在研究消费和收入关系的过程中发现，消费在短期内波动较大，但长期内相当稳定，这运用凯恩斯的绝对收入假说难以解释，经济学界称之为"消费函数之谜"。为了解决这一问题，不少经济学家投身于消费函数研究。对消费函数的理论和经验研究的重要代表性观点有：杜森贝里的相对收入假说、弗里德曼的持久收入假说、莫迪利安尼和安多的生命周期假说。

一、相对收入假说

相对收入假说是由美国哈佛大学的詹姆斯·杜森贝里提出来的。他认为正统理论中对消费者的两个基本假设存在错误，凯恩斯理论中隐含的第一个假设是消费者是以个人自身最大化决策为基础的，不受其他个人或家庭的影响，即消费者不考虑与其他个人或家庭的横向关系。第二个假设是收入变化后，消费支出可以迅速改变。杜森贝里指出存在两种重要的效应，即示范效应和棘轮效应，使得消费者的消费支出水平在长期内保持相对稳定的状况。

（一）示范效应

示范效应也称为攀比效应，是指一个家庭在决定其消费支出水平时，要参考与其处于同等收入水平、同一社会阶层家庭的消费水平和结构。这种效应是一种水平的、横向的效应。消费者不会偏离同一社会阶层平均的消费支出水平太远。换言之，某家庭的收入增长速度超过同一社会阶层的平均增长速度时，消费支出水平增长速度就会低于同一社会阶层的平均消费增长速度；反之，某家庭的收入增长速度低于同一社会阶层的平均增长速度时，消费支出水平增长速度则会高于同阶层的平均消费增长速度。因此，一个家庭的消费支出受到同一阶层消费水平的制约，是同一阶层平均消费水平的函数。例如，中等收入家庭往往不会经常出入高档消费场所，既是收入所限，同时也受所处社会阶层一般的消费模式的限制。消费者在作出与其所处阶层不相适应的消费决策时，会受到自身及周围家庭无形的压力，这种因素限制了消费者脱离所处阶层"既定轨道"的动力。

（二）棘轮效应

棘轮效应是指消费支出不仅受当前收入的影响，还要受过去收入和消费水平的影响。杜森贝里指出，人们的消费决策基于五个方面的考虑：①完全出于生理上的需要，即为了活下去或满足起码的享受；②便于参与适应本人所属文化习俗系统的活动；③为了便于获取其他物品；④为了取得或维持社会地位；⑤为了享乐。由于消费决策是以学习、社会常规、个人习惯为基础的，过去的经验成为消费者当前消费决策的重要因素。当消费者的收入水平提高时，消费支出水平会逐渐调整，但这一调整过程是相当缓慢的。当实际收入突然大幅度增加时，消费者会增加消费，但增加程度要小一些。反之，当实际收入突然大幅度下降时，消费者的消费支出水平会维持在原有消费水平一段时间，只有在收入下降持续较长时期时，消费支出水平才会缓慢地向下调整。

无论是示范效应还是棘轮效应，都使得消费者的消费支出水平的波动性小于收入水平的波动性，存在某种黏性，在一定程度上解释了"消费函数之谜"。

二、持久收入假说

持久收入假说是由美国芝加哥大学的米尔顿·弗里德曼（Milton

Friedman）在 1957 年出版的《消费函数理论》一书中提出来的。弗里德曼对凯恩斯的论证提出了质疑，他指出人们对于预期内的收入和意外的、没有预料的收入，其支出方式是不同的。在"鲁滨逊经济"中，如果鲁滨逊只生产一种易腐、难以保存的产品，当期的生产量决定了他当期的消费量，鲁滨逊无法进行消费的跨时期调整，即不可能通过减少当期消费、增加储蓄而使未来消费增加。在现代社会中，由于消费者人数众多，许多产品容易在较长时期保存，再加上资本市场较为完善，消费者通过借贷可以使当期消费超过收入，也可以通过储蓄将收入留在以后时期消费。弗里德曼认为，当期消费取决于"正常"收入或个人预计一生中所能获得的平均收入。他将这种正常收入或平均收入称为持久收入，即理性的消费者对其预期的收入形成一种想法，并据此作出消费决策，即使在某一时期收入出现意外增加，消费支出水平也保持不变或增加较少。弗里德曼认为收入的持久性变动对消费有重要的影响，而暂时性变动的影响是微不足道的，只有持久收入变化时，消费支出才会变化。

根据持久收入假说，弗里德曼提出下列理论模型。他将收入分为两部分，持久性收入和暂时性收入。人们在安排自己的消费支出时不是根据短期的收入，而是根据持久的收入，即理性的消费者为了实现效用最大化，是根据长期中能维持的收入水平作出消费决策。暂时性收入变动只有在能影响持久性收入时才会影响消费支出水平。消费函数可表示为：

$$C_t = a + bY_t^p + cY_t^T \qquad （式 7.9）$$

其中，C_t 为现期消费支出，b 为持久收入的边际消费倾向，c 为暂时性收入的边际消费倾向，Y_t^p 为现期持久收入，Y_t^T 表示现期暂时收入。

弗里德曼认为，持久收入的边际消费倾向 b 相对较大，是决定消费支出的重要方面，而暂时性收入的边际消费倾向 c 则要小得多，消费者往往将暂时性收入的大部分作为储蓄积累起来而不是消费掉。

弗里德曼运用适应性预期的概念来说明消费者如何确定持久性收入。持久性收入是在较长期中可以维持的稳定的收入流量。一般情况下，人们是根据过去的持久收入水平与现期收入来估算自己的实际收入的。

$$Y_t^p = Y_{t-1} + \theta\left(Y_t - Y_{t-1}\right) = \theta Y_t + (1-\theta)\ Y_{t-1},\ \left(0 < \theta < 1\right) \qquad （式7.10）$$

其中，Y_t^p 为持久性收入，Y_t 为现期收入，Y_{t-1} 为前期收入，θ 为权数。

上式说明，持久收入等于前期收入和两个时期收入变动的一定比率之和，即等于现期收入和前期收入的加权平均数。权数 θ 的大小取决于人们对未来收入的预期，这种预期是对过去的经验进行修正后得到的，称为适应性预期。如果人们认为前期与后期收入变动时间会较长，θ 就大；反之，如果认为前期与后期收入变动时间较短，θ 就小。不过，弗里德曼理论中存在一些缺陷，主要是预期形成的机制基于适应性预期，而不是理性预期。持久性收入是消费者对未来收入的预测和判断，而形成持久性收入又是过去经验的积累，是由过去收入决定的，对未来的判断并没有进入消费函数，从而限制了持久收入假说的说服力。

根据持久收入公式，可以得到如下消费函数：

$$C_t = a + b[\theta Y_t + (1-\theta)\ Y_{t-1}] + cY_t^T = a + b\theta Y_t + b\ (1-\theta)\ Y_{t-1} + cY_t^T,$$
$$\left(0 < \theta < 1\right) \qquad （式7.11）$$

这种消费函数既解释了消费函数的短期波动，又解释了长期消费函数的稳定性。在长期中，持久性收入是稳定的，因此消费函数是稳定的。暂时性收入变动通过对持久性收入变动的影响来影响消费，所以，短期中暂时性收入变动会引起消费波动。

三、生命周期假说

生命周期假说是美国麻省理工学院的弗兰科·莫迪利安尼（Franco Modigliani）和艾伯特·安多（Albert Ando）提出来的。生命周期假说的主要贡献是强调了消费支出与个人生命周期阶段之间的关系以及收入与财产积累之间的关系。莫迪利安尼和安多指出，人们的消费方式是根据整个生命周期来计划的，他们不仅支出当期的收入，也支出其过去积累的收入，人们是在收入波动较大的情况下，根据生命周期状况来计划自己的消费，使消费稳定。

如图7.4所示，可以将一个人的生命周期划分为三个大的阶段：幼年求学时期（没有工作、没有收入的时期）、成年时期（工作并获得较多收入的时期)、老年时期(退休收入较少或者没有收入的时期)。从三个生命周期阶段的收入来看,经历了没有收入、有收入到少量收入的过程,波动较大。那么如果按照绝对收入假说,一个人只有在成年时期有收入才会有消费支出,显然这是荒谬的。对于个人来说,在整个生命周期中为了维持生存都需要消费,消费是持续发生的。在生命周期的第一阶段,消费者依靠借贷来满足消费需要。第二阶段有工作并有收入以后,除了满足当期消费需求,一方面要偿还第一阶段的借贷,另一方面则要为以后的退休生活谋划,留出足够的储蓄以满足退休时消费的需要。第三阶段,则是负储蓄阶段,消耗第二阶段积累的财富。

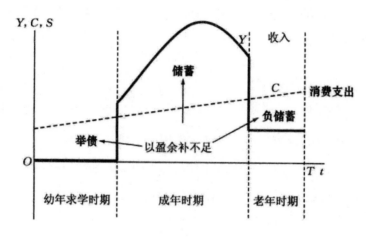

图 7.4　生命周期假说

当然,从现实经济中来看,第一阶段往往是由父母来供养,第二阶段的消费者则要供养已经处于老年阶段的父母,并养育下一代,以备将来自己处于老年阶段时子女供养自己。事实上,这种情形是在代际之间收入的平滑,供养父母相当于偿还幼年求学阶段的借贷,而抚养子女则是为了将来自身处于老年阶段的储蓄形式。

莫迪利安尼和安多认为,从整个经济社会来看,当期消费支出是依赖现期收入、预期未来收入还是以往储蓄,其相对重要性取决于人口的年龄构成与收入分配的性质。假设 T 为某消费者的预期寿命,N 为其全部工作年限,t 代表年龄,那么生命周期范围内的平均收入 $AY = \dfrac{C \bullet L}{N}$ 等于其平均消费支出量。

W 代表积累的财富存量，是以往储蓄的积累，莫迪利安尼和安多提出如下的消费函数：

$$C_t = uW + cAY \qquad （式 7.12）$$

其中，$a = \dfrac{1}{T-t}$，是消费者还可生存年数的倒数，例如预期寿命为 80 年，消费者现年 40 岁，则 $a = \dfrac{1}{80-40} = 0.025$。$c = \dfrac{N-t}{T-t}$ 是消费者还可工作的年数与其还可生存的年数之比，若某消费者 60 岁退休，现年 40 岁，那么，可得 $c = \dfrac{60-40}{80-40} = 0.5$，当消费者已经退休时，$c=0$。

生命周期假说的理论意义在于，当出现收入的意外增加时，能够增加储蓄，积累财富，但并不会使消费产生多大的变化，即如果政府采取某些政策暂时性地增加人们的收入，对整个经济的推动作用可能并不大。生命周期理论也预示了在发展中国家，由于社会保障体系尚未建立，或者建立的时间较短，资本市场不发达，生儿育女成了人们最为常用的储蓄手段，也揭示了发展中国家人口较为快速增长的经济理由。

第八章　投资理论

投资支出是宏观经济学管制的重要问题之一，原因是投资支出的易变性比较强，是引起经济周期性波动的关键因素。另外，投资支出也是经济社会长期生产能力实现有效提升的一项重要活动，是政府利用政策对宏观经济进行调控的关键环节。在这一章的研究中，通过介绍投资基本概念，对投资函数进行分析，从而研究收入变动造成投资大幅度变动的加速原理。

第一节　投资概述

一、宏观经济学中的投资概念

在实际经济生活中，投资往往既指购买金融资产的行为，也指购买实物资产的行为，而且一想到投资，人们通常将其与股票投资、债券投资联系起来。比如，我们常说某人"投资"购买了某某股票1万股，某人在国债市场上投资，等等。在宏观经济学中，投资涉及的是实物资本的变化，简单地说是指物质资本存量的增加或替换。

既然投资可以使物质资本存量变化反映出来，因而其实际上是流量概念，所反映出的具体内容就是一定时期内相关资本存量使变化情况。就资本存量而言，在实际经济生活中存在多种类型，相应的类型主要包括以下三种：①对于社会生产能力就有决定作用的最关键资本存量为在经济活动中相关的居住建筑物及构筑物，还有机器设备定固定资本，与其相对应投资均属于固定资产投资；②另外一种资本存量是企业中原材料、半成品以及有关待销物品，也就是企业中相关存货资本，相应的就是存货投资；③最后一种类型的资本存量指的就是住宅建筑物以及相应投资，叫作住宅投资，如图 8.1 所示。

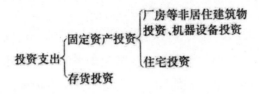

图 8.1　投资支出的分类

现代消费理论指出，消费支出是一个以人们的持久性收入为自变量，是以家庭整个生命周期内的收入和财富为基础的，从长期来看是相当稳定的。而投资就显得有些动荡不定，短期内变化相当大。基于投资变量的这一特性，因此它普遍地被人们看作是引起经济周期波动的一个重要变量。

二、决定投资的主要因素

企业开展投资活动的基本目的在于预期可以得到利润，在保证预期收益高于投资成本的情况下，企业才会实行投资。所以，在投资活动的开展中，其主要决定因素主要包括以下三个方面：预期收益、投资成本、风险和不确定性。

（一）预期收益

当一项投资可以使企业出售更多的产品，或者能够使产品以更高的价格出售，那么该项投资就会增加企业的收益。例如，如果企业新购买一台机器能够使企业以更高的质量生产某种产品，而高质量产品是消费者所需要的，那么购买机器的投资就会为企业带来较高的收益。因此，从整个经济社会来说，总产出水平较高时，有扩大企业产品需求的潜在作用，作为整体的企业部门就有动机增加投资。就实证分析的情况而言，投资与整体经济产出水平的关系实现密切，在产出水平有所提升的情况下，投资也会有所扩张；而在产出水平降低的情况下，投资通常也会表现出明显降低情况。就理论及实践层面而言，两者之间存在相互作用且相互依赖的关系。

（二）投资成本

当投资成本既定时，预期收益越高，那么企业可以获得的利润水平越高，企业越愿意进行投资。由于投资是一项面向未来的活动，其成本的计算要复杂得多，企业不仅要付出初始的成本，在资本使用过程中还会产生相当多的维持费用，还要考虑借入资金进行投资的利息（从机会成本的角度看，自有资金也要考虑利息，否则企业宁愿将自有资金投入到其他领域，例如存在银行获得利息），以及不同投资方案的税收负担问题。在企业投资活动中，一般将资金的利息率作为其投资成本的度量指标。

（三）风险和不确定性

对于风险及不确定性而言，其都是指未来具有不可预测特点，对于结果的发生无法事先进行确定。具体来说，风险指的是相关不良事件的发生可能性，这种可能性越大，意味着遭受损失的可能性越大。依据经济学理论在不利事件发生的可能性可以判断的情况下，这些事件属于风险事件，而对于发生可能性无法确定的相关不良事件，属于不确定事件。就企业投资而言，任何一种投资都可能会得到比较理想的收益，然而在进行投资之后，可能会由于市场需求出现萎缩，政府政策发生变化，投资成本超出预期等相关因素而导致投资效益不理想。对于这些事件而言，在开始进行投资时都是无法预测的，因而对于企业投资意愿及投资水平会产生一定影响。

第二节　资本的边际效率和投资决定

一、资本未来收益贴现率与资产现值

要理解投资，必须首先理解资本存量是如何决定的，而确定合意的资本存量又离不开对资本的未来收益贴现的分析。下面首先介绍资本的未来收益贴现问题。直观上来讲，人们对未来收益的评价低于当前同等收益。造成这种情况的原因主要包括以下几点：第一，对于未来收益而言，其具有一定风险性以及不确定性；第二，存在利息因素；第三，就货币层面而言，可能会出现通货膨胀的状况。这样同一单位的资本（或资金、货币等）在不同时点的价值是不同的，因而需要运用一定的方法进行调整，以使几种不同的投资方案间具有可比性。

在人们具备一项资产的情况下，也就表示在资产寿命期之内可以持续不断地获取一定收入，由于在未来获取一定收入需要一定时间，无法使当前的实际需求得到满足，这种情况下人们通常会需要对这一时期的时间需要一定补偿。这种情况反映出来的就是人们对于收入或者货币具有不同时间偏好，也就是货币时间价值。

银行利率水平可使社会上一般的时间偏好情况反映出来，在利率水平与人们偏好水平比较低的情况下，人们存款获取利息收入的热情也就比较低；反之，在银行利率水平与人们偏好水平较高的情况下，人们将利息存入银行以获取利息的意愿也就会更强。例如，某人拥有 100 元的货币，存入银行，假设银行的存款利率为 10%，一年后，该人可以获得本利和共 110 元，其中 100 元是本金，10 元是利息，这 10 元利息可看作是该人让渡资金使用权获得的收入，即为 100 元货币一年的时间价值。通常而言，各种资产都是以货币形式来表示的，在资产实际利用中所产生的成本及得到的收益等时间价值都可以称作货币时间价值。利用货币时间价值概念，对于不同时间点的成本及收益，可以将其折算到同一时间点，以便更好地进行投资决策分析。

在对货币的时间价值进行理解方面，通常情况下都会涉及两个方面的概念，即未来值与限值。资产与货币未来值通常情况下包括两种类型，分别为单利与复利。其中，单利指的是在每个计息期末都需要支付一定利息，在下一计息期利息不会作为本金使用。所以，在单利状况下，每个计息期都支付相同的利益。这一点可用表 8-1 来说明，表中本金为 100 元，利率为 10%，4 年中每年年末支付一次利息，本金和利息之和（简称本利和）见表中第 4 列。

表 8-1　计息期为 4 年、利率为 10% 的单利　　　（单位：元）

期间	本金	利息	本利和
1	100	10	110
2	100	10	120
3	100	10	130
4	100	10	140

用 P 表示本金，r 表示利率，N 表示期间，F_N 表示到第 N 年底的本利和，可以表示为：$F_N=P+r \cdot P \cdot N=P（1+rN）$。

所谓复利所指的是在每个计息期都需要计算一次利息，利息算入本金中在下一周期同样计算利息，在计息期数不断增加的情况下，利息也是递增的。用上例中的数据，本金为 100 元，利率为 10%，4 年中每年年末支付一次利息，本利和见表 8-2。

表 8-2　计息期为 4 年、利率为 10% 的复利　　　（单位：元）

期间	本金	利息	本利和
1	100	10	110
2	100	10	121
3	100	10	133.1
4	100	10	146.41

用字母表示每一年的末本利和，就是：

第 1 年末本利和：$F_1=P+r \cdot P \cdot 1=P（1+r）$

第 2 年末本利和：$F_2=P（1+r）+r \cdot P（1+r）=P（1+r）^2$

第 3 年末本利和：$F_3=P（1+r）^2+r \cdot P（1+r）^2=P（1+r）^3$

第 4 年末本利和：$F_4=P（1+r）^3+r \cdot P（1+r）^3=P（1+r）^4$

因此，我们可以得出在初始本金和利率给定时，以复利计算若干期间未来值的一般公式：$F_N=P（1+r）^N$。

上述公式中的系数 $（1+r）^N$ 一次支付未来值系数。当每期的利率不同时，上述公式就要变化为：

$$F_N=P（1+r_1）^N（1+r_2）\cdots（1+r_{N-1}）（1+r_N）$$

式中，r_1、r_2、$\cdots$、r_{N-1}、r_N 表示各期不同的利率。

未来值所反映的内容就是在给定利率的情况下，数量一定的初始本金在未来的数量，若将该过程反过来，则可以得到与货币时间价值有关的更广泛概念，也就是现值。简而言之，所谓现值指的是具有一定数量的未来货币量在目前具备的价值。

如果我们将以复利计算的未来值的一般公式的两边同时除以 $（1+r_1）^N$，可得：

$$P = \frac{F_N}{(1+r)^N} \qquad （式 8.1）$$

式中，P 为现值，$\dfrac{1}{(1+r)^N}$ 称为一次支付现值系数，即当利率为 r 时，未来 N 期以后的每 1 元货币折算到当前的价值为 $\dfrac{1}{(1+r)^N}$。这里的利率 r 也可以称为折现率、贴现率，可以理解为预期收益率和预期回报率。

当各期的折现率不同时，一次支付的现值计算公式就要调整为：

$$P = \frac{F_N}{(1+r_1)（1+r_2）\cdots(1+r_{N-1})（1+r_N）} \qquad （式 8.2）$$

上述现值公式只反映了一次性货币收入的现值。就实际情况而言，通常情况下一项资产都会有较长使用周期，且会持续不断地获得收益，该资产价值不但包含一期收入的折算，而且需要考虑未来多期收入的折算。目前，多期收入现值的折算有一个较便捷的工具，即现金流量图。在现金流量图中，用一个向上的箭头表示一项现金流入（收入、收益），一个向下的箭头表示一项现金流出（支出、成本），用一条水平线代表时间变化，每一条箭线上标注收入或支出的款项，如图8.2所示。通常情况下，在对现金流量进行分析时都会采用期末惯例，也就是说对于某项收入及支出，均将其作为一期期末获得或者支出。这属于一种简化的假设，就实际情况来看，收入或者支付在任何时间点都有可能会发生。在时间相对比较短的情况下，对于其中所存在的差别可以忽略；而在时间比较长的情况下，可以利用一定方法进行调整。比如，在收入或者支出比较均匀的情况下，对于收付可以将其当作发生在期中，在时期比较长的情况下，可以继续进行划分，以更短时期分析。这类简化并不影响投资分析的精确度。

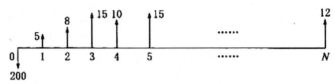

图8.2 现金流量图

当一项资产有多期的收入或支出时，收入计为正的现金流，支出为负的现金流，现值计算的最一般公式可以表示为：

$$P = \frac{A_1}{1+r_1} + \frac{A_2}{(1+r_1)\ (1+r_2)} + \frac{A_3}{(1+r_1)\ (1+r_2)\ (1+r_3)} + \cdots$$
$$+ \frac{A_{N-1}}{(1+r_1)\ (1+r_2)\cdots(1+r_{N-1})} + \frac{A_N}{(1+r_1)\ (1+r_2)\cdots(1+r_N)}$$

（式8.3）

式中，A_1、A_2、$\cdots$、A_{N-1}、A_N 分别表示每一期获得的收入或支付的费用，r_1、r_2、$\cdots$、r_{N-1}、r_N 表示各期的利率或折现率，不同的下标表示各期收付及折现率是不同的。例如，对于第3期的 A_3 收入折算的思路是，先把 A_3 收入按 r_3 折现率折算到第2期期末，然后按 r_2 折现率折算到第1期期末，再按 r_1 折现率折算到现在，因此，A_3 收入折算到现在的现值公式就是：

$$\frac{A_3}{(1+r_1)\ (1+r_2)\ (1+r_3)}$$

当每期收益或净收入以及利率 r 保持不变时，其现值的公式就是：

$$P = \frac{A}{1+r} + \frac{A}{(1+r)^2} + \cdots + \frac{A}{(1+r)^{N-1}} + \frac{A}{(1+r)^N}$$

$$= A\left[\frac{1}{1+r} + \frac{1}{(1+r)^2} + \cdots + \frac{1}{(1+r)^{N-1}} + \frac{1}{(1+r)^N}\right]$$

上式两边同乘以（1+r），可得：

$$(1+r)\,P = A\left[1 + \frac{1}{(1+r)^1} + \cdots + \frac{1}{(1+r)^{N-2}} + \frac{1}{(1+r)^{N-1}}\right]$$

上式两边同时相减，可得：

$$(1+r)\,P - P = A\left[1 - \frac{1}{(1+r)^N}\right]$$

$$rP = A\left[1 - \frac{1}{(1+r)^N}\right]$$

$$P = \frac{A}{r}\left[1 - \frac{1}{(1+r)^N}\right]$$

系数 $\frac{1}{r}\left[1 - \frac{1}{(1+r)^N}\right]$ 称为等额序列支付现值系数。

二、资本边际效率

依据上文所述，如果获取资产未来收益，并且掌握贴现率，则可得到资产现值。同样，在了解未来收益及现值的情况下，也可以将贴现率求出来，而资本边际效率与资产未来收益贴现率相关。

按照凯恩斯的定义，在宏观经济学中，资本边际效率等于一个贴现率，利用该贴现率可使资本资产的未来收益折为现值，那么这一现值就等同于该资本资产的供给价格。而供给价格并不是在市场上进行资产购置所付出的市场价格，而是使厂商增产需求得到满足的价值，因此，资本资产的供给价格有时被称为资产重置成本。换句话说，MEC 是指企业在计划实行一项投资的情况下，预期利润按照复利方法计算所得到利润率，其决定因素就是预期未来收益及购置资本资产成本。

MEC 随着投资量的增加而递减，它是一条自左向右下方倾斜的曲线，如图 8.3 所示，其中 K 表示资本量。这是因为，随着投资的增加，资本存量增加，一方面，资本资产的成本会增加，即生产的边际成本提高，生产同样一台机器的成本会递增；另一方面，随着资本存量增加，由该资本资产所生产的产品的供给增加，价格下降，从而预期收益会减少。凯恩斯认为，MEC 随投资增加而递减，在短期内主要因为资本物成本上升，在长期内主要因为资本存量的大量积累。

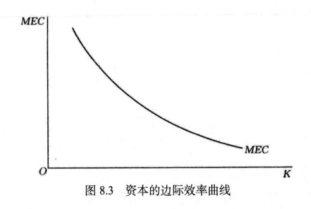

图 8.3　资本的边际效率曲线

下面举例说明资本量是如何决定的。假定原有资本存量为 100 亿元，假设在整个投资项目寿命期内投资成本、收益和市场利率不变。企业面对 10 个投资项目，各项目投资总额、每万元投资的年收益、年市场利率（假设 3 种市场利率水平分别为 15%、10% 和 5%）、项目的年预期利润和利润率如表 8-3 所示。

为简化问题，在表 8-3 中对于资本边际效率并未直接进行计算，而是计算了净利润率，此处的资本边际效率就等于市场利率与净利润率之和，此时净利润率也可以叫作投资杠杆率。由表中可以看出，在市场利率为 15% 的情况下，项目项目 F、G、H 和 I 所得到的利润率均为正值，也就是说投资收益去除投资成本之后仍有结余，对于这些项目，在利润率为 15% 的时候会被企业所选择，在投资资金受到限制的情况下，企业会按利润率从大到小进行投资项目的选择。这里假定不存在投资资金受限的问题，那么企业会投资这些项目，总投资额为 5 720 万元。同样，当市场利率为 10% 时，总投资额为

9 720 万元，只有 A、B、J 没有被选择，市场利率为 5% 时，总投资额为 10 580 万元，所有 10 个项目都会被投资。

表 8-3　资本存量决定的假设例子

投资项目	投资额	每万元投资年收益	每万元投资年成本			每万元投资年利润			每万元投资利润率		
			15%	10%	5%	15%	10%	5%	15%	10%	5%
A	200	600	1500	1000	500	-900	-400	100	-9.0%	-4.0%	1.0%
B	300	980	1500	1000	500	-520	-20	480	-5.2%	-0.2%	4.8%
C	500	1100	1500	1000	500	-400	100	600	-4.0%	1.0%	6.0%
D	1400	1000	1500	1000	500	-500	0	500	-5.0%	0.0%	5.0%
E	2100	1200	1500	1000	500	-300	200	700	-3.0%	2.0%	7.0%
F	3420	2000	1500	1000	500	500	1000	1500	5.0%	10.0%	15.0%
G	800	1600	1500	1000	500	100	600	1100	1.0%	6.0%	11.0%
H	600	1800	1500	1000	500	300	800	1300	3.0%	8.0%	13.0%
I	900	2300	1500	1000	500	800	1300	1800	8.0%	13.0%	18.0%
J	360	540	1500	1000	500	-960	-460	40	-9.6%	-4.6%	0.4%

由此可以得出结论：对于某项目，在资本边际效率大于市场利率的情况下，企业就会投资这一项目。同时，投资量也会随着市场利率的降低而有所增加，一直到某投资增量的 MEC 等于利息率。

为进一步说明资本边际效率及资本存量决定问题，在表 8-4 依据投资项目资本边际效率由高至低进行了排列。表格的第四列是如果对应投资项目投资后资本存量的累积量（没有考虑折旧问题），其含义是当市场利率高于 23% 时，没有一个项目会被投资，当市场利率小于 23% 大于 20% 时，只有项目 I 会被投资，当市场利率大于等于 10% 时，项目 I、F、H、G、E、C 会被投资。而项目 D 处于投资与不投资无差别的临界点。所以，在市场利率有所降低的情况下，纳入投资的有关项目也就会不断增加，这样一来，所累积资本存量也会有所增加。上述分析可以用图 8.4 和图 8.5 表示。

表 8-4 资本边际效率与资本存量

投资项目	项目投资额	投资项目的资本边际效率	资本存量（亿元）
I	900	0.23	100.090
F	3420	0.2	100.432
H	600	0.18	100.492
G	800	0.16	100.572
E	2100	0.12	100.782
C	500	0.11	100.832
D	1400	0.1	100.972
B	300	0.098	101.002
A	200	0.06	101.022
J	360	0.054	101.058

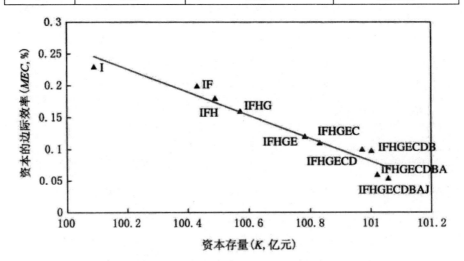

图 8.4 资本边际效率与资本存量关系图

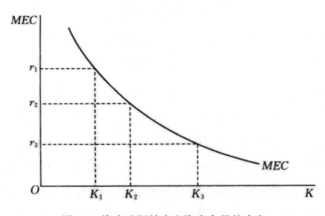

图 8.5 资本边际效率和资本存量的决定

一旦根据资本边际效率及市场利率确定了资本存量水平，那么给定期间内投资水平也就能够确定。所对应概念为投资边际效率，类似于资本边际效率，同时也是贴现率，只是与相应投资流量相对应。依据资本与投资概念，设 K_t 为当期资本存量，K_{t-1} 为上一期资本存量，I_t 为当期投资，那么有如下关系：

$$K_t = K_{t-1} + I_t$$

$$I_t = K_t - K_{t-1}$$

由 $K_t = K_t(r)$、$K_{t-1} = K_{t-1}(r)$，那么有，$I_t = K_t - K_{t-1} = K_t(r) - K_{t-1}(r) = I_t(r)$，即投资也是利率的函数，给定一个市场利率水平，就可以得出相应的投资量，绘出投资边际效率曲线。

在图 8.5 中，我们可以看到：利率为 r_1 时，资本量为 K_1，相应的投资量 $I_1 = K_1 - K_0$；当利率为 r_2 时，资本量为 K_2，投资量为 $I_2 = K_2 - K_1$。以此类推，将相应的利率和投资量绘在图 8.6 中，由于这一曲线反映了随着市场利率变化，企业的投资需求水平，因此该曲线就是投资需求曲线。

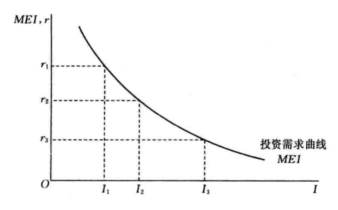

图 8.6　投资边际效率和投资量的决定

三、投资函数

依据上文所分析的内容，投资量的决定因素就是边际效率及利息率，那么，在资本边际效率确定的情况下，投资量是由利率决定的。投资函数记为 $I = I(r)$，两者呈反方向变化，也就是随着利率降低，投资量会增加。

在宏观经济学常规分析中，为了简化通常情况下都会将投资函数作为线性函数看待，该函数具体形式是：

$$I = e - dr \qquad (式 8.4)$$

其中，e 表示自发性投资，也就是不依赖利率的相关投资量；d 表示利率对投资的影响参数；负号所表示利率与投资之间存在反向变动关系。

e 具有十分明显的经济含义，由于影响投资的因素有很多，除了预期收益、投资成本、风险与不确定性之外，还包含折旧率、折旧方法、税法、通货膨胀率、企业家信心等各种因素。所以，e 实际上代表的是除利率之外对投资有影响的所有因素。例如，当企业家对未来的信心增强，则 e 值变大，表现为整条投资曲线向右上方移动，见图 8.7，投资曲线从 I_0 移动到 I_1。又如，如果目前税法不利于投资，将投资顺延一段时间有利可图时，会减少投资量，投资曲线向左下方移动，在图 8.7 中从 I_0 移动到 I_2。

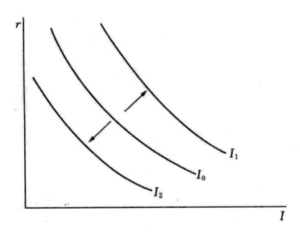

图 8.7　投资曲线的移动

d 值的经济含义是投资对利率变动的敏感程度，即当利率变化一个百分点，投资会变化 d 单位，d 值愈大，表明投资对利率越敏感；反之，则越不敏感。d 值的大小不同，对政府采取宏观经济政策的效力会产生重大的影响。例如，d 较小时，政府采取的降低利率促进投资的政策就不会奏效；反之，则会对经济产生较大的影响。

第三节　投资加速原理

一、资本—产出比率

投资是经济中最为活跃的因素，它较小量的变化会引起均衡国民收入多倍的变化。另一方面，收入或销售额的较小变化同样会引起投资水平大幅度变化，而且只要收入增长速度放慢也会造成投资大幅度下滑。因此，研究投资与收入间的关系显得异常重要。这里首先介绍投资的加速原理。

当产品需求增加引致产品生产扩大时，为了增加产量，企业需要扩大生产能力，这样就要求企业进行投资，以补充资本存量的不足（当企业存在剩余生产能力时，则会充分利用其剩余生产能力），这样资本存量的变化即投资受到产量、收入或销售额变化的影响。为分析这一问题，宏观经济学提出了资本—产出比率概念。设 α 为资本—产出比率，K 为资本，Y 为产量、收入或销售额，则有：

$$\alpha = \frac{K}{Y}$$

在此基础上，我们定义加速数，如果产量变动引起资本存量变动一直保持不变，那么，可得：

$$K_{t-1} = \alpha Y_{t-1}$$
$$K_t = \alpha Y_t$$

两式上下相减，可得：

$$K_t - K_{t-1} = \alpha\,(Y_t - Y_{t-1})$$

这样，有：

$$I = \Delta K_t = K_t - K_{t-1} = \alpha \cdot \Delta Y_t \qquad （式 8.5）$$

上式反映了当产量增加 ΔY_t 时，必须相应增加投资 I_t。α 表达了投资要按这一倍数与产量变化量的乘积增加，才能生产出相应的产量来。

当本期资本存量为 K_t，上期资本存量为 K_{t-1}，折旧率为 δ，折旧（重置投资）为 $D_t = \delta K_{t-1}$，总投资为 I_{gt}，则有如下关系：

$$K_t = K_{t-1} + I_{gt} - \delta K_{t-1} \qquad （式8.6）$$

那么，净投资 $I_{nt} = K_t - K_{t-1} = I_{gt} - \delta K_{t-1}$；

那么，总投资 I_{gt} 可以写成：$I_{gt} = I_{nt} + D_t = \alpha \cdot \Delta Y_t + \delta K_{t-1}$。

进一步，如果在考察的 t 时期还有剩余生产能力 X_t，则有：

$$I_{gt} = I_{nt} + D_t = \alpha \cdot \Delta Y_t + \delta K_{t-1} - X_t。 \qquad （式8.7）$$

二、加速原理

下面分析加速原理，为简化起见，假定在考察的 t 时期没有剩余生产能力，即 $X_t = 0$，而且假定技术水平稳定，加速数在各期保持不变。在此基础上，用表 8-5 的数字例子说明加速原理。

表 8-5　加速原理的数字例子

时期	产量	产量变化率	资本存量 a=1	重置投资（折旧）	净投资	净投资变化率	总投资	总投资变化率
t_1	100	——	100	5	——	——	5	——
t_2	105	5.00%	105	5	5	0.00%	10	100.00%
t_3	125	19.05%	125	5	20	300.00%	25	150.00%
t_4	200	60.00%	200	5	75	275.00%	80	220.00%
t_5	280	40.00%	280	5	80	6.67%	85	6.25%
t_6	300	7.14%	300	5	20	–75.00%	25	–70.59%
t_7	300	0.00%	300	5	0	–100.00%	5	–80.00%
t_8	280	–6.67%	280	5	–20	——	0	–100.00%

表 4.5 第 1 列表示时期，分别从 t_1 期到 t_8 期；第 2 列表示每期产量，从第 t_2 期产量开始增加；第 3 列是产量变化率；第 4 列为根据资本产出比率、加速数计算的资本存量，这里加速数为 1；第 5 列为重置投资，假定短期均为 5 单位；第 6 列为净投资，根据本期资本存量与上期存量的差异得到，

即 $I_t=\alpha \cdot \Delta Y_t$；第 7 列为净投资变化率；第 8 列为总投资，等于重置投资加上净投资，即第 5 列加上第 6 列；第 9 列为总投资变化率。从表中可见，产量从 t_1 的 100 提高到 t_2 的 105，提高了 5%，总投资提高了 100%，产量从 t_2 的 105 进一步提高到 t_3 的 125，提高了 19.05%，总投资提高了 150%。而当产量从 t_4 的 200 提高到 t_5 的 280，产量提高幅度由上期的 60% 下降到本期的 40%，总投资则从 220% 的增长率下滑到仅增长 6.25%。在随后几期，产量增长率为正时，总投资增长率变成负值。图 8.8 给出了产量、净投资和总投资变化的在各期的状况。从图 8.8 中可见，总投资和净投资的变化幅度明显要超过产量的变化率，这实际上就是加速原理的含义，即产量的小幅度变化会带来投资的大幅度变化。

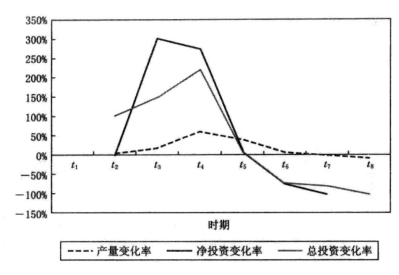

图 8.8　产量、净投资和总投资的变化

结合上面的数字例子，我们可以得出如下几点结论：

（1）投资不是产量或收入的绝对量的函数，而是产量或收入变化率的函数。即使产量的增长率下降了，也会使投资增长率出现更大幅度的下降。

（2）投资的波幅大于产量的波幅，产量较小的变动便会带来投资较大的变动。

（3）如果投资维持增长的态势，必须使产量以递增的速度增加，即增长率不断提高，否则也会造成投资增长率下降甚至变为负值，引发经济衰退。这也是现代经济周期理论中"增长性衰退"一词的主要含义。

（4）加速的含义是双重的，当产量增长时，投资加速增长，当产量减少时，投资也会出现加速减少。在图 8.8 中，t_5 期以后，产量增长速度放慢，投资加速下降。

（5）上述模型并未考虑剩余生产能力问题，如果存在剩余生产能力，在产量增长时，企业会首先利用剩余生产能力，只有生产能力处于满负荷状态时，加速效应才会发生作用。

第四节　固定资产投资与存货投资

一、固定资产投资的新古典模型

研究企业固定资产投资的主要模型是新古典模型，主要是从企业拥有资本的收益和成本的角度来考察的，说明了投资水平或资本存量的变化与资本的边际产量和利率联系在一起。

为了便于分析，一般假设企业通过租赁市场获得资本，考察资本租用成本与收益间的关系。当企业实际上是自行购买资本使用时，都能够用租用成本来度量企业持有资本的真实成本，原因是当自行拥有资本时，如果收益小于向外出租的收益，那么企业还不如将其租赁出去。这种做法相当于将资本品完全购置价格分解成为租赁价格，其实质还是一样的。

在这种情况下，企业固定资产投资决策是考虑增加一单位资本所生产的产品的价值（即资本的边际产品价值）是否超过资本的实际租用成本，企业将持续增加投资，直到资本的边际产品价值等于资本的实际租用成本为止。

对于资本的实际租用成本，假设企业以名义利率 r 借入资金，使用资本一期的真实成本就是名义利率减去名义资本收益。考虑到物价水平可能变化，那么借款的真实成本就是预期实际利率 $R = r - \pi^e$，其中 π^e 表示预期通货膨胀率。

此外，资本在使用过程中会磨损，包括物质磨损和精神磨损两类。因此，上述成本中还要考虑折旧成本，设折旧率为 δ，则实际租用成本是 $c=R+\delta=r-\pi^e+\delta$。

当劳动等其他投入要素固定时，资本边际产品是递减的，当产品市场价格给定时，资本边际产品价值也是递减的，因此，当资本的实际租用成本较高时，资本存量较低，或者说只有较高的资本边际产品价值才能使企业有利可图；反之，资本存量较高。图 8.9 中的曲线 MPK 向右下方倾斜，图中当实际租用成本为 c_1 时，合意的资本存量为 K_1，而当实际租用成本下降到 c_2 时，合意资本存量增加到 K_2。

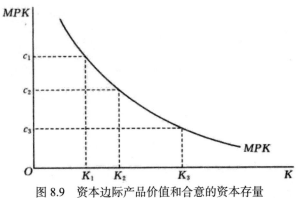

图 8.9　资本边际产品价值和合意的资本存量

这时，凡是影响资本边际产品价值的因素发生变化，都会使 MPK 曲线移动，从而改变合意资本存量水平。如图 8.10 所示，当技术水平提高，或者对所生产产品的需求增加，MPK 曲线向右上方移动，在实际租用成本为 c_1 时，合意资本存量从 K_1 增加到 K_1'。

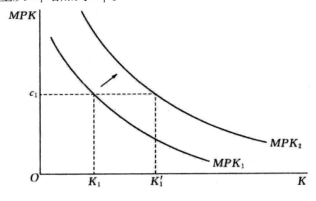

图 8.10　资本边际产品价值曲线移动对合意资本存量的影响

总结上述分析，合意的资本存量和实际租用成本、资本的边际产品价值的关系可以表示为：当 $MPK=c=r-\pi^e+\delta$ 时，这时对应的资本存量 K^* 就是合意的资本存量。

接下来我们考虑投资。如果原有资本存量大于合意资本存量，那么企业就不会投资，则经过一段时间折旧，原有资本存量会逐渐接近合意资本存量。如果原有资本存量小于合意资本存量，那么其中的差异部分就是企业要投资的量，设原有资本存量为 K_1，则投资 $I=K^*-K_1$，$K^* > K_t$。当投资可以瞬时完成时，只要原有资本存量小于合意资本存量，企业会马上将其调整到合意水平，不过，从实践来看，投资不可能在瞬时完成，资本存量的调整需要经过一定时间，这样，每期投资将是差距的某个百分比（λ），本期末投资为 $I_t=\lambda$（K^*-K_1）。一般而言，原有资本存量与合意资本存量之间的差距越大，企业的投资越快，以尽快达到合意水平。

二、存货投资

存货投资在一个经济社会中所占比重不大，不过对宏观经济的影响却比较重要；另一方面，存货投资变化状况也是衡量经济未来变化的重要先行指标。存货投资有三种基本类型：①企业生产准备阶段的各种原材料存货；②许多产品的生产不是在瞬时完成的，需要经过一定时间，处于生产过程中的半成品就成为存货的另一重要组成部分；③生产过程结束，但尚未销售的产成品库存。企业持有存货也是对存货的成本和收益进行比较的结果。

具体而言，拥有存货会带来以下利益：

（1）预防不确定性，保证生产的平稳化。企业产品的销售往往不是平稳的，一段时期销售水平高，而另一段时期则销售量大幅下滑。例如，中国春节前许多产品的销售量大增，而春节以后产品滞销。这种情况下，如果按照销售状况进行生产，在销售水平高时，生产可能无法满足销售所需，产品脱销，而销售水平低时，生产能力的利用率又过低。通过持有存货，可以有效地平滑销售的波动性，在销售量小时，企业增加库存，在销售量大时，企业减少库存，从而使整个生产过程始终比较平稳。

（2）实现经济生产批量。存货的另一种重要收益是满足生产中原材料、零部件的需要，按经济规模进行生产，从而节约成本。例如，钢铁厂要备有足够一段时间生产的铁矿石，最少要能够达到一高炉的冶炼量，高炉一旦点火，停产的损失巨大，假如只有供半高炉冶炼的铁矿石，即使进行生产，其成本也会很高。通过持有存货，企业可以有效地维持生产过程的连续性，这对于生产过程具有连续性的企业尤为重要。

（3）实现经济购买批量。所谓经济购买批量是指一次采购的量越大，单位原材料、零部件所分摊的购买成本就越少，大批量购买能够减少订货次数，有效节约成本。对于许多采购活动而言，订购 1 000 件与 10 万件的成本（主要指签订合同、验货、收货、采购人员出差费用等）相差无几，往往采购量增加 1 倍，采购成本几乎不需要增加。

持有存货除能够带来上述利益外，当然还要涉及存货成本，其主要包括：

（1）存货资金占用成本。持有存货时，企业需要占用大量的资金，而资金的利息就是持有存货的机会成本，因此，企业持有存货也不是没有限度的，需要考虑资金的机会成本。

（2）保管费用。存货要占据大量的空间，还有雇用相关人员进行管理，储存过程中还会有各种损耗，通常这些费用与存货量存在直接关系，随着存货量提高，这类费用呈上升态势。

一般而言，随着存货量提高，存货的边际收益递减，而边际成本上升，最佳存货水平是存货的边际收益等于边际成本。如图 8.11 所示，MR_I 表示存货的边际收益，MC_I 表示存货的边际成本，两条线相交于 E 点，E 点对应的存货量为最优存货水平。

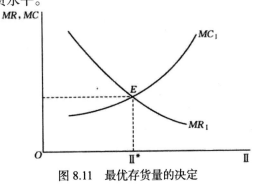

图 8.11　最优存货量的决定

在宏观经济学中，一般将企业所确定的最优存货水平称为计划的（合意的）存货投资。在现实经济生活中，实际存货投资水平很可能偏离企业意愿水平，这时偏离计划存货投资的量称为非计划存货投资。一般情况下，当实际存货投资大于计划水平（合意水平），称为非计划存货投资；当实际存货投资小于计划水平（合意水平），称为非计划存货负投资。对于企业而言，当市场销售状况出乎意料的好时，企业存货水平会意外减少，低于合意的存货投资水平，那么这时企业会扩大生产；反之，当市场销售状况比企业预想得差时，企业存货会累积，超过其合意水平，那么下一个生产环节，企业会缩减生产。因此，存货投资的变化能够反映企业在下一生产环节是扩大生产还是缩减生产，对预测宏观经济的变动方向有着重要的指导意义。

第九章　宏观经济政策

第一节　宏观经济政策实施目标和政策原理

一、宏观经济政策的目标

宏观经济政策是指国家或政府为实现总体经济目标而制定的指导原则和措施。因为经济政策是政府为了达到一定的经济目的而对经济活动有意识的干预，所以任何一项经济政策总是依据一定的经济目标来制定和实行的。依照西方经济学的认识，宏观经济政策目标主要有四种，即充分就业、价格稳定、经济持续均衡增长和国际收支平衡。

充分就业是宏观经济政策的第一目标。从广泛的意义上说，充分就业是指所有生产要素都得到合适的使用，但通常对就业的理解局限于狭义界定，即劳动要素的就业。因此，充分就业主要是指所有劳动要素都能以其愿意的报酬参加生产的状态。充分就业无论对整个经济还是对劳动者个人来讲都是非常重要的，失业则被认为会给社会及失业者本人和家庭带来损失。失业给失业者本人及其家庭在物质生活和精神生活上带来了莫大痛苦，也使社会损失本来应当得到的产出量。

怎样才算达到充分就业呢？凯恩斯认为，如果"非自愿失业"已消除，失业仅限于摩擦失业和自愿失业的话，就是实现了充分就业；也有一些经济学家认为，如果空缺职位总额恰好等于寻找工作的人数，就是充分就业；而货币主义针对凯恩斯"非自愿失业"，提出了"自然失业率"的概念，认为实现自然失业率状态下的就业水平就是充分就业。虽然对于充分就业存在不同的看法，但西方经济学家普遍认为充分就业不是百分之百就业，充分就业并不排除像摩擦失业这样的情况存在。因为劳动力总是不能被完全使用的，当前大多数西方经济学家认为存在 4% ~ 6% 的失业率是正常的，此时社会经济即可认为处于充分就业状态。

价格稳定是指价格总水平的稳定，它是一个宏观经济概念。由于各种商品价格变化繁杂导致统计困难，西方学者一般用价格指数来表示价格水平的变化。价格稳定成为宏观经济政策的目标，主要是由于通货膨胀对经济有不良影响。当然，价格稳定不是指每种商品的价格固定不变，而是指价格指数的相对稳定，即不出现较大的通货膨胀，而一般的轻微通货膨胀的存在，被看作是正常的经济现象。

经济增长是指在一个特定时期内经济社会所生产的人均产量和人均收入的持续增长。通常用一定时期内实际国内生产总值年均增长率来衡量。经济增长意味着得到资源比较充分的使用，而经济增长过慢或经济不增长，则说明经济运行中存在资源浪费或资源低效率使用的问题，从而经济增长问题是经济的基本问题。由于经济增长和失业问题常常是相互关联的，如何维持较高的增长率以实现充分就业，必然成为宏观经济政策追求的目标。

国际收支平衡也是宏观经济政策的重要目标。随着国际经济交往的密切，国际收支对现代开放型经济国家是至关重要的。一国的国际收支状况不仅反映了这个国家的对外经济交往情况，还反映出该国经济的稳定程度。当一国国际收支处于失衡状态时，就必然会对国内经济形成冲击，从而影响该国国内就业水平、价格水平及经济增长。

二、宏观经济政策原理

依据前面的理论分析可知，上述四个政策目标可以通过以总需求分析为核心的凯恩斯理论来解释，所以宏观经济政策设计也是从需求管理入手。也就是通过影响总需求来实现上述四个政策目标。四大目标之间既有互补的部分也有相互冲突的部分。充分就业会促进经济增长，物价稳定是经济增长的根本，国际收支平衡有利于一国的物价稳定、充分就业与经济增长。但目标之间也相互冲突，经济快速增长一方面利于实现充分就业，另一方面也会引发大量商品进口，从而也导致国际收支不平衡。经济过热会推动通货膨胀率上升。然而，当经济增长趋缓或停止时，虽然有可能维持稳定的价格水平，却会使失业率提高。

正是由于各政策目标之间存在冲突的可能，所以鱼与熊掌不可兼得，在一些目标实现的同时往往会恶化另一些目标，这就使得一国政府陷入两难困境。政府往往会有侧重，各目标之间排序，确定哪些宏观经济问题需要先解决，然后制定相应政策目标。不过，政府在制定政策时除了有侧重之外，更需要对各目标进行协调，不能只追求单一目标，而应该综合考虑，否则会带来经济上和政治上的负面效应。因此，要实现既定政策目标，政府不仅需要运用各种政策手段，而且各政策手段之间需要相互配合、协调。也就是说，政府在制定经济目标和经济政策时应能进行整体性的宏观考虑和安排。

第二节　财政政策综述

财政政策是一国政府为促进就业水平提高，减轻经济波动，防止通货膨胀，实现稳定增长而对政府支出、税收和借债水平所进行的选择，或对政府收入和支出水平所作的决策。财政政策是最常用的宏观经济政策之一，在不同时期被不同的学派和政治家所用。

从"凯恩斯革命"时期被凯恩斯用来作为走出萧条的重要工具开始一直沿用到今天。

一、财政收支及财政政策工具

财政政策是政府通过改变其收入和支出水平以实现某项经济目标的经济政策。显然，财政政策的运行离不开政府的财政收支，政府收入和政府支出的改变构成财政政策的主要内容。

（一）财政收入

财政收入的主要来源是税收和公债，其中税收收入占主导地位。

税收是政府为了实现其职能，依据其行政权力强制地、无偿地从企业和个人手中取得收入的方式。税收是一种最常见的、影响力最大的收入方式，一般占国家财政收入的90%以上。税收具有强制性、无偿性和固定性的特点，可以按照不同的标准进行分类，以课税对象为分类标准可以分为商品税、所得税、财产税、资源税等。

公债是财政收入的另一个主要来源，它通过政府的举债取得。公债具有自愿性和有偿性特点。公债是政府运用信用形式筹集财政资金的特殊形式，包括中央政府的债务和地方政府的债务，中央政府的债务称国债。政府借债一般有短期债、中期债和长期债三种形式。短期债一般通过出售国库券取得，主要进入短期资金市场（货币市场），利息率较低，期限一般分为3个月、6个月和1年三种。中长期债一般通过发行中长期债券取得，期限1年以上5年以下的为中期债券，5年以上的为长期债券。

（二）财政支出

财政支出是将财政收入进行分配和使用的过程，包括各级政府支出的总和。财政支出的方式主要有两种：政府购买支出和政府转移支出。一般来说，经济越是发达，转移性支出在政府总支出中的比重越大。

政府购买支出是指政府对商品和劳务的购买，包括对消费品和投资品的购买，如购买军需品、机关公用品、政府雇员报酬、公共项目工程所需的支出等都属于政府购买。政府购买是一种实质性支出，有着商品和劳务的实际交易，因而直接形成社会需求和购买力，是国民收入的一个组成部分。

政府转移性支出，是政府把一部分财政收入转移给居民、企业、地区和其他受益人所形成的财政支出，主要用于社会保险、社会福利、贫困救济及补助等方面。转移性支出是一种货币性支出，政府在付出这些货币时并无相应的商品和劳务的交换发生，而仅仅是通过政府将收入在不同社会成员之间进行转移和重新分配，因而不会引起社会总收入水平变动。

（三）财政政策工具

财政政策的工具就是以上所说的财政收入和财政支出所包含的项目。在财政政策的实施中，通过改变财政收支的数量，并将财政收支项目进行搭配来实现政府净支出的改变。具体来看，主要包括以下三个方面：

（1）改变政府税收水平。税收作为政府收入手段，既是国家财政收入的主要来源，也是国家实施财政政策的一个重要手段。与政府购买支出、转移支付一样，税收同样具有乘数效应，即税收的变动对国民收入的变动具有倍增或倍减作用。税收作为政策工具，既可以通过改变税率来实现，也可以通过变动税收总量来实现。一般来说，降低税率或减少税收会引致社会总需求增加和国民产出的增长，反之则引起社会总需求下降和国民产出的减少。因此，在需求不足时，可以采取减税措施来抑制经济衰退；在需求过旺时可采取增税措施抑制通货膨胀。

（2）发行公债。政府发行公债，一方面能增加财政收入，影响财政收支，属于财政政策，另一方面又能对包括货币市场和资本市场在内的金融市场的扩张和紧缩起重要作用，影响货币的供求，从而调节社会的总需求水平。因此，公债也是实施宏观调控的经济政策工具。

（3）改变政府支出水平。政府购买支出是决定国民收入大小的主要因素之一，其规模直接关系到社会总需求的增减。购买支出对整个社会总支出水平具有十分重要的调节作用。在总支出水平过低时，政府可以提高购买支出水平，如举办公共工程，增加社会整体需求水平，以此减缓经济的衰退。反之，当总支出水平过高时，政府可以采取减少购买支出的政策，降低社会总体需求，以此来抑制通货膨胀。因此，变动政府购买支出水平是财政政策的有力手段。政府转移支付也是一项重要的财政政策工具。政府转移支付同样能够通过转移支付乘数作用于国民收入，但乘数效应要小于政府购买支出乘数效应。一般来讲，在总支出不足时，失业会增加，这时政府应增加社会福利费用，提高转移支付水平，从而增加人们的可支配收入和消费支出水平，社会有效需求因而增加；在总支出水平过高时，通货膨胀率上升，政府应减少社会福利支出，降低转移支付水平，以降低人们的可支配收入和社会总需求水平。

二、自动稳定和斟酌使用

政府的财政收支及其变动会直接或间接地影响宏观经济的运行。战后西方国家的经济虽然仍有周期性波动，但同 20 世纪 30 年代的大危机相比，波动幅度大为减小，衰退持续时间也大为缩短。其原因既有财政制度对经济的自动调节，也有政府财政政策对经济的主动调节。自动调节指财政制度本身有着自动地抑制经济波动的作用，即自动稳定器；主动调节指政府有意识地实行所谓反周期的相机抉择的积极财政政策。

（一）自动稳定器

自动稳定器，亦称内在稳定器，是指经济系统本身存在的一种会减少各种干扰对国民收入冲击的机制，能够在经济繁荣时期自动抑制通胀，在经济衰退时期自动减轻萧条，无须政府采取任何行动。财政政策的这种内在稳定经济的功能主要通过下列两项制度得到发挥：

（1）政府税收的自动变化。当经济衰退时，国民产出水平下降，个人收入减少；在税率不变的情况下，政府税收会自动减少，人们的可支配收入也会自动地少下降一些，从而使消费和需求也自动地少下降一些。在实行累进税的情况下，经济衰退使纳税人的收入自动进入较低纳税档次，政府税收下降的幅度会超过收入下降的幅度，从而可起到抑制衰退的作用。反之，当经济繁荣时，失业率下降，人们的收入自动增加，税收会随个人收入增加而自动增加，可支配收入也就会自动地少增加一些，从而使消费和总需求自动地少增加一些。在实行累进税的情况下，经济繁荣使纳税人的收入自动进入较高的纳税档次，政府税收上升的幅度会超过收入上升的幅度，从而起到抑制通货膨胀的作用。由此，西方学者认为，税收这种因经济变动而自动发生变化的内在机动性和伸缩性是一种有助于减轻经济波动的自动稳定因素。

（2）政府支出的自动变化。由于政府的购买性支出由政府预算来反映，不是一种自动调整，这里的政府支出主要是指政府的转移支付，包括政府的失业救济和其他社会福利支出。当经济出现衰退与萧条时，失业增加，符合救济条件的人数增多，失业救济和其他社会福利开支就会相应增加，这样就可以抑制人们的收入特别是可支配收入的下降，进而抑制消费需求的下降。当经济繁荣时，失业人数减少，失业救济和其他福利费支出也自然会减少，从而抑制可支配收入和消费的增长。

总之，政府税收和转移支付的自动变化对宏观经济活动能起到稳定作用。它们都是财政制度的内在稳定器和应对经济波动的第一道防线。

（二）斟酌使用的财政政策

虽然各种自动稳定器一直在起作用，但作用毕竟有限，特别是对于剧烈的经济波动，自动稳定器更难以扭转。因此，西方经济学者认为，为确保经济稳定，政府要审时度势，主动采取一些财政措施，变动支出水平或税收以稳定总需求水平，使之接近物价稳定的充分就业水平。这就是斟酌使用的或权衡性的财政政策。

当政府认为总需求非常低，即出现经济衰退时，应通过削减税收、降低税率、增加支出或三管齐下的办法刺激总需求。反之，当政府认为总需求非常高，即出现通货膨胀时，应增加税收或削减开支以抑制总需求。前者称为扩张性财政政策，后者称为紧缩性财政政策。这种交替使用的扩张性和紧缩性财政政策，被称为补偿性财政政策。究竟什么时候采取扩张性财政政策，什么时候采取紧缩性财政政策，应由政府对经济发展的形势加以分析权衡，斟酌使用。这样一套经济政策就是凯恩斯主义的相机抉择的"需求管理"，也称为"逆风向需求管理"的财政政策。

三、"逆风向需求管理"的财政政策措施

凯恩斯主义者认为，当总需求水平过低，产生经济衰退和失业时，政府应采取刺激需求的扩张性财政措施；当总需求水平过高，产生通货膨胀时，政府应采取抑制总需求的紧缩性财政措施。财政政策的实质就是反向调整总需求，当政府采取主动性财政措施影响经济时，需根据总需求状况作出政策方向的判断，总需求不足时应该通过财政政策提高总需求，总需求过高时应

该通过财政政策压低总需求，即所谓的"逆风向需求管理"。

政府主导下的"逆风向需求管理"财政政策包括两类完全相反的政策措施：扩张性财政政策和紧缩性财政政策。

（一）扩张性财政政策

在经济萧条、总需求不足时，应采取扩大政府支出、减少税收的扩张性财政政策，以提升就业水平，促进总需求的扩大。

扩张性财政政策之所以能够刺激经济增长，是因为由总支出拉动的需求具有乘数效应，使总需求的变动达到初始支出水平变动的数倍。当政府通过扩张性财政政策增加政府净支出时，就增加了社会总支出水平，即增加了投资和消费。因为增加了投资，就要增加投资所需的生产资料，从而可以增加就业，增加企业和工人的收入；企业和工人把这一收入再用于生产和生活的消费，又转化为另一些企业和工人的收入。如此循环往复，投资的增加可以促使收入和消费需求的成倍增加，刺激生产，增加就业。

根据财政政策工具相互搭配的情况，扩张性财政政策的具体措施有：

（1）增加政府支出，减少政府税收；

（2）增加政府支出，税收不变；

（3）政府支出不变，减少税收；

（4）政府支出与税收同时增加。

前3项措施的实施导致政府净支出的增加，形成赤字，所以称为赤字财政政策。第4项措施可以保持政府净支出不变，称为平衡性预算政策。从扩张财政政策的力度来看，从（1）到（4）力度递减，增加政府支出，或同时减税的政策属于猛烈的扩张政策措施，可能会导致总需求的猛烈增长。由于政府支出乘数大于税收乘数的作用，因此，增加政府支出的政策力度往往超过减税政策的力度。显然，如果考虑到政府支出及税收变动的数量搭配问题，扩张性财政政策的力度选择是多种多样的。

（二）紧缩性财政政策

当经济过度繁荣、总需求过于旺盛时，应采取减少政府支出、增加税收的紧缩性财政政策，以抑制总需求的过度膨胀，缓解通货膨胀。

紧缩性财政政策使总需求下降的机制与扩张性政策类似，都是出于乘数的作用。实施紧缩性财政政策使政府净支出减少，也就是减少了社会总支出水平，减少了投资和消费，通过乘数的作用，最终成倍地减少企业和要素收入，使得总需求成倍减少，最终缩减产量，减少就业，并使物价水平下降。

根据财政政策工具相互搭配的情况，紧缩性财政政策的具体措施有：

（1）减少政府支出，增加税收；

（2）减少政府支出，税收不变；

（3）政府支出不变，增加税收；

（4）政府支出与税收同时减少。

前3项措施的实施将使政府净支出减少，形成财政盈余，称为盈余财政政策。第4项措施可以保持政府净支出不变，称为平衡性预算政策。从紧缩财政政策的力度来看，从（1）到（4）力度递减，减少政府支出，或同时增税的政策属于严厉的紧缩政策措施，可能会导致总需求剧烈下降。同样，由于政府支出乘数大于税收乘数的作用，减少政府支出的政策力度往往超过增税政策的力度。显然，如果考虑到政府支出及税收变动的数量搭配问题，紧缩性财政政策的力度选择也是多种多样的。

第三节　货币政策综述

货币政策是一个国家的中央银行控制货币供给量以及通过货币供给量来调节利率进而影响投资和整个经济以达到一定经济目标的行为。也就是说，货币政策是中央银行根据既定目标，运用货币政策工具，调节货币供给量和利率，以影响宏观经济活动水平的经济政策。货币政策和财政政策一样，也可以调节国民收入以达到稳定物价、充分就业的目标，实现经济稳定增长。二者的不同之处在于，财政政策直接影响总需求的规模，这种直接作用是没有任何中间变量的，而货币政策则还要通过利率的变动来影响总需求，因而是间接地发挥作用。

一、商业银行和中央银行

货币政策是通过以中央银行为核心的整个银行体系来完成的。因此，要先对商业银行和中央银行进行简要介绍。

（一）商业银行

商业银行是指依法设立的吸收公众存款、发放贷款、办理结算等业务的企业法人。商业银行的主要业务是负债业务、资产业务和中间业务。负债业务主要是吸收存款，包括活期存款、定期存款和储蓄存款。资产业务主要包括放款和投资两类业务。放款业务是为企业提供短期贷款，包括票据贴现、抵押贷款等。投资业务就是购买有价证券以取得利息收入。中间业务是指为顾客代办支付事项和其他委托事项，从中收取手续费的业务。

商业银行是企业，具有企业的一般特征，例如，必须具备最低资本要求，必须照章纳税，实行自主经营、自负盈亏等，这些与一般的工商企业相同。但同时，商业银行又是特殊的企业，商业银行经营对象不是普通商品，而是货币和资金，商业银行业务活动的范围不是生产流通领域，而是货币信用领域，等等。商业银行既为商品生产和流通企业提供金融服务，又为社会公众提供存贷款业务及信托等金融服务，涉及面广，对经济的影响巨大。

（二）中央银行

中央银行是一国最高金融当局，它统筹管理全国金融活动，实施货币政策以影响经济。绝大多数国家都设有中央银行。如我国的中国人民银行、美国的联邦储备体系、英国的英格兰银行、法国的法兰西银行、德国的德意志联邦银行、日本的日本银行等。中央银行的特殊性主要体现在其职能上，一般认为它有三个职能：

（1）中央银行是发行的银行。作为发行银行，它垄断了一国的货币发行权，负责发行货币，并有义务保持币值稳定。

（2）中央银行是银行的银行。作为银行的银行，它既为商业银行提供贷款（用票据再贴现、抵押贷款等办法），又为商业银行集中保管存款准备金，还为商业银行集中办理全国的结算业务。

（3）中央银行是国家的银行。作为国家的银行，中央银行具有多项职能：①代理国库，一方面根据国库委托代收各种税款和公债价款等收入作为国库的活期存款，另一方面代理国库拨付各项经费，代办各种付款与转账；②提供政府所需资金，既用贴现短期国库券等形式为政府提供短期资金，也用帮助政府发行公债或直接购买公债方式为政府提供长期资金；③代表政府与外国发生金融业务关系；④执行货币政策；⑤负责监督、管理全国金融市场的活动。

二、存款创造与货币供给

（一）基础货币与法定准备率

基础货币，也称货币基数、初始货币，因其具有使货币供应总量成倍放大或收缩的能力，又被称为高能货币。根据国际货币基金组织的定义，基础货币包括中央银行为广义货币和信贷扩张提供支持的各种负债，主要指银行持有的货币（库存现金）和银行外的货币（流通中的现金），以及银行与非银行在货币当局的存款。

基础货币是整个商业银行体系借以创造存款货币的基础，是整个商业银行体系的存款得以倍数扩张的源泉。从基础货币的来源来看，它是指货币当局的负债，即由货币当局投放并为货币当局直接控制的那部分货币，它只是整个货币供给量的一部分。从基础货币的运用来看，它由两个部分构成：①商业银行的存款准备金，包括商业银行的库存现金以及商业银行在中央银行的准备金存款；②流通于银行体系之外而为社会大众所持有的现金，即通常所谓的"通货"。

存款准备金是指商业银行持有的现金和在中央银行的存款，它是商业银行等金融机构为保证存款客户提取存款的需要而留存的部分存款。商业银行在经营中必须奉行"存款自愿，取款自由"的原则，不仅客户的活期存款可以随时提取，定期存款也可以办理手续后提取。但由于商业银行储户众多，基本不会出现所有储户在同一时间里取走全部存款的现象。因此，商业银行只需要留下一部分存款作为应付客户提款需要的准备金就可以了，其他部分的存款就可以用来从事贷款或购买短期债券等盈利活动。这些留下来用于应付客户提款需要的金额就是存款准备金，既可存于中央银行，也可部分地留在商业银行。在现代银行制度中，商业银行按照中央银行规定的所吸纳存款的法定比例交存在中央银行的存款称为法定准备金，这个法定比例就叫作法定准备率。超过法定准备金的存款及银行库存现金称为超额准备金，主要包括用于支付清算、头寸调拨或作为资产运用的备用资金。

存款准备金、法定准备金及超额准备金之间的关系可以用以下公式表示：

存款准备金＝法定准备金＋超额准备金＝库存现金＋商业银行在中央银行的存款

法定准备金＝法定准备率×存款总额

超额准备金＝存款准备金－法定准备金

法定准备金和法定准备率对整个银行体系的信贷扩张能力起到重要的作用，正是这种较小比率的准备金来支持活期存款的能力，才使得银行体系得以创造货币。

（二）存款创造与货币供给的形成

为了说明商业银行体系的存款创造过程，需要先做一些假设条件，主要包括三个：①银行只保留法定准备金，而将超额准备金全部用于发放贷款，即超额准备金为零；②不考虑现金从银行体系漏出的现象，即假设公众不保留现金，一切货币收入都存入银行，支付完全以支票形式进行；③假定法定准备率为20%。

假设，中央银行向公众甲购买1 000元的有价证券，甲客户将出售证券所得的1 000元存入自己有账户的A银行，银行系统就因此增加了1 000元的存款即准备金。A银行按法定准备率保留200元作为准备金存入中央银行，其余 800 元全部贷出，由乙获得这部分贷款；乙得到这笔从 A 银行开来的支票又全部存入与自己有往来的 B 银行；B 银行得到这 800 元支票存款后留下 160 元作为准备金存入中央银行，然后再贷放出 640 元；得到这笔贷款的丙又会把它存入与自己有业务往来的 C 银行；C 银行留下其中 128 元作准备金存入自己在中央银行的账户上，然后再贷出 512 元。这种存贷款的过程不断进行下去，最终各银行形成存款的情况如表 9-1 所示。

表 9-1　简单情况下的存款创造过程　　　（单位：元）

银行	新增存款（ΔD）	新增准备金存款	新增银行贷款
A	1 000（ΔR）	200	800（乙）
B	800	160	640（丙）
C	640	128	512（丁）
D	……	……	……
总计	1 000+4 000=5 000	1 000	4 000

表中，新增存款总额 5 000 元（其中由甲存入银行的新增存款 1 000 元为原始存款，其他新增存款共 4 000 元为派生存款），新增贷款总额 4 000 元。由于原始存款正好是基础货币量的增加量，新增存款总额（5 000 元）就是由基础货币形成的货币供给量。

商业银行存贷款总和的计算可以用以下公式来表示：

$$D = \Delta R + \Delta R \ (1-r_d) + \Delta R \ (1-r_d)^2 + \ldots \Delta R \ (1-r_d)^n$$
$$= \Delta R \cdot [1+(1-r_d)+(1-r_d)^2+\ldots+(1-r_d)^n]$$
$$= \Delta R \cdot \frac{1-(1-r_d)^n}{1-(1-r_d)}$$

当 n 无穷大时，上式：

$$D = \Delta R \times \frac{1}{r_d}$$

公式中，D 表示存款总额，即新增货币供给量，ΔR 为基础货币变动量，r_d 为法定准备率，其倒数 $\frac{1}{r_d}$ 称为货币创造乘数，用 k 来表示，则 $k=\frac{1}{r_d}$。上例中法定准备率 r_d 为 0.2，则 $k=5$。

由此可见，货币供给量不仅取决于中央银行最初投放了多少货币，即基础货币量的大小，也取决于货币创造乘数或者法定准备率的大小，货币供给量与基础货币量为正相关关系，与法定准备金为负相关关系。中央银行通过改变基础货币量或改变法定准备率的数值，就可以增加或减少货币供给量。

当然，以上货币创造过程的分析是一种假设条件下的简单结论，实际货币创造乘数除了取决于法定准备率外，还会受到超额准备率、现金—存款比率、利率、贴现率等因素的影响。主要考虑以下几种情况：

（1）商业银行存在超额准备金。如果银行找不到可靠的贷款对象，或厂商由于预期利润率太低不愿借款，或银行认为给客户贷款的市场利率太低而不愿贷款，诸如此类原因都会使银行的实际贷款低于其本身的贷款能力。这部分没有贷放出去的款额就形成了超额准备金，即超过法定准备金要求的准备金。超额准备金与存款的比率称超额准备率（用 r_e 表示），法定准备金加超额准备金是银行的实际准备金。法定准备金率加超额准备率是实际准备率。考虑到有超额准备金时，货币创造乘数就不再是法定准备率的倒数，而应该是实际准备率的倒数，即是 $k = \dfrac{1}{r_d + r_e}$，存款总额为 $D = \dfrac{R}{r_d + r_e}$。如上例中，在准备率 $r=20\%$ 时，形成的存款总量为 5000 元，如果超额准备率 $r_e=5\%$，则能形成的存款总量为 4000 元，货币创造乘数由 5 变成 4。可见，货币创造乘数不但和法定准备金有关，而且和超额准备金也有关。一般说来，市场贷款利率越高，银行越不愿多留超额准备金，因为准备金不能生利。因此，市场利率上升，超额准备率会下降，货币乘数就会增大。货币乘数除了和法定准备率及市场利率有关外，还和商业银行向中央银行借款的利率或者说再贴现率有关。再贴现率或者说贴现率上升，表示商业银行向中央银行借款的成本上升，这会促使商业银行多留准备金，从而会提高实际准备率。所以，当贴现率上升时，货币创造乘数就会变小。

（2）商业银行存在现金漏损。如果客户将得到的贷款不全部存入银行，而是抽出一定比例的现金，又会形成一种漏出。在上例中，假设银行客户（甲、乙、丙、丁等）在每一轮存款中抽出 5% 的现金，则 A 银行能贷出的款项不再是 800 元（仍假定超额准备率 $r_e=5\%$），而是 700 元（1 000–200–

50–50=700），B 银行贷出的款项将是 490 元（700–140–35–35=490），继续进行下去，最后形成的存款总额将是 $\dfrac{1000}{0.2+0.05+0.05}=3333$ 元。如果用 r_e 表示现金在存款中的比例，即现金漏损率，则存在超额准备金和现金漏出时，货币创造乘数就变为 $k=\dfrac{1}{r_d+r_e+r_c}$，货币创造乘数进一步变小。

考虑到超额准备金和现金漏损的因素，现在我们来看用于形成狭义货币供给量 M_1 的货币创造乘数。如果用 R_d 表示法定准备金，用 R_e 表示超额准备金，用 R_c 表示非银行部门持有的通货，用 R 表示基础货币，D 仍然表示存款总额，则 $R=R_d+R_e+R_c$，货币供给量 $M=D+R_c$，那么有：

$$\frac{M}{R}=\frac{D+R_c}{R_d+R_e+R_c}$$

等式右侧的分子分母都除以 D，得：

$$\frac{M}{R}=\frac{1+\dfrac{R_c}{D}}{\dfrac{R_d}{D}+\dfrac{R_e}{D}+\dfrac{R_c}{D}}=\frac{1+r_c}{r_d+r_e+r_c}\qquad（式9.1）$$

这里的 $\dfrac{M}{R}=\dfrac{1+r}{r_d+r_e+r_c}$ 就是将活期存款和通货都看成是货币供给量时的货币创造乘数，即对应于狭义货币供给量 M_1 的货币创造乘数。

当然，货币创造乘数的作用也是双向的，如果基础货币减少或准备金率上升，货币供给量将会成倍收缩。

三、货币政策工具

货币政策的终极目标是充分就业、物价稳定、经济增长和国际收支平衡，但由于达到终极目标的时间太长，因此，中央银行需要在货币政策工具与终极目标之间选择与终极目标具有密切相关的、可计量、可控制、可调节的中间目标，通过对中间目标的测控来检验货币政策工具的实施效果。

中间目标一般包括四个变量：利率、货币供给量、基础货币和超额准备金。相比较而言，中央银行对基础货币和超额准备金的控制能力强于对利率和货币供给量的控制能力。事实上，利率和货币供给量是互相牵制的两个量，要想控制利率就得变动货币供给量，反过来，要控制货币供给量又得调整利率。因此，中央银行不可能同时选择两个目标，而只能选择一个作为某一时期的目标。

凯恩斯主义者和货币主义者对此选择有不同的看法。凯恩斯主义者认为货币政策主要是通过利率作用于总需求的，因此，中央银行的关注目标应是利率。而货币主义者则强调货币供给量的变化作用，他们认为利率目标会导致货币供给量不断增加，通货膨胀的压力将难以避免。在现实中，中央银行往往采取一种尽可能兼顾短期和长期的折中性的混合货币政策。

根据前面对存款创造过程的说明，我们知道，要改变货币供给量（活期存款量及通货量）主要可以通过两个方面实现，一个是改变基础货币量（包括改变超额准备金率及贴现率），另一个是直接改变法定准备金率以改变法定准备金。相应的，在实现目标的工具选择上，中央银行常用的货币政策工具主要有以下三个。

（一）公开市场业务

指中央银行在金融市场上公开买卖政府债券以控制货币供给和利率的政策行为。政府债券是政府为筹措弥补财政赤字的资金而发行并支付利息的国库券或债券。这些被初次卖出的债券在普通居民、厂商、银行、养老基金等单位中反复被买卖。当中央银行在公开市场上购买政府债券时，商业银行和其他存款机构的准备金将会以两种方式增加：如果央行从个人或公司等非银行机构买进债券，则会开出支票，债券出售者将该支票存入自己的银行账户，该银行则将支票交央行体系作为自己在央行账户上增加的准备金存款；如果央行直接从各银行买进债券，则可直接按债券金额增加各银行在央行体系中的准备金存款。当中央银行售出政府债券时，情况则相反，准备金的变动就会引起货币供给按乘数发生变动。准备金变动了，银行客户取得信贷变得容易或困难了，这本身就会影响经济，同时，中央银行买卖政府债券的行为，也会引起债券市场上需求和供给的变动，因而影响到债券价格以及市场利率。有价证券的市场是一个竞争性的市场，其价格由供求关系决定。当中央银行要购买债券时，对债券的市场需求就增加，债券价格会上升，而债券价格的上升，就意味着利率下降；反之亦然。

公开市场业务之所以能成为中央银行控制货币供给最主要的手段，是因为这种政策手段比用其他手段更为灵活。在公开市场业务中，中央银行可及时地按照一定的目标来买卖政府债券，从而比较易于准确地控制银行体系的准备金。如果中央银行希望大量地变动货币供给，就可以根据改变量的规模来决定买进或卖出政府债券的数量；如果中央银行只希望少量地变动货币供给，就可以用少量的债券买卖来达到目的。由于公开市场操作很灵活，因而便于为中央银行及时用来改变货币供给变动的方向，变买进为卖出债券，就有可能立即使增加货币供给变为减少货币供给。中央银行可以连续地、灵活地进行公开市场操作，自由决定债券的数量、时间和方向，即使有时出现某些政策失误，也可以及时得到纠正。

（二）再贴现率政策

中央银行又被称为"银行的银行"，这是因为它可以借钱给商业银行。当商业银行发现自己没有足够的准备金以应付需要时（如出现了对某家银行的挤兑，而该银行所持有的准备金不能满足提款的需要时），商业银行可以向中央银行借款，而再贴现率即为商业银行向中央银行借款时必须支付的利率。再贴现率不同于资本市场的利率（由供求的力量决定），它是由中央银行直接规定的。中央银行往往通过改变再贴现率的大小来影响经济中的货币供给量。

如果再贴现率下降，商业银行会发现，它们向中央银行的借款变得更加便宜。若预期收益不变，商业银行倾向于增加向中央银行的借款。这样一来，商业银行的可贷资金增加，通过货币乘数的作用，经济中的货币供给量进一步增加。相反，如果再贴现率上升，商业银行向中央银行的贷款成本增加。这将减少商业银行的可贷资金，从而使货币供给量减少。

由此可见，中央银行通过改变再贴现率能够影响货币供给量。当然，再贴现率政策不是一个具有主动性的政策。因为，中央银行只能等待商业银行向它借款，而不能要求商业银行这样做。如果商业银行不向中央银行借款，那么再贴现率政策便无法执行了。

现在，中央银行使用再贴现率已不仅仅是为了对货币供给（及贷款规模等）直接产生影响，而是更多地作为一种市场信号，被用于向公众传达中央银行对于货币政策的意图。当中央银行降低再贴现率时，是要向市场传达其有意使经济中更容易得到信贷的意图；当中央银行提高再贴现率时，则是为了表明其限制信贷的意图。

（三）法定准备率

中央银行有权决定商业银行和其他存款机构的法定准备率，如果中央银行认为需要增加货币供给，就可以降低法定准备率，使所有的存款机构对每一笔客户存款只要留出更少的准备金，而当法定准备金率提高时，每一元的准备金就可支撑更多的存款。

假设中央银行把法定准备率从 10% 降为 5%，商业银行的超额准备金就会大大增加，这就意味着每家商业银行都可以更多地贷款。那些获得贷款的人又会在他们的银行账户中存入存款，这使得银行发放贷款的行为得以继续进行，最终这一存款创造过程将使得银行存款扩大至准备金的 20 倍，而不是最初的 10 倍。

反之，当中央银行决定提高法定准备率时，比如提高到 30%，银行就会发现必须收回一部分贷款以补充准备金数量，而贷款被收回的借款人会从他们的支票账户提出存款。只有当银行存款升至法定准备金率的 5 倍而不再是 10 倍时，这个过程才会结束。

由此可见，改变法定准备率一方面可以影响银行的超额准备金数量，另一方面会影响货币创造乘数（法定准备率的倒数），从而可以起到改变货币供给量的作用。

从理论上说，变动法定准备率是中央银行调整货币供给最简单的办法。然而，中央银行一般不愿轻易使用变动法定准备率这一手段。这是因为，银行去向中央银行报告它们的准备金和存款状况时有一个时滞，今天变动的准备率一般要过一段时间（比如说两周以后）才起作用。另外，变动法定准备金的作用十分猛烈，一旦准备率变动，所有银行的信用都必须扩张或收缩。

因此很少使用这一政策手段。如果准备率变动频繁，会使商业银行和所有金融机构的正常信贷业务受到干扰而感到无所适从。

　　货币政策除了以上三种主要工具之外，还有其他的一些工具，包括对商业银行的道义劝告，以及一些选择性的货币政策工具，比如对房贷政策的调整等。而且中央银行在运用货币政策工具时，往往也会不同的政策配合使用，以加强效果或消除弊端。

第四节　财政政策与货币政策的效果分析

　　财政政策是政府通过变动税收和支出以影响总需求进而影响就业和国民收入水平；货币政策则是由政府货币当局即中央银行通过银行体系变动货币供给量来调节总需求，进而影响国民收入和就业。无论是财政政策还是货币政策，都是通过影响利率、消费、投资进而影响总需求，使就业和国民收入得到调节，这些影响都可以通过对 IS—LM 图形的分析看出。财政政策改变了政府的净支出，进而改变了社会总支出水平，在模型中表现为 IS 曲线的移动，扩张性的财政政策提高了支出水平，导致 IS 曲线向右移动，在 LM 曲线不变时使收入增加，利率上升；紧缩性的财政政策则相反，使 IS 曲线向左移动，收入减少，利率下降。货币政策的实施改变了货币供给量，使 LM 曲线发生移动；扩张性的货币政策增加了货币供给量，LM 曲线右移，在 IS 曲线不变时，收入增加，利率下降；紧缩性的货币政策则使 LM 曲线左移，收入减少，利率上升。

一、财政政策效果

　　从 IS—LM 模型看，财政政策效果的大小是指政府收支变化使 IS 变动对国民收入变动产生的影响。政策效果大小取决于多种不同的因素，先来看挤出效应的影响。

（一）挤出效应

"挤出效应"是指政府支出增加所引起的私人消费或投资降低的效果。当实施扩张性财政政策时，政府支出增加使 IS 曲线右移，从而国民收入和利率都会增加。国民收入以乘数倍数增加，但利率上升会抑制私人投资和消费进而限制政府支出增加的产出效应，这就是挤出效应，用图 9.1 来说明。

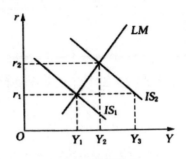

图 9.1　挤出效应

在图 9.1 中，经济均衡于 IS_1 与 LM 的交点，均衡利率为 r_1，均衡产出为 Y_1。政府为扩大产出，实现充分就业，实施扩张性财政政策，IS 曲线向右移动到 IS_2，利率上升为 r_2，收入增加到 Y_2，Y_1Y_2 就是扩张性财政政策所形成的产出增加效果。图中我们可以看到，如果政府的扩张性财政政策没有导致利率上升，利率仍保持为 r_1，则产出水平将达到 Y_3 而不是 Y_2，Y_1Y_3 实际上就是这个扩张政策引起支出增长所带来的乘数效应。由于扩张政策带来的利率上升使得私人投资和消费趋于减少，从而引起的收入下降抵消了一部分扩张政策使收入增加的效果，被抵消掉的这部分收入为 Y_3Y_2，这就是挤出效应。

假设扩张政策使政府支出增加 10 亿元，乘数等于 5，则支出的乘数效应为国民收入增加 50 亿元（图中表现为 IS_1 到 IS_2 的水平距离，即 Y_1Y_3）。但由于利率上升，使私人企业投资及公众消费共减少 6 亿元，乘数也是 5，引起的收入减少量为 30 亿元（对应图中的 Y_3Y_2），也就是说，挤出效应为 30 亿元，那么实际的收入增长必然小于 50 亿元，只有 50-30=20 亿元（对应于图中的 Y_1Y_2）。

扩张政策导致私人投资和消费被"挤出"，如果是紧缩政策，由于利率下降，则会"挤进"投资，同样抵消紧缩政策使收入减少的效果。

如果经济已经处于充分就业状态，由于实际产出难以增加，则增加政府支出就会完全地挤占私人的投资和消费支出。在非充分就业的经济中，政府推行增加支出的扩张性财政政策，同样对私人投资有挤出效应。但一般说来，不可能对私人投资支出产生完全的挤出，因而这种政策多少能使生产和就业增加一些。

政府支出"挤占"私人支出的程度主要取决于以下几个因素：

（1）支出乘数的大小。乘数越大，政府支出所引起的产出增加固然越多，但利率提高使投资减少所引起的国民收入减少也越多，即挤出效应越大。

（2）货币需求对产出变动的敏感程度，即货币需求函数 $L= kY-hr$ 中 k 的大小。k 越大，政府支出增加所引起的一定量产出水平增加所导致的对货币的需求（交易需求）的增加也越大，因而使利率上升也越多，从而挤出效应也就越大。

（3）货币需求对利率变动的敏感程度，即货币需求函数中 h 的大小，也就是货币需求的利率系数的大小。这一系数越小，说明货币需求稍有变动，就会引起利率大幅度变动。因此，当政府支出增加引起货币需求增加所导致的利率上升就越多，因而对投资的"挤占"也就越多。相反，如果 h 越大，则挤出效应就越小。

（4）投资需求对利率变动的敏感程度，即投资助利率系数的大小。投资的利率系数越大，则一定量利率水平的变动对投资水平的影响就越大，因而挤出效应就越大；反之，则挤出效应就越小。

这四个因素中，支出乘数主要决定于边际消费倾向。而边际消费倾向一般被认为是比较稳定的。货币需求对产出水平的敏感程度主要取决于支付习惯和制度，一般也被认为比较稳定。因此，挤出效应大小的决定性因素是货币需求及投资需求对利率的敏感程度，即货币需求的利率系数及投资需求的利率系数的大小。

（二）IS 曲线、LM 曲线斜率对财政政策效果的影响

财政政策的效果还会随 IS 曲线及 LM 曲线的斜率不同而有所不同。在

LM 曲线不变时，IS 曲线斜率的绝对值越大，即 IS 曲线越陡峭，则移动 IS 曲线时，收入变化就越大，即财政政策效果越大；反之，IS 曲线越平缓，则 IS 曲线移动时收入变化就越小，即财政政策效果越小。如图 9.2 所示。

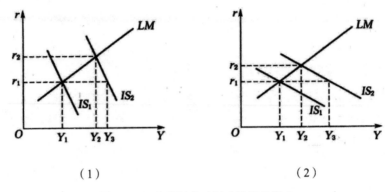

（1）   （2）

图 9.2 IS 曲线斜率对财政效果的影响

在图 9.2 的（1）和（2）中，假定 LM 曲线即货币市场均衡情况完全相同，但 IS 曲线的斜率不同，图（1）中 IS 曲线斜率（绝对值）大，曲线陡峭，图（2）中 IS 曲线斜率（绝对值）小，曲线平缓。当政府实施扩张性财政政策增加支出水平时，IS 曲线向右移动，收入增加，利率上升。在两个图中，IS 曲线由 IS_1 向右移动相同的水平距离到 IS_2，表示同样大小的政府支出所带来的相同的乘数效应，其大小为 Y_1Y_3，但显然实际的财政政策效果并不相同，图（1）所示的政策效果 Y_1Y_2 要大于图（2）的政策效果 Y_1Y_2，原因是后者的挤出效应更大。

在这里，挤出效应的大小是由什么决定的呢？主要是受 IS 曲线斜率大小的影响。我们知道，IS 斜率大小主要由投资的利率系数 d 决定，IS 越陡峭，表示投资的利率系数越小，投资对利率的变动就越迟钝，即利率变动一定幅度所引起的投资变动的幅度就小。在投资对利率变动的反应比较迟钝时，当一项扩张性财政政策使利率上升，就会使私人投资下降较少，也就是挤出效应较小。因此，IS 越陡峭，实行扩张性财政政策时被挤出的私人投资就越少，从而使国民收入增加得就越多，即政策效果越大，这就是图 9.2（1）所反映的情况。相反，如果投资的利率系数 d 较大，说明投资对利率变动的反应比较敏感，*IS* 曲线就会比较平缓，*IS* 变动时产生的挤出效应也就较大，政策效果就小，如图 9.2（2）所示。

再来看 *LM* 曲线斜率的影响。在 *IS* 曲线的斜率不变时，*LM* 曲线斜率越大，即 *LM* 曲线越陡，则 *IS* 曲线移动时收入变动就越小，即财政政策效果就越小；反之，*LM* 曲线越平缓，则财政政策效果就越大。如图 9.3 所示。

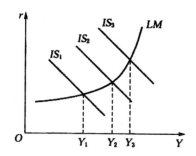

图 9.3　*LM* 曲线斜率对财政政策效果的影响

在图 9.3 中，有一条斜率逐渐变陡的 *LM* 曲线，对应 *LM* 曲线的三个区域。一般说来，在经济萧条，收入和利率较低时，*LM* 曲线较平缓，财政政策效果就较大；而在收入水平较高，接近充分就业水平时，*LM* 曲线较陡峭，财政政策效果就较小。表现在图中，IS_1、IS_2、IS_3 的水平距离相同，表示政府增加相同的支出数使 *IS* 曲线右移同样距离，即政府支出的乘数效应是相同的，但国民收入增加的情况并不相同，Y_2Y_3 明显小于 Y_1Y_2。

为什么政府增加同样大一笔支出，在 *LM* 曲线斜率较大，即曲线较陡时，引起的国民收入增量较小，即政策效果较小，相反，在 *LM* 曲线较平缓时，引起的国民收入增量较大，即政策效果较大呢？这是因为，*LM* 曲线斜率较大即曲线较陡，表示货币需求的利率系数较小，或者说货币需求对利率的反应较不灵敏，这意味着一定的货币需求增加将使利率上升较多，从而对私人部门投资产生较大的挤出效应，结果使财政政策效果较小。相反，当货币需求利率系数较大，从而 *LM* 曲线较平缓时，政府由于增加支出，即使向私人部门借了很多钱（如出售公债），也不会使利率上升很多，从而不会对私人投资产生很大影响，这样，政府增加支出就会使国民收入增加较多，即财政政策效果较大。

二、货币政策效果

货币政策的效果指变动货币供给量的政策对总需求的影响，假定增加货币供给能使国民收入有较大增加，则货币政策效果就大；反之，则小。货币政策效果同样取决于 IS 和 LM 曲线的斜率。

（一）IS 曲线、LM 曲线斜率对货币政策效果的影响

如果 LM 曲线斜率不变，IS 曲线越平缓，LM 曲线移动对国民收入变动的影响就越大，货币政策效果就越大；IS 曲线越陡峭，LM 曲线移动对国民收入变动的影响就越小，货币政策效果就越小。如图 9.4 所示。

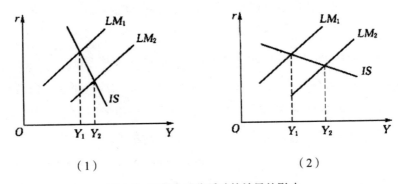

图 9.4 IS 斜率对货币政策效果的影响

在图 9.4 的图（1）和图（2）中，LM 曲线的斜率是相同的，扩张的货币政策导致 LM 曲线向右移动的水平距离也是相同的，但 IS 曲线的斜率不同：图（1）中 IS 曲线斜率（绝对值）大，曲线陡峭；图（2）中 IS 曲线斜率（绝对值）小，曲线平缓。我们看到，相同的货币政策在 IS 曲线陡峭时增加的收入量小，货币政策效果小，如图（1）；在 IS 曲线平缓时增加的收入量大，货币政策效果大，如图（2）。之所以如此，仍然和投资的利率系数有关。如果 IS 曲线较陡，说明投资的利率系数较小，投资对利率变动的反应比较迟钝，当货币供给增加，LM 曲线向右移动使利率下降时，投资不会增加很多，从而国民收入也不会有较大增加；反之，IS 较平缓时，说明投资利率系数较大，

当货币供给增加使利率下降时，投资和收入会增加较多。

当 IS 曲线斜率不变时，LM 曲线越陡峭，货币政策效果就越大，LM 曲线越平缓，则货币政策效果就越小，如图 9.5 所示。

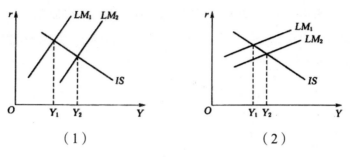

图 9.5　LM 斜率对货币效果的影响

在图 9.5 的图（1）和图（2）中，IS 曲线的斜率是相同的，扩张的货币政策导致 LM 曲线向右移动的水平距离也是相同的。但 LM 曲线的斜率不同，图（1）中 LM 曲线斜率大，曲线陡峭；图（2）中 LM 曲线斜率小，曲线平缓。相应的，相同的货币政策在 LM 曲线陡峭时增加的收入量多，货币政策效果大，如图（1）；在 LM 曲线平缓时增加的收入量小，货币政策效果小，如图（2）。

LM 曲线斜率对货币政策效果的影响与货币需求的利率系数有关。LM 曲线陡峭，说明货币需求的利率系数较小，即货币需求受利率的影响较小，当货币供给量增加时，利率下降得就会比较多，因而导致投资和国民收入增加较多，货币政策的效果就大。若 LM 曲线较平缓，说明货币需求受利率的影响较大，即利率稍有变动就会使货币需求变动很多。这样，当货币供给量变动时，利率变动得就较小，从而就不会对投资和国民收入有较大影响，说明货币政策的效果就小。总之，扩张的货币政策如果能使利率下降较多，则货币政策的效果就较强；反之，货币政策的效果就较弱。

（二）古典主义的极端情况

如果 IS 曲线是水平的而 LM 曲线是垂直的，就是所谓古典主义的极端情况，正好与凯恩斯极端情况相反，如图 9.6 所示。

LM 曲线是垂直线，表明货币需求的利率系数等于零，投机产品已跌到不会再跌的程度，因此，出于投机动机的货币需求量为零。政府如果此时推行扩张财政政策，则无法从私人部门获得任何借款。为了获得借款，利率必须上涨到足以使政府公债产生的收益大于私人投资的预期收益。当利率升高时，政府的支出水平随之增加，但显然政府任何支出的增加都意味着私人投资的等量减少，存在完全的挤出效应。这意味着扩张政策并不能增加国民收入，财政政策是完全无效的。

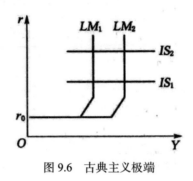

图 9.6   古典主义极端

IS 曲线是水平线，说明投资需求的利率系数无穷大，投资对利率变动极其敏感。当政府实施扩张财政政策而需要向私人部门借钱时，利率只要稍有上升，私人投资就会极大减少，产生完全"挤出效应"。这种情况下，财政政策也是完全无效的。

尽管财政政策是完全无效的，但是如果实行改变货币量的货币政策，则效果会很大。由于 LM 曲线是垂直的，人们对货币没有投机需求，因此，增加的货币供给将全部用来增加交易需求。当货币供给量增加时，超过人们交易需求的货币都会用于增加购买投机产品，使投机产品价格不断上升，相应的，利率不断下降。在这个过程中，随着投资水平的不断增加，国民收入水平不断提高，这必然不断增加货币的交易需求量，直到收入上升水平提高到正好使增加的货币量全部变成交易需求为止。因此，扩张的货币政策将有效地提高国民收入水平。同时，水平的 IS 曲线也使得在货币供给变动导致利率变动时，投资和收入将会极大地变动，从而支持了货币政策有效的观点。

三、宏观政策的有效性

关于宏观经济政策的有效性问题，一些经济学家认为，实施有效的宏观经济政策能够熨平经济波动。从前面的讨论可以看出，当政府实施"逆风向需求管理"的宏观经济政策时，即经济过热时采取紧缩政策，经济萧条时实施扩张政策，经济将会更加平稳地运行。

与上述观点相反，另一些经济学家则认为，宏观经济政策对于稳定经济是无效的，他们认为政府的经济干预是没有必要的。

第一种观点（认为宏观经济政策有效的观点）称为积极政策论，前面的分析已经为其提供了理论上的支持。这里主要分析一下第二种观点，即认为宏观经济政策无效的观点，也称为消极政策论。

（一）政策的时滞效应

消极政策论者认为宏观经济政策对于稳定经济是无效的，一个主要依据是认为政策具有时滞效应。

宏观经济政策的制定与执行，以及政策产生影响的每一阶段，都会存在时滞效应。经济学家将这种政策的时滞效应分为内部时滞和外部时滞。区分内部时滞与外部时滞的关键在于政策实施的时点，前者发生于政策实施之前，而后者则是政策实施后的滞后影响。

一般来说，财政政策和货币政策具有不同的时滞效应。财政政策调节经济运行的难点在于内部时滞过长，各国财政政策的实施，都需要经过国会或政府机构的表决、批准，有时甚至需要立法，复杂而缓慢的审核与批复程序往往延缓财政政策的实施。此外，不同财政政策的时滞也不相同。政府购买政策的行动时滞和外部时滞较长（政府购买需要调动的资源量庞大，基础设施建设周期长），税收政策的决策时滞长，而外部时滞短（税率的变化需要相关政府机构和国会的批准，但税率一经改变就会对经济产生影响）。

货币政策的内部时滞相对于财政政策而言要短很多，原因在于中央银行可以在很短的时间内决定并执行新的货币政策。但货币政策的外部时滞却很长，货币政策外部时滞的长短取决于中央银行与商业银行、居民、企业及政府等一系列经济主体之间的关系，这些关系又主要由金融市场和商品市场的运行决定，中央银行往往难以把握和控制其他经济主体的反应，而这一系列行为主体的反应特征在很大程度上会影响货币政策的传导过程。所以，货币政策的外部时滞一般长于内部时滞。

总之，消极政策论者认为，由于时滞的存在，经济稳定政策要取得成功几乎是不可能的。不仅如此，由于时滞效应，政府为稳定经济所做的努力反而有可能成为导致经济不稳定的因素。

（二）理性预期与卢卡斯批判

除上述时滞效应的存在可能导致宏观经济政策无效之外，以卢卡斯等人为代表的理性预期学派强调在政策实施的同时，人们的预期会针对政策的变动作出相应的调整。而凯恩斯主义并没有充分考虑到政策对于预期的这种影响，这也是导致凯恩斯主义政策无效的一个原因。

所谓理性预期，是指公众预先充分掌握了一切可以利用的信息，并在对这些信息进行系统整理的基础上预测未来。这种预期之所以被称为"理性的"，是因为它是公众对历史能提供的所有信息加以有效利用，并经过周密的思考之后才作出的一种预期。理性预期理论不排除现实经济中存在不确定性因素，也不排除不确定性因素对预期的影响，使得预期偏离实际。但是在理性预期模型中，公众会针对预期的不准确信息来不断调整对未来的预期。在理性预期理论中，公众也会犯随机性错误，但不会犯系统性错误。

虽然说理性预期是最准确和最有效的预期形式，但也饱受批评。主要的一种批评是其涉及信息成本，即公众获取和处理那些可公开获得的信息以形成理性预期所需的成本，包括时间、精力和金钱等。既然获取和处理信息有成本，那么公众就不可能使用所有可得到的公开信息。针对这种批评的辩护观点认为，"理性"公众在形成他们的预期时，有激励去最合理地利用所有可获取的公开信息，直到最接近地实现信息获取的边际收益等于边际成本。此外，理性预期并不要求公众独立获取和处理可获得的公开信息。公众可以通过间接方式，例如通过新闻媒介和专业研究机构发表的预测和评论中获取信息。

另一个更为严厉的批评意见则认为，由于经济学家针对什么是正确模型存在巨大的分歧，那么公众在现实中是如何获取"正确的"经济模型知识？分散的市场行为主体，能否"了解"经济的真实模型是一个很有争议的问题。

对于以上的批评，卢卡斯给出了经典的回应：鸟没有学过复杂的空气动力学却能飞得很好。理性预期学派认为，因为公众不断地吸取教训，能够做到"吃一堑，长一智"，从而有效利用一切信息来逐渐修正预期，因此理性预期是一种合理的理论假设。

由于公众会对政策变化所带来的影响作出理性的预期，并相应地改变自己的行为，这就为政策研究者提出了一个尖锐的问题：当政府准备实施一项政策时，我们需要知道公众依据自身的判断可能对这项政策如何作出反应。除非我们充分了解公众对政策的预期，否则我们就不能从各变量和政策之间的历史关系中找出答案。

1981年，卢卡斯发表了题为《对经济计量政策评估的批评》的论文，他认为传统的凯恩斯模型不能用于研究政策变化的影响，因为传统的政策评估方法——比如依靠标准宏观经济计量模型的方法——没有充分考虑政策对预期的影响。卢卡斯对传统政策评估的批评，就是经济学中著名的"卢卡斯批判"。

"卢卡斯批判"的基本思想可以表述为：在凯恩斯主义的理论体系中，由于没有考虑到预期的作用，短期总供给曲线被视为固定不变的，从而宏观经济政策通过影响总需求而对实际经济产生影响。而理性预期学派却认为，人们会利用一切信息对价格的变动作出预期，当政府政策改变时，人们会对预期进行适时调整，短期总供给曲线并不是固定不变的，而是会针对宏观经济政策的变动做出相应调整。因此，在制定宏观经济政策时，政策制定者应该了解和重视这种调整。

第五节　两种政策的配合使用

前面的分析表明，当经济萧条时，为增加总需求，提高收入水平和就业水平，政府既可以使用扩张的财政政策，也可以使用扩张的货币政策，如果是治理经济过热，则使用紧缩的财政政策或货币政策。现实中，政府往往将两种政策配合使用，以更好地发挥政策的作用。

由于财政政策和货币政策都有扩张性和紧缩性的不同方向，两种政策相结合，可以有四种组合，不同组合的政策效应不同。表9-2描述了这些组合的效果。

表9-2　财政政策和货币政策的混合效应

	政策组合	对产出的影响	对利率的影响
1	松财政紧货币	不确定	上升
2	紧财政松货币	不确定	上升
3	双紧政策	减少	不确定
4	双松政策	增加	不确定

所谓"松"的政策就是扩张性政策，"紧"的政策就是紧缩性政策。图9.7、图9.8、图9.9和图9.10分别展示了这些政策组合的效果。

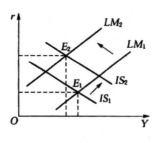

图9.7　松财政紧货币政策

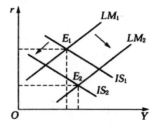

图9.8　紧财政松货币政策

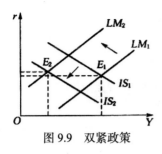
图 9.9　双紧政策

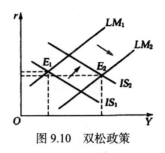
图 9.10　双松政策

因为相同性质的财政政策和货币政策对产出的影响方向是一致的，所有一松一紧的政策组合对产出的影响是不能确定的，产出是增加还是减少，要看不同政策的力度。如紧财政、松货币的政策组合，如果货币政策使 LM 右移对产出增加的影响超出了财政政策使 IS 左移对产出减少的影响，最终的产出就是增加的。一松一紧组合的其他情况可以以此类推。

双松和双紧的政策属于猛烈的政策组合，对产出的影响是确定性的，双松政策组合使产出大幅增加，而双紧政策组合则能使产出大幅减少。

实践中，政府和中央银行可以根据具体情况和不同政策目标，选择不同的政策组合。例如，当经济萧条但又不太严重时，可采用第一种组合，用扩张性财政政策刺激总需求，又用紧缩性货币政策控制通货膨胀；当经济中出现通货膨胀又不太严重时，可用第二种组合，用紧缩财政压缩总需求，又用扩张性货币政策降低利率，以免财政过度紧缩而引起衰退；当经济发生严重通货膨胀时，可采用第三种组合，用紧缩货币来提高利率，降低总需求水平，又紧缩财政，以防止利率过分提高；而当经济严重萧条时，可用第四种组合，用扩张财政增加总需求，用扩张货币降低利率以克服"挤出效应"。

当然，政府在考虑如何混合使用两种政策时，不仅要看当时的经济形势，还要考虑政治上的需要，在做出混合使用各种政策的决策时，必须考虑如何协调各行各业、各个阶层的人群的利益问题，这样才能有的放矢，并有效提高政策的效果。

第十章　通货膨胀与失业

第一节　通货膨胀的定义及类型

在西方经济学中，通货膨胀是指一般物价水平（价格总体水平）在某一时期内持续上涨的现象。正确理解这一定义，应注意四点：①通货膨胀是一般物价水平即全社会所有的商品和劳务的平均价格水平的普遍上涨，局部的或个别的商品和劳务的价格上涨不能视之为通货膨胀；②通货膨胀是物价持续上涨的过程，而不是暂时的物价上涨（如一次性的价格调整）；③所有商品和劳务的价格普遍上涨，并不意味着每一种商品都有相同水平的上升；④通货膨胀与高物价水平不同，高物价水平并不意味着存在通货膨胀，只有高物价水平不断地持续上涨，才存在通货膨胀。

一、通货膨胀的衡量

通货膨胀是物价总体水平持续上升的现象，它总要通过物价水平的上涨表现出来。因此，物价上涨幅度成为通货膨胀的标志。目前，世界各国普遍采用"一般物价水平"来说明物价水平的变动情况，并根据一般物价水平的上升幅度来反映通货膨胀程度，即通货膨胀率。所谓"一般物价水平"是指全社会所有商品和劳务的平均价格水平，该平均价格水平一般通过编制价格指数进行计算。因此价格指数常被作为衡量通货膨胀的尺度。

通货膨胀率有两种表现形式：一种是与某一个特定时期（基期）物价指数相比，某个时期物价指数上涨幅度，称为同比通货膨胀率；另一种是与上一时期物价指数相比，某个时期物价指数的上涨幅度，称为环比通货膨胀率。用公式分别表示为：

同比通货膨胀率 =（本期物价指数 − 基期物价指数）/ 基期物价指数 × 100%

环比通货膨胀率 =（本期物价指数 − 上期物价指数）/ 上期物价指数 × 100%

一般来说，环比通货膨胀率较为常见。其中，一般物价指数常见的有居民消费价格指数（CPI）、生产者物价指数（PPI）、批发物价指数（WPI）和平减指数。

（一）居民消费价格指数（CPI）

居民消费价格指数（Consumer Price Inder，CPI），是一个反映居民家庭一般购买的消费商品和服务价格水平变动情况的宏观经济指标。它是度量一组代表性消费商品及服务项目的价格水平随时间而变动的相对数，是用来反映居民家庭购买消费商品及服务的价格水平的变动情况。

居民消费价格统计所调查的是社会产品和服务项目的最终价格，一方面同人民群众的生活密切相关，同时在整个国民经济价格体系中也具有重要的地位。它是进行经济分析和决策、价格总水平监测和调控及国民经济核算的重要指标，其上涨率在一定程度上反映了通货膨胀程度。

例如，一个经济体的消费价格指数从去年的 100 增加到今年的 112，那么这一时期的通货膨胀率为 $T=（112-100）/100 × 100\%=12\%$，表现为物价上涨 12%。

（二）生产者物价指数（PPI）

生产者物价指数（Producer Price Index，PPI）也称工业品出厂价格指数，是一个用来衡量制造商出厂价格的平均变化的指数，是反映某一时期生产领域从生产的"原始阶段（商品尚未做任何的加工）——中间阶段（商品尚需进一步的加工）——完成阶段（商品至此不再做任何加工手续）"整个过程价格变动情况的重要经济指标。

生产者物价指数并不仅仅是一个指数，它是一族指数，是生产的三个渐进过程的每一个阶段（原材料、中间品和产成品）的价格指数。一般认为，最有影响的是最后一个，即产成品的 PPI，它代表着这些商品被运到批发商和零售商之前的最终状态，这里任何一点的通货膨胀都可能被传递到消费者最终消费的环节。

一般来说，根据价格传导规律，PPI 对 CPI 有一定的影响。PPI 反映生产环节的价格水平，CPI 反映消费环节的价格水平。整体价格水平的波动一般首先出现在生产领域（PPI），然后通过产业链向下游产业扩散，最后波及消费品（CPI）。产业链通常可以分为两条：一条是以工业品为原材料的生产链，存在原材料→生产资料→生活资料的价格传导路径；另一条是以农产品为原料的生产链，存在农业生产资料→农产品→食品的价格传导路径。

（三）批发物价指数（WPI）

批发物价指数（WPI）是通货膨胀的测定指标之一，根据商品批发价格变动资料所编制，反映不同时期生产资料和消费品批发价格的变动趋势与幅度的相对数。

批发价格是在商品进入零售，形成零售价格之前，由中间商或批发企业所定，其水平取决于出厂价格或收购价格，包括的产品有原料、中间产品、最终产品与进出口品，但不包括各类劳务，对零售价格有决定性影响。因此，有一些经济学家认为，批发价格指数比消费物价指数具有更广泛的物价变动代表性。

批发物价指数既可按全部商品综合编制，也可按不同部门或各类商品分别编制，但不包括劳务价格。批发物价指数的优点在于对商品流通比较敏感。其缺陷在于统计范围狭窄，所以许多国家没有将批发物价指数列为测定通货膨胀的代表性指标。

（四）GDP 平减指数

GDP 平减指数（GDP Deflator）又称 GDP 缩减指数、GDP 折算指数或 GDP 价格指数，是指没有剔除物价变动前 GDP（名义 GDP）与剔除了物价变动后的 GDP（实际 GDP）的比值。它的计算基础比 CPI 更广泛，涉及全部商品和服务，除消费外，还包括生产资料和资本、进出口商品和劳务等。

因此，这一指数能够更加准确地反映一般物价水平走向，是对价格水平最宏观的测量。其计算公式如下：

$$GDP\text{ 平减指数} = 名义\ GDP \div 实际\ GDP$$

GDP 平减指数反映一段时间（从实际 GDP 对应基期到名义 GDP 对应的计算期）内，经济社会物价水平的总体变化趋势和变化程度。一般来说，GDP 平减指数大于 1，表明存在通货膨胀。

上述四种价格指数，CPI、PPI 和 WPI 一般反映短期通货膨胀水平，其中以 CPI 最为常用，而 GDP 平减指数则通常用于反映长期通货膨胀水平。除此之外，还存在零售物价指数（RPI），但很少将其作为反映经济社会通货膨胀水平的标准。商品零售价格指数（Retail Price Index）是指反映一定时期内商品零售价格变动趋势和变动程度的相对数。商品零售价格指数仅限于包括家具、电器、超市上销售的商品和药品等，不包括服务业的消费。

二、通货膨胀的类型

根据不同的标准，西方经济学家对通货膨胀进行了分类。

（一）根据通货膨胀严重程度划分

根据通货膨胀的严重程度，即按通货膨胀率的大小进行分类，西方经济学家将通货膨胀分为爬行的通货膨胀、温和的通货膨胀、奔腾的通货膨胀和恶性的通货膨胀四种类型。

1. 爬行的通货膨胀

爬行型通货膨胀又称潜行的通货膨胀，是指一种缓慢而持续的通货膨胀，一般物价水平年平均上涨率（年通货膨胀率）在 1% ~ 3% 之内的通货膨胀。这种较缓慢的一般物价水平上升并不会给经济生活带来不利的影响，相反，有时还会作为一种"润滑剂"起到促进经济增长的作用。

2. 温和的通货膨胀

当年通货膨胀率达到 3% ~ 6%（或 3% ~ 10%）时，就称为温和的通货膨胀。这种通货膨胀与爬行通货膨胀的通货膨胀率都比较低，对经济的不利影响较小，所以许多经济学家也将二者归为一类，合称为温和的通货膨胀。

3. 奔腾的通货膨胀

奔腾的通货膨胀，也称奔驰的通货膨胀、急剧的通货膨胀、疾驰的通货膨胀、加速的通货膨胀、飞奔的通货膨胀等，指年通货膨胀率在 10% ~ 100% 以内的通货膨胀。这种通货膨胀一旦形成并稳固下来，货币会迅速贬值，人们只愿意保留极少量的货币在手中以应付日常交易所需，更愿意囤积商品、购置房产进行投机，从而使经济出现严重的扭曲，经济社会产生动荡，是一种较危险的通货膨胀。

4. 恶性的通货膨胀

恶性的通货膨胀，又称超级的通货膨胀，是指年通货膨胀率达到 100% 及以上的通货膨胀。恶性的通货膨胀是一种不能控制的通货膨胀，在恶性通货膨胀情况下，货币急剧大幅贬值，完全丧失了价值贮藏的功能，也在很大程度上失去了作为交换媒介的功能。正常经济关系遭到破坏，经济完全停滞以至金融货币体系和经济濒临崩溃边缘。

世界史上有所记载的恶性通货膨胀都发生在 20 世纪。20 世纪的恶性通货膨胀出现在三个时期：第一次世界大战和第二次世界大战后以及 80 年代的债务危机时期。第一次世界大战后，欧洲的 5 个国家：奥地利、德国、匈牙利、波兰和苏联陷入恶性通货膨胀中。1922—1923 年间的德国最高通货膨胀率甚至达到 29 000%。另一轮恶性通货膨胀发生于第二次世界大战后，希腊和匈牙利都陷入了货币混乱，它创下了世界史上最严重的恶性通货膨胀的记录——连续一年多物价平均每月通货膨胀率达 19 800%。第三轮恶性通货膨胀发生在 20 世纪 80 年代，阿根廷、玻利维亚、巴西、秘鲁等国的外债危机导致了金融混乱。

（二）根据通货膨胀对不同商品价格的影响划分

根据通货膨胀对不同商品价格的影响，可将通货膨胀分为平衡型的通货膨胀和非平衡型的通货膨胀两种类型。

1. 平衡型的通货膨胀

平衡的通货膨胀是指每种商品的价格均按同一比例上升，包括各种生产要素的价格，如劳动的价格即工资、土地的价格即租金和资本的价格即利息率等。实际上，各种商品价格按相同的速度和相同的比例上升的情况在现实经济生活中是难以出现的，因此，平衡的通货膨胀在现实生活中更像是一种巧合。

2. 非平衡型的通货膨胀

非平衡的通货膨胀是指在经济中各种商品的价格按不同比例上涨的通货膨胀。这是一种常见和多发的通货膨胀类型。这种类型的通货膨胀之所以常见，是因为不同商品和服务的价格受不同因素的影响。因此，在现实生活中，甲商品价格上升的幅度可能会高于乙商品价格上升的幅度，消费品价格上涨的幅度可能会高于投资品价格上涨的幅度。当然，也可能会出现某些商品价格上升，而另外一些商品价格下降的情形。

（三）根据人们对通货膨胀的预期程度划分

根据人们对通货膨胀的预期程度，可将通货膨胀分为预期的通货膨胀和非预期的通货膨胀两种类型。

1. 预期型通货膨胀

预期型通货膨胀是指在经济生活中，人们预计将要发生通货膨胀，为避免经济损失，在各种交易、合同投资中将预期价格上涨的因素考虑进去，从而引起现行价格水平提高，直至其达到预期价格以上。这种在市场预期心理作用下发生的通货膨胀称为"预期的通货膨胀"。

2. 非预期的通货膨胀

非预期的通货膨胀一般是指未被经济主体预见的，不知不觉中出现的物价上升。与预期的通货膨胀不同，经济主体在交易、合同投资中无法将未预见的通货膨胀因素考虑进去，因此这种通货膨胀往往有利于产出的增加。例如，未预期的物价上涨而合同（货币工资）工资不变，导致实际工资率 W/P 下降，劳动的需求增加，在非充分就业条件下，市场的雇佣劳动力将因此增加，生产扩张，产出增长。

（四）根据市场机制的作用划分

根据市场机制的作用不同，可将通货膨胀分为公开性的通货膨胀和隐蔽性的通货膨胀两种类型。

1. 公开性的通货膨胀

公开性的通货膨胀，也称开放型通货膨胀。是指在市场机制充分运行和政府对物价不加控制的情况下所表现出来的通货膨胀。由于市场机制较为完善，且没有政府的直接干预，货币的多少直接影响物价水平的升降。因此，通货膨胀便以物价水平公开上升的形式表现出来，物价水平的上升幅度可以准确地反映通货膨胀的程度。

2. 隐蔽性的通货膨胀

隐蔽性的通货膨胀又称抑制性通货膨胀。是指社会经济中存在着通货膨胀的压力或潜在的价格上升危机，但由于政府实施了严格的价格管制政策，使通货膨胀并没有真正发生。但是，一旦政府解除或放松价格管制措施，经济社会就会发生通货膨胀，所以这种通货膨胀并不是不存在，而是具有一定的隐蔽性。

隐蔽性的通货膨胀不表现为价格总水平的上涨，而表现为物资供给短缺、黑市盛行、配售面扩大、黑市价格与国家控制价格差额扩大等形式。当一国政府以计划统制、资金控制、物资配给、票证配售、价格管制等经济措施压制价格波动时，就会出现这种情况。存在抑制性通货膨胀，过度需求只能通过三种办法解决：①供给配额，即凭票供应商品，需求者人人有一份，但数量不足；②用随机排队方式分配，这时，需求者能否获得商品取决于机会；③出现黑市交易，其中形成的价格往往不仅高于政府的控制价格，而且也高于市场均衡价格。

第二节　失业以及其对国家经济的整体影响

一、失业及其类型

失业是有劳动能力的人找不到工作的社会现象。大多数国家对失业的定义类似，但也有所不同。宏观经济学中一般从失业产生的原因对其进行分类，通常可以分为下面几种类型：

（一）摩擦性失业

摩擦性失业也称为寻业的失业，它主要是因为劳动力市场信息流动存在障碍或滞后产生的失业。其表象特征主要是一方面存在着失业人口，另一方面又存在空缺的职位，二者并存。不过，失业人口所具备的技能与空缺职位所要求的技能是能够吻合的，一段时间之后，失业者都能够找到适合自己的工作岗位，那么在寻找工作的过程中就处于失业状态。经济学中认为这种失业是劳动力资源优化配置的必要条件，是经济社会的正常现象，一般不把摩擦性失业看作宏观经济中的重要问题。

（二）季节性失业

季节性失业是由于季节性因素所带来的失业。现实经济生活中不少行业在生产和消费过程中存在着季节性，即生产过程可能受制于某一季节性因素，如农业受气候的影响。消费中也可能受到季节性因素的影响，例如，羽绒服只在冬季穿。有些行业在生产和消费中都要受到季节的影响，例如旅游业。在这种季节性因素的影响下，这些行业在旺季时，劳动力往往处于过度就业状态，而在淡季时，这些行业又处于就业不足的状态，而从整个季节周期来看，过度就业与就业不足相互抵消，可以将其视为正常就业，季节性失业在宏观经济学中也视为正常现象，是一种正常失业。

（三）需求不足型失业

需求不足型失业是指由于总需求相对或绝对不足时造成的失业。具体而言，分为两种类型，一是周期性失业，是指经济周期性波动中的衰退和萧条阶段，总需求水平绝对量下降，需求不足，由此而造成的失业；二是增长不足型失业，是由于总需求提高速度慢于劳动力增长速度或劳动生产率增长速度。在短期的情况下，总量生产函数为 $Y=f/(N)$，即产出为就业量的函数，资本和技术是固定的。当总需求水平按某一比率增长，假设为 2%，但劳动力增长速度为 5% 时，受现有的资本和技术的限制不能容纳增加的 3% 的劳动力，从而导致这部分劳动力失业。当劳动力增长速度为零时，如果劳动生产率增长速度也超过总需求增长速度时，也会出现现有资本和技术不能容纳劳动力的情形。例如，假定劳动力增长率为 1%，劳动生产季增长率为 3%，若总需求增长 4% 时，既能够容纳劳动力数量的增长，也能够容纳其质量提高的影响。但如果总需求增长率小于 4% 时，假设为 3%，那么，3% 中要消化劳动力增长率 1%，剩余的 2% 则无法消化劳动生产率提高所排挤出来的劳动力。需求不足型的失业，正是宏观经济政策要对付的失业。宏观经济学认为，通过财政和货币政策能够增加总需求，从而解决需求不足的失业。

（四）技术性失业

技术性失业是指采用了劳动节约型技术时造成的失业。例如，当采用挖掘机进行土方作业时，原有运用手工作业的工作就不复存在，或者大量的土方作业由挖掘机替代，由此排挤出一定的劳动力，造成失业。这种失业是技术进步所产生的正常现象。通常如果技术进步不是突如其来的、冲击性的，技术性失业不会对社会经济产生多大的影响，相反可能由于技术进步扩大了某种产品的需求，原来失业的工人能够迅速在扩张的行业找到更好的工作。但如果技术进步是外部引进的，突如其来的，短时间内在一国内释放时，会造成技术性失业大幅度增加，会对社会经济产生破坏性的影响，可能会波及一代人。许多由计划经济向市场经济转型的国家出现的就是这种现象，是由突然的技术进步代替了缓慢的技术变迁造成的。

（五）结构性失业

结构性失业是指由于经济结构尤其是产品结构变化所带来的失业。随着经济的发展以及消费者偏好的变化，产品结构会发生变迁，这样有些产业由于需求萎缩而走向消亡，而有些产业则由于需求旺盛迅速发展起来，前者称为夕阳产业，后者称为朝阳产业。由于夕阳产业中排斥出来的劳动力不能适应朝阳产业的需要，因此造成失业。结构性失业与技术性失业有一定的重叠，但也有不同，经济结构变迁可能是技术原因造成的，也可能纯粹是因消费者偏好的变化带来的。在表象上，结构性失业与摩擦性失业是相似的，都是失业人口和空缺职位并存，但内涵完全不同。摩擦性失业中失业人口所拥有的技能与空缺职位所要求的技能是吻合的，而结构性失业中失业人口所拥有的技能与空缺职位所要求的技能不吻合，或者失业者要掌握新产业技能的成本过于高昂。例如，比如一个失业者是五级纺织工，空缺的职位也需要一名纺织工，这时就是摩擦性失业，而当空缺的职位需要一名软件工程师时，这时就是结构性失业。

除了上述失业的分类方法外，凯恩斯还提出了另一种分类方法，将失业分为两种类型，一类称为自愿失业，是指工人所要求得到的实际工资超过了其边际生产力，或不愿接受现行的工作条件未被雇用而造成的失业；另一类是非自愿失业，指具有劳动能力也愿意按现行工资水平就业，但是由于有效需求不足而找不到工作形成的失业，这种失业能够通过提高总需求而消除，与需求不足型失业的含义是相似的。

二、失业的成本

由于劳动力是经济社会中重要的资源，当出现失业时，意味着经济资源存在浪费和闲置。

失业的成本首先是一种个人成本。就个人而言，失业会带来非常严重的后果，一方面收入减少，生活遇到极大的困难；另一方面，还会对失业者的心理产生巨大的冲击。如果失业持续较长的时间，失业者的工作技能也会贬值，人力资本的积累中断，失业持续时间越长，重新工作的可能性越小，劳动技能的贬值就越严重。这些最终会形成一笔庞大的成本。失业的这种负面效应还会扩散到整个社会，会诱发许多社会问题，例如失业率较高时，社会治安状况可能恶化，社会开始变得不稳定等。

三、自然失业率及其决定因素

自然失业率的概念是由米尔顿·弗里德曼首先提出来的。他认为自然失业率是职位空缺数与失业人数之间存在某种均衡联系时的失业率。这一失业率是由结构性因素决定的，如经济发展水平、闲暇的价值以及劳动力市场的特征。劳动力市场特征主要是指弹性、市场分割状况以及工作信息的可得性等因素。他认为"自然"并不意味着固定不变，也不意味着政府经济政策不能影响自然失业率，而是认为政府政策只能引导那些决定它们的结构因素，而一般性的财政政策和货币政策不会对这些结构因素产生影响。自然失业率决定了一个经济社会长期的失业水平，当经济自发运行时，长期内失业率会趋向这一水平，通过财政政策和货币政策只能使实际失业率偏离自然失业率，而经济中自发的力量会驱使实际失业率向自然失业率靠拢。

当一个经济社会的实际失业率等于自然失业率时，可以认为这时经济已经达到了充分就业状态。这里要注意充分就业一词，我们在使用时没有特别强调，但充分就业不等于完全就业，在充分就业的情况下仍存在着失业，这时的失业称为正常失业，如摩擦性失业、季节性失业、技术性失业和结构性失业等。

自然失业率概念有重要的政策含义，即政府如果试图使失业水平降低到自然率水平以下是徒劳的。

影响自然失业率水平的首要因素是人口结构，如人口老龄化程度、妇女的劳动力参与率。当人口老龄化程度较高、妇女的劳动力参与率较高时，自然失业率水平就较高。影响自然失业率水平的第二个因素是工资方面的立法，如最低工资制度，例如美国、中国等国都设立了这种制度。经济学家认为设立最低工资制度造成青年人的高自然失业率，从而使得整个社会的自然失业率水平都提高了。第三个因素是失业保险制度，当失业保险时间较长，保险金支付额高时，会造成自然失业率水平提高。

第三节　通货膨胀与失业之间的替代关系

一、菲利普斯曲线

在凯恩斯主义的总供求模型中，我们曾经分析过，当总供给曲线向右上方倾斜时，即经济尚未达到充分就业水平时，如果推动总需求曲线向上移动，那么一方面会提高产出水平，进而使就业水平提高，失业率下降；另一方面会造成价格水平提高，即发生通货膨胀。这样，失业率的变化就与通货膨胀率之间存在着相互替代的关系，即高通货膨胀率意味着失业率较低，而低通货膨胀率使失业率水平提高。

1958 年，在英国伦敦经济学院工作的新西兰经济学家菲利普斯在整理英国 1861 年至 1957 年的统计资料时发现，货币工资增长率和失业率之间存在一种负相关的关系。这种关系可表示为：

$$\frac{\Delta \varpi_t}{\varpi_{t-1}} = f\ (\mu_t) \qquad\qquad （式 10.1）$$

式中，$\dfrac{\Delta \varpi_t}{\varpi_{t-1}}$ 表示 t 时期的货币工资增长率，u_t 表示 t 时期的失业率，f 表示两者之间存在的函数关系，函数符号下的负号表示两者之间是负相关关系。

如图 10.1 所示，当货币工资增长率为 $(\dfrac{\Delta \varpi}{\varpi})_1$ 时，失业率为 u_t，而当货币工资增长率下降到 $(\dfrac{\Delta \varpi}{\varpi})_2$ 时，失业率提高到 u_2，这一关系相当于用 $(\dfrac{\Delta \varpi}{\varpi})_2 - (\dfrac{\Delta \varpi}{\varpi})_1$ 的货币工资增长率替代了 $u_2 - u_1$ 的失业率。

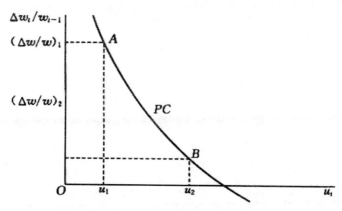

图 10.1　菲利普斯曲线的初始形式

　　之所以存在这样的替代关系，其基本机制是：低失业引起名义工资水平提高；当名义工资水平提高时，企业生产成本上升，索取的价格水平提高；价格水平提高时，工人要求更高的名义工资。低失业率与高工资增长率联系起来。由于价格水平（通货膨胀率）与工资增长率之间存在一一对应的关系，工资成本是价格的重要构成部分，因此后期的菲利普斯曲线所描述的关系就由通货膨胀率和失业率的关系取代。

第十一章 经济周期

第一节 经济周期的定义与分类

一、经济周期的定义和阶段

经济周期一般也译作经济循环、景气循环或商业循环。通常有两种定义：一种是古典定义，是指经济中产出的绝对水平周期性地出现繁荣、衰退交替变动现象；另一种是现代定义，是指经济中产出增长率周期性地出现上升和下降的交替变化现象。后一种定义不强调产出的绝对变化，认为即使出现了产出增长速度变化也是经济周期。美国经济学家韦斯利·C.米切尔和亚瑟·K.伯恩斯提出了经济周期中经典的古典定义："经济周期是某些国家问题在经济活动中可以发现的一种波动，在这些国家中经济工作主要以实业企业的形式来组织：一个周期包括同时发生在许多经济活动中的扩张，接下来是一般性的衰退、紧缩和复苏，复苏又融入下一周期的扩张之中；这一系列的变化是周期性的，但并不是定期的。各周期在持续时间上不同，从多于一年到十年或十二年；它们不能再分为再短的与具有相同特征的周期。"美国国民经济研究局对经济周期的第二个定义称为增长型周期或离差型周期，通过经济中增长率的递减来描述周期。

如图 11.1 所示，横轴表示时间 t，纵轴为产量水平 Y，中间的粗箭头线表示整个宏观经济的总体趋势，细实线表示经济的实际运行轨迹。运用产出绝对水平变化说明实际经济运行的周期性变动，就是古典定义表达的基本含义。假如下图的纵轴表示产出增长率的变动，运用产出相对水平变化说明了实际经济运行的周期性变动状况，即当产出增长速度下降时，也会造成经济衰退。

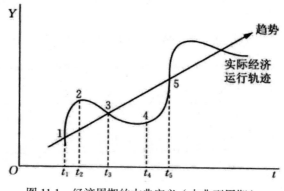

图 11.1　经济周期的古典定义（古典型周期）

在经济分析中，一般将一个周期划分为四个阶段，即扩张或繁荣阶段、衰退阶段、萧条或危机和复苏阶段。也可以分为两个阶段和两个转折点，把繁荣称为波峰，把萧条称为波谷，从繁荣到萧条称为衰退阶段，把萧条到繁荣称为复苏阶段。图 11.1 中分别标出了 t_1 到 t_5 五个时刻，从 t_1 到 t_2 称为扩张阶段，t_2 到 t_3 称为衰退阶段，t_3 到 t_4 称为萧条阶段，从 t_4 到 t_5 称为复苏阶段。

经济周期的各个阶段都具有一些典型特征，大致如下：

（1）繁荣阶段：该阶段的经济活动水平高于趋势水平，经济活动较为活跃，需求不断增加，产品销售通畅，投资持续增加，产量不断上升，就业不断增加，产出水平逐渐达到高水平，经济持续扩张。不过，繁荣阶段一般持续时间不长，当需求扩张开始减速时会诱发投资减速，经济就会从峰顶开始滑落。通常，当国内生产总值连续两个季度下降时，可认为经济已走向衰退。

（2）衰退阶段：该阶段经济活动水平开始下降，消费需求也开始萎缩，闲置生产能力开始增加，企业投资开始以更大的幅度下滑，产出增长势头受到抑制，国民收入水平和需求水平进一步下降，最终将使经济走向萧条阶段。

（3）萧条阶段：这时，经济处于收缩较为严重的时期，逐渐降低到低水平，即低于长期趋势值，就业减少，失业水平提高，企业投资降至低谷，一般物价水平也在持续下跌。当萧条持续一段时间后，闲置生产能力因投资在前些阶段减少而逐渐耗尽，投资开始出现缓慢回升，需求水平开始出现增长，经济逐渐走向复苏阶段。

（4）复苏阶段：这时经济活动走向上升通道，经济活动开始趋于活跃，投资开始加速增长，需求水平也开始逐渐高涨，就业水平提高，失业水平下降，产出水平不断增加。随着经济活动不断恢复，整个经济走向下一个周期的繁荣阶段。

当然，上述周期的起止点是人为主观划分的。事实上，无论从哪点开始，只要经济完整地完成一个上下交替、往复变动的过程，就认为经济经过一个周期。由于每一个周期变动过程受到不同因素的影响，各个周期的时间进程并不完全相同，而且有些因素造成经济长时期的变化，形成较长时间的周期性变动，而有些因素则只造成经济短期内的变化，形成较短时间的变动。

二、经济周期的类型

由于影响经济活动的因素不同，当宏观经济受到冲击时，反应有大有小，根据周期交替变动时间长短的不同，一般把经济周期划分为短周期、中周期和长周期等类型。这些不同的类型混杂在一起，使宏观经济出现纷繁复杂的变动态势，见图11.2。从图11.2中可见，中周期中混杂着短周期，而长周期中又混杂着中周期。

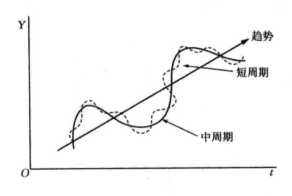

图 11.2 不同类型周期的交错状况

（1）短周期或基钦周期。英国统计学家基钦（Joseph Kitchin）1923 年根据美国和英国的资料得出，经济周期分为大小两种。小周期长度约为 42 个月（3～4 年），大周期是小周期的总和，一个大周期包含 2～3 个小周期（10 年左右）。宏观经济学中一般把平均长度约为 40 个月的短周期被称为基钦周期。短周期通常与总需求水平的短期波动相关，当总需求出现暂时的冲击时，初始总需求的扩张引发经济开始扩张，并进一步扩散到国民经济的各个领域，从而形成经济的短期繁荣。当总需求的暂时扩张没有持续性时，由于缺乏后续的推动，宏观经济开始下跌，从而走向衰退和萧条。

（2）中周期或朱格拉周期。法国朱格拉（C.Juglar）在 1862 年提出，在经济活动中，繁荣、危机、清算三个阶段周期性地反复出现，周期的平均长度约为 9～10 年。经济学中把这种长度的周期称为中周期或朱格拉周期，是人们最为关注的一类周期。中周期通常与固定资产的大规模更新联系在一起，当资产的平均使用寿命为 10 年时，每隔 10 年会出现一个固定资产更新的高峰期，由此带来投资扩张，总需求也随之扩张，使经济走向繁荣。当固定资产集中更新过程结束后或者趋于缓和后，投资开始下降，从而使经济走向衰退。

（3）长周期或康德拉捷耶夫周期。苏联经济学家康德拉捷耶夫（N.Kondratiev）在 1925 年根据美国、英国、法国等国一百多年的批发物价指数、利率、对外贸易、煤炭产量与消耗量等的变动，认为存在一种更长的周期，其平均长度为 50 年。他根据资料提出，从 18 世纪末开始，世界经济经历过三个长周期：第一个长周期的时间范围是 1789—1849 年，其中上升 25 年，下降 35 年，一共 60 年；第二个长周期的时间范围是 1849—1896 年，其中上升 24 年、下降 23 年，总共 47 年；第三个长周期从 1896 年起，上升 24 年，1920 年以后开始趋于下降。后来经济学界把这种约 50 年的长周期称为康德拉捷耶夫周期。长周期一般与重大的发明和发现有关，当出现重大发明和发现后，引发经济较长时间范围的创新活动，使经济在较长时间内持续扩张。当这种发明或创新的潜力被利用完全时，经济又开始走向较长时期的下滑过程。

（4）建筑业周期或库兹涅茨周期。美国经济学家库兹涅茨（Simon Kuznets）在 1930 年根据英、美、法等国 19 世纪初到 20 世纪初 60 种工农业主要产品产量和 35 种工农业主要产品价格的变动情况，提出了平均时间长度为 15 ~ 25 年的周期，这是一种长期的也是一种短期的周期现象，短期波动与信贷市场关系密切，而长期波动则与人口变动状况有关。由于这种周期与建筑业的繁荣和衰退密切相关，后来将这种周期称为建筑业周期或库兹涅茨周期。在库兹涅茨周期发展阶段，需求上升引起建筑业投资增加，空置率下降、房租上涨，地价开始持续提高，时间大约为 3 ~ 5 年。当建筑开工建造量持续超过销售量时，发展到过度建造阶段。这时，开发商对需求下降作出反应，从而减少建筑投资量。空置率开始提高，租金下跌，建筑活动进一步收缩。

第二节　经济周期理论

一、经济周期理论的分类

在整个经济学的发展历史中，许多经济学家对经济周期性波动机进行了解释，形成了风格各异的经济周期理论，表 11-1 列出了经济周期理论的大致情况，表中按照四个角度分类：①相对简单的单一原因理论；②实业周期理论；③强调储蓄投资过程的理论；④新古典主义理论。

表 11-1　经济周期理论分类

分类	理论学派	强调原因	代表人物
相对简单的单一原因理论		农业	W.S. 杰文斯、H.S 杰文斯、L. 穆尔
		心理	米尔斯、庇古
		纯货币	霍特里
实业周期理论		价格成本原因	米切尔、莱斯居尔
		存货周期	阿布拉莫维茨、斯坦别克
强调储蓄投资过程的理论	前凯恩斯主义	过渡投资—货币学派	威克塞尔、哈耶克、米塞斯、马克卢普、罗宾斯、罗普凯、斯维格尔

续表

分类	理论学派	强调原因	代表人物
强调储蓄投资过程的理论	前凯恩斯主义	过渡投资—非货币学派—资金短缺	图冈—巴拉诺斯基、斯皮特霍夫、卡塞尔
强调储蓄投资过程的理论	前凯恩斯主义	过渡投资—非货币学派—创新	熊彼特
		消费不足	罗德戴尔、马尔萨斯、迈泽、道格拉斯、西斯蒙第、福斯特和凯恩斯、莱德勒、霍布森
	凯恩斯主义	马克思主义	
	后凯恩斯主义	乘数加速因子交互作用	J.M 克拉克、阿弗塔莱昂、萨缪尔森、费尔纳
		成长周期	哈罗德、希克斯、多马、伦德伯格、卡莱斯基、卡尔多
		新马克思主义	谢尔曼、艾文斯
		混沌理论	鲍莫尔和匡特、布罗克和塞耶斯
新古典主义理论	货币主义		弗里德曼、布朗南、梅尔泽、舒尔茨、卡甘
	实际经济周期		金、普浴塞、沃尔斯
	供应学派		拉弗、克莱格
	政治经济周期		卡莱斯基、诺德豪斯、迈克雷、迈泽尔曼
	理性预期学派		卢卡斯、萨金特、华莱士、巴罗

　　除上述分类方法，宏观经济学家还将经济周期理论概括为两个类别，即外部因素或外生理论、内部因素或内生理论。外部因素理论认为，经济周期的根源在于宏观经济之外的某些事物的冲击性波动，如太阳黑子或星象、战争、革命、政治事件、金矿的发现、人口和移民的增长、新疆域和新资源的发现、科学发明和技术进步等。内部因素理论从宏观经济内部的某些因素，如投资、

消费、储蓄、货币供给、利率等之间的相互制约和相互促进的机制来解释经济周期性波动。

二、单一因素周期理论

单一因素周期理论主要有三种理论，分别强调农业、心理和纯货币因素。其中强调农业因素的最为著名的理论是杰文斯的"太阳黑子论"，该理论认为由于太阳黑子的周期性运动造成了 10 年左右的经济周期。这种理论虽然只强调了单一的外部气象条件变化的影响，但也有其实际意义。在杰文斯所处的年代，农业是整个国民经济的主导部门，天文状况变化会对气候条件产生影响，进而影响到农业，农业波动总会导致整个宏观经济的波动。

许多经济学家在其经济周期理论中将心理因素作为解释波动的一种辅助因素，很少将其作为影响周期的单一因素。单独强调心理因素的学者主要是庇古和米尔斯。这种观点强调了当经济扩张时，强化了乐观主义，这种乐观主义刺激投资并进一步强化了扩张，使经济走向繁荣。而衰退引发悲观主义，悲观主义又进一步抑制投资，加剧了衰退，使经济走向萧条。因此心理因素有放大宏观经济波动的重要作用。当前经济周期理论中对心理因素的强调主要侧重于预期在影响经济决策方面的作用。

纯货币因素周期理论是由英国经济学家霍特里提出来的。他运用货币信用体系的不稳定来说明经济周期性波动。他认为经济周期纯粹是一种货币现象，货币流通量、货币供应量以及货币流通速度的波动直接导致名义国民收入的波动。当银行体系降低利率扩大信用时，就会引起投资增加、生产扩张，进而导致收入增加，刺激整个需求增加。当经济活动的累积性扩张达到一定程度，就会使经济走向繁荣阶段。现代货币体系建立在部分准备金的基础上，因此银行信用扩张是有限的，当银行体系被迫紧缩货币信用而提高利率时，投资开始回落，生产收缩，从而使需求减少，收入减少，这样经济的累积性收缩过程会使经济走向萧条。

二、实业周期理论

实业周期理论强调成本价格关系和利润率变动因素，其表人物是米切尔。他认为，正是使实业有利可图的条件逐步变成了迫使利润减少的条件。经济活动的增长，起初是造成利润增长的原因，当这种增长对现有产业设备的生产能力形成压力时，起初每一单位产出追加成本的下降就会逐步趋于稳定，同时，对合意利润的期望诱使企业间相互哄抬原材料、劳动力和借贷资金的价格，因而从事实业的主要成本变高，这样发展到一定程度的时候，通过加速提高售价而避免因成本侵蚀而导致的利润减少就变得困难了。扩张来自基于期望提高利润的实业需求的增长，这不可避免地导致短缺和价格上涨，进而降低了利润率。当利润不再增长时，实业和扩张最终也就带来了衰退。在衰退中减少成本的措施如解雇、缩短工时以及削减非人工支出等逐渐增多并成为普遍现象，接着便提高了生产率和利润率。企业寻求利润机会的改观加速了资本的使用和劳动力的雇用。这一系列连续发生的情况造成了利润率的增减，结果企业就会对此作出反应，从而引起了经济波动。

实业周期理论的第二个方面是强调存货的周期性变动带来了经济周期。这种理论认为，企业对他们所期望的存货销售比率有一个固定的认识，当扩张中对其需求增加时，他们发现其存货减少，将其存货水平恢复到预定比率的努力导致新订单的增加，进而增加就业和收入。由于后一效应也增加销售，存货销售比率仍会保持下降的水平。由于边际消费倾向为正但小于1，因此，销售的增加将小于收入的增加。在扩张的后期，所期望的存货销售比率可以逐渐恢复，消除了通过增加存货水平对经济的刺激。在经济收缩期则发生相反的过程，企业力图降低其存货水平，同时其销售下降，这种努力进一步使收入下降并阻止比率的下降。然而，销售的下降率低于收入的下降率，所以经过一段时间，企业便可重新设定所期望的存货销售比率，结果紧缩期达到最低点。

四、储蓄投资过程周期理论

许多经济学家强调了储蓄投资过程的不稳定性导致了周期性经济波动。大致有货币因素的投资过度理论、非货币因素投资过度理论、"创新"周期理论、消费不足周期理论等。此外，凯恩斯主义及后凯恩斯主义的经济周期理论也强调储蓄和投资过程，对此后面章节会进行较详细的介绍，这里就不再重复。

（一）货币因素的投资过度周期理论

货币因素的投资过度周期理论的代表人物是奥地利学派的哈耶克、米塞斯和罗宾斯等人。这种理论认为，货币金融当局的信用膨胀政策是干扰经济体系均衡，并引起经济扩张，进而导致繁荣和萧条交替变动的根本原因。即认为如果没有信用扩张，那么生产结构失调以及由此产生的波动就不会出现。货币因素的投资过度理论认为，只要银行扩张信贷，导致市场利率低于自然利率，工商企业贷款的投资对厂房、机器设备的需求增加，这时银行信用扩张引起的投资和生产资料需求的增加，只能是把原来用来制造消费品的生产要素转用于制造资本品，这样势必相应地引起消费品产量的减少和价格的上涨。这时，那些货币收入不变或货币收入的增长落后于消费品价格上涨的消费者，将因消费品价格的上涨而非自愿地减缩了他们的消费，称为"强制储蓄"，而借助信用扩张扩大投资所形成的新的实物资本如厂房、机器设备等是由这种"强制储蓄"提供的。

哈耶克认为，这种人为地扩张信用的政策所引起的经济扩张是不能持续下去的，迟早会出现萧条和反方向的累积的衰退过程。当银行扩张的信用通过企业的投资转化为人们的货币收入后，消费者势必会恢复他们原有的消费，于是引起消费品的需求比生产资料的需求增长得更多，消费品的供给减少，需求反而增加，消费品价格进一步上涨。银行受法律或营业习惯的限制而不能无限地扩张信用，由此表现为货币资本供给的短缺，货币资本短缺将引起两种结果：或者是工商企业在繁荣阶段进行的投资（建造厂房、购置设备）半途而废，不能完成；或者是已经生产出来的资本财货因需求不足而价格下落，存货积压，从而造成经济萧条。

（二）非货币因素投资过度周期理论

非货币因素投资过度周期理论的代表人物是图冈—巴拉诺斯基、斯皮特霍夫和卡塞尔。这种理论认为投资过度是经济周期性波动的主要因素。非货币投资过度理论与货币因素的投资过度理论的主要差别在于其着重从生产过程本身来解释周期，而不把货币因素视为引发经济周期的最初动因。在这一理论中，货币信贷扩张是经济扩张的必要条件，但货币因素仅处于从属的被动地位。斯皮特霍夫认为消费品生产相对不足才是引发经济周期真正的原因。他认为，引起高涨的主要动因是新技术的发明、新市场的开拓以及萧条阶段利率的低落。这些因素促进投资活跃，于是生产资料尤其是钢、铁、机器和建筑材料等和耐用消费品包括住宅、汽车、家具等的生产大量增加，这就是经济高涨阶段。在复苏阶段和高涨阶段，扩大投资所必需的货币资本，开始来自萧条阶段所积累的大量闲置资本，继之则主要来自银行的信用扩张和企业未分配利润转用于投资，当经济高涨达到一定程度后，由于货币工资上涨和使用生产效率较低的生产要素，导致成本提高，利润下降，这样，货币资本的供给减少，从而形成对生产资料的需求减少。另一方面，由于高涨阶段进行的投资使生产能力增强，向市场上提供的钢、铁、建筑材料和耐用消费品日益增多，生产资料和耐用消费品供给大大增加了。生产资料和日用消费品的供给增加，而其需求逐渐减少，终必出现因货币资本供给不足以致使生产资料和耐用消费品生产部门生产过剩的经济周期。

（三）熊彼特"创新"周期理论

熊彼特在1912年出版的《经济发展的理论》一书中提出了"创新"经济周期理论。他发现大规模扩张的原因在于由重大技术突破所提供的投资机会。熊彼特将"发明"和"创新"两个术语区别开来，他把发明定义为生产新方法的发现。

熊彼特认为，在经济高涨阶段，厂商在乐观情绪支配下，投机盛行，借助银行贷款扩大的投资高估了社会对产品的需求。此外，消费者的乐观情绪高估了预期收入，常用抵押贷款方式购买耐用消费品，消费者负债购买反过来促进企业的过度投资。所以，经济周期的衰退与萧条，意味着新产品、新技术对旧的厂商和部门的冲击，那些在经济高涨期间过度扩大的投资在萧条阶段的毁灭，是社会经济从失衡趋向新的均衡之必然的有益过程，一旦萧条到达低谷，新的"创新"引发的复苏和高涨推动经济在更高水平上向前发展，均衡——失衡——在更高水平上的均衡，如此循环往复、周而复始。

熊彼特指出，推动经济周期循环往复上下波动向前发展的"创新"是多种多样的，有的"创新"影响大，有的"创新"影响小，有的需要相当长的时间才能实现，有的只需要较短的时间就能引进经济之中。各种周期都可与特定的创新联系起来，影响深远和实现期限较长的创新是长周期的根源，影响较小和实现期较短的"创新"则是短周期的根源。

（四）消费不足周期理论

消费不足理论是周期性不稳定的较为古老的解释之一。19 世纪初，法国西斯蒙第认为，一个社会之所以耗费劳动从事生产，唯一目的是满足人们的消费需要。但在资本主义社会，生产是由那些不参与劳动的人的需要来决定的，而不是根据生产者自己的需要来决定，这既破坏了生产与消费之间的自然的直接的联系，也引起了生产无限扩张的可能性。但他认为更重要的是在资本主义制度下减少了消费者的消费能力。大规模机器生产使许多小生产者破产，从而减少了他们的收入和消费，劳动者尤其是工人阶级的情况，随机器生产的发展而愈来愈坏。他认为，随着生产的发展和社会财富的增长，富人的消费虽在增加，但比起破产和贫困化的人所减少的消费要少得多，由此造成消费不足。当消费不足累积到一定程度会诱发经济衰退，甚至发生经济危机。

五、新古典主义周期理论

1936 年凯恩斯的《就业、利息和货币通论》一书出版以后，经济周期的发展集中在建立各种凯恩斯主义式的模型方面。20 世纪 50 年代以后，宏观经济学领域开始有不少学派的理论或其政策主张向凯恩斯前的理论回归，称为新古典主义周期理论，主要有货币主义、实际经济周期、政治经济周期、理性预期、供应学派等。

货币主义代表了对纯货币理论所采用的基本观点的回归，对传统的货币数量论中的交易方程式 $MV=PT$ 的重新考虑。交易方程式指出，一段时期内的平均货币供应量乘以货币流通速度，等于所生产的平均产出量乘以平均价格。传统货币数量论认为货币供应是外生的，V 和 T 仅有很小的变化，而 P 总是正值。因此，货币供应上小的变化将导致价格一个完全成比例的变化。现代货币主义认为货币供应是外生的，其变化是总量经济活动系列变化的主要决定因素。

实际经济周期（也译作真实经济周期）理论认为经济波动的首要原因是对经济的实际（而非货币的）冲击。实际经济周期理论是从 1973 年和 1980 年石油价格冲击以及 1972 年食品冲击之后发展起来的，实际上是早期非货币因素的投资过度理论的现代翻版，是将增长和周期结合在同一种理论中的一个重要的尝试。

供应学派是基于对萨伊市场法则的修正，代表人物是拉弗，他认为取得稳定增长的最佳途径是使企业家尽可能容易地增加总供给，这意味着要增加对企业家投资的刺激。他认为造成抑制投资的主要因素是高的公司税率，适中的税率取得更多的收入，而由于高税率对工作和投资的抑制，高税率并不会得到比低税率更多的收入。

政治经济周期的基础是政府采取政策，如各种财政和货币政策，以使其重新获得选举胜利的机会最大。经济周期大体上与政策制定者的执政期相同。在大选之前，政府会运用其所有力量来刺激经济。然而，刺激行动的消极后果直到选举一年之后才会被感受到，所以政策必须转向。这种观点的主要结论是，选举型经济周期可以通过实际可支配收入和失业率来确定。

理性预期学派提出了"均衡经济周期"观点，他们认为，经济周期是完全正常的过程表示形式，通过它使经济适应于变化，经济周期绝不是需要干预的扰乱，而是经济正常增长过程的一部分。这种观点根植于两个重要假定：一是市场出清，即认为价格和工资是高度的；二是经济主体可能有效地利用所掌握的所有信息，经济主体不会犯一贯性的错误。由此得出政策对经济的干预是无效的，这是因为这些政策已经被经济活动的参与者预见到了。因此，经济周期是经济发展变化的正常表现。

第三节 卡尔多的经济周期理论模型

一、投资函数和储蓄函数的扩展分析

卡尔多经济周期模型是建立在凯恩斯的国民收入决定理论基础上的。前面的理论分析中曾经指出，投资分为计划投资（意愿投资、事前投资）和实际投资（非计划投资、事后投资），二者之间可能是不同的。同样，储蓄也可以分为计划储蓄（意愿储蓄）和实际储蓄（非计划储蓄）两类，二者也可能是不同的。在这种情况下，前面的均衡条件只研究了计划投资等于计划储蓄，如果考虑到计划和实际储蓄及投资的相互关系，情形会复杂一些，也能得出经济扩张与衰退的含义。如果计划投资大于计划储蓄，实际投资一定小于计划投资量，或者实际储蓄大于计划储蓄，意味着经济中总需求大于总供给，这种情况下会出现经济扩张，扩张到一定程度会达到充分就业状态，超过这一状态后就会出现通货膨胀，而产出水平不再增加。也就是说，起初经济在非充分就业状态下达到均衡，当总需求扩张时沿着向右上方倾斜的总供给曲线向上移动，到达充分就业状态后，总供给曲线变成一条垂线，总需求的进一步增加只会造成物价上涨。反之，假如计划投资小于计划储蓄，那么实际投资一定大于计划投资，也即实际储蓄小于计划储蓄，这会引起经济紧缩，出现失业增加、物价下降的情况。

前面分析的投资函数主要看作是利率的函数，现在我们将投资看作是收入的函数，在分析加速原理时，我们用到资产产出比率，即有：

$$\theta = \frac{K}{Y}$$

投资是资本存量的增加或替换，则有 $I_t=K_t-K_{t-1}$，因此，可得：

$$I_t=\theta Y_t-\theta Y_{t-1}=\theta（Y_t-Y_{t-1}）$$

即投资是收入的函数。

由此，投资函数和储蓄函数分别是：

$$I=I（Y）$$
$$S=S（Y）$$

若投资函数和储蓄函数均为线性函数，为了与前面模型有所区别，这里使用不同的参数形式，即有：

$$I=\alpha_1+\beta_1Y$$
$$S=\alpha_2+\beta_2Y$$

若 $\beta_1<\beta_2$，即边际投资倾向小于边际储蓄倾向，如图 11.3 所示，这时的均衡是稳定的，收入向 Y^* 收敛。即当实际收入为 Y_1 时，计划投资大于计划储蓄，经济扩张，向 Y^* 收敛，当实际收入为 Y_2 时，计划投资小于计划储蓄，经济紧缩，向 Y^* 收敛。

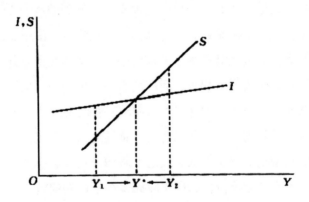

图 11.3　$\beta_1<\beta_2$ 时的稳定均衡

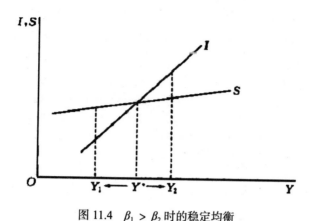

图 11.4 $\beta_1 > \beta_2$ 时的稳定均衡

反之，若 $\beta_1 > \beta_2$，即边际投资倾向小于边际储蓄倾向，如图 11.4 所示，这时的均衡是不稳定的，收入偏离 Y^*，向外扩张，或者向内紧缩。即当实际收入为 Y_1 时，计划投资小于计划储蓄，经济继续紧缩，向内进一步紧缩，偏离 Y^*，当实际收入为 Y_2 时，计划投资大于计划储蓄，经济继续扩张，向外进一步扩张，从而也越来越偏离 Y^*。

考虑到经济中的实际情况，投资函数和储蓄函数是非线性的。当经济活动水平高于或者低于正常水平时，边际投资倾向较小。当经济活动低于正常水平时，生产能力出现闲置，在经济扩张的初期，投资并不需要增加。反之，当经济活动高于正常水平时，投资成本上升，也会抑制企业投资。因此，当经济偏离正常活动水平时，边际投资倾向均较小。

二、经济周期模型

上述分析反映了经济所处的状态不同会出现累积性的扩张或收缩过程，那么经济如何一步步地出现扩张、收缩的动态变化过程呢？卡尔多认为还要考虑资本存量本身对投资和储蓄的影响。储蓄是资本存量的增函数，即对于任意经济活动水平而言，当资本存量越大时，生产出来的产品数量越大，收入越高、储蓄量也越大。而投资则是资本存量的减函数，也就是说，当资本存量越大，达到一定经济活动水平所需的投资量就越小，即当现有资本存量足以提供既定产品时，就不需要再进行投资以补充资本存量。当资本存量变动时会引发经济均衡点的移动，从而带来经济周期性的波动现象。

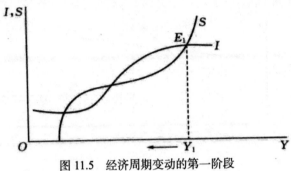

图 11.5　经济周期变动的第一阶段

如图 11.5 所示，假设经济目前处于 E_1 点所示的均衡点，经济处于高水平，收入水平为 Y_1。这时，资本存量处于高水平，投资量减少，投资曲线向下移动，对应的，储蓄曲线向上移动。经济从 E_1 点收缩，比如到达图 11.6 所示的第二阶段，收入调整到 Y_2，这时，投资曲线与储蓄曲线相切于 E_2。在 E_2 点，计划投资小于计划储蓄，E_2 点不是一个稳定的均衡点，经济还有进一步收缩的趋势，投资曲线进一步下移，储蓄曲线进一步上移，经济向 E_3 点移动。到达 E_3 点，经济重新回到稳定均衡状态，也达到了经济收缩的低谷 Y_3 水平，见图 11.7。收入处于 Y_3 水平时，资本存量处于低水平，投资量开始增加，投资曲线转而开始向上移动，对应的，储蓄曲线向下移动，经济从 E_3 又开始扩张，比如到达图 11.8 中 E_4 位置。E_4 也不是一个稳定均衡点，投资曲线仍有向上移动的趋势，储蓄曲线也有进一步下移的趋势，收入进一步提高，最终达到图 11.9 中 E_5 点，从而达到经济扩张的峰顶。由此又开始下一个经济周期。

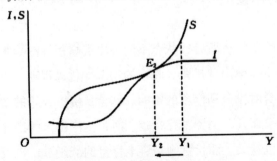

图 11.6　经济周期变动的第二阶段

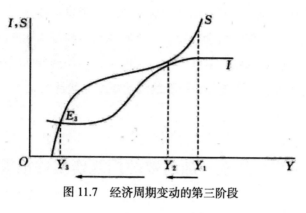

图 11.7　经济周期变动的第三阶段

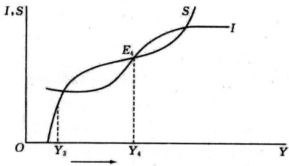

图 11.8　经济周期变动的第四阶段

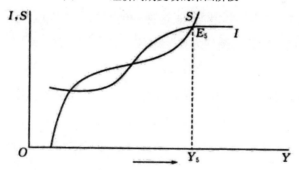

图 11.9　经济周期变动的第五阶段

卡尔多经济周期模型的基本结论是：经济周期是由经济体系内在的一些因素造成的，经济活动水平本身会自发地引起投资和储蓄的变动，而投资和储蓄的变动又会进一步强化经济活动的变动，这些因素的相互强化和促进导致经济出现周期性的波动，收入从高到低，再由低到高波动性的变化。经济周期的长短取决于投资和储蓄曲线的移动速度，当投资和储蓄调整速度较快时，经济周期的时间期间就会较短，反之则较长。经济周期的波幅大小则取决于投资曲线和储蓄曲线的具体形态，即取决于最初两条曲线所形成的稳定均衡点之间的距离，距离越大，引发的波动幅度也就越大。

第四节　乘数—加速数的相互作用理论模型

一、模型框架

本节将结合乘数和加速数分析经济内部因素的相互作用，从而产生经济周期性波动的模型。这一模型也称为汉森—萨缪尔森模型。

汉森—萨缪尔森模型的基本框架是：均衡条件为当期国民收入取决于现期消费、现期投资和政府支出，即：

$$Y_t = C_t + I_t + G_t$$

与前面分析加速数时相同，假定现期消费是上一期收入 Y_{t-1} 的函数。根据加速原理，投资为两期消费之差的函数，即：

消费函数：$C_t = bY_{t-1}$

其中，b 为边际消费倾向，为简化分析，假定自发性消费为零。

投资函数：$I_t = a（C_t - C_{t-1}）$

其中，a 为加速系数，在资本产出比率不变的情况下，加速系数与资本产出比率在数值上相等。

那么，汉森—萨缪尔森模型就是：

$$\begin{cases} Y_t = C_t + I_t + G_t & \text{均衡条件} \\ C_t = bY_{t-1} & \text{消费函数} \\ I_t = a（C_t - C_{t-1}） & \text{投资函数} \\ G_t = \overline{G} & \text{政府支出} \end{cases}$$

将消费函数、投资函数和政府支出代入均衡条件，可得：

$$Y_t=bY_{t-1}+ab（Y_{t-1}-Y_{t-2}）+\overline{G}$$

由此，形成收入的二阶差分方程，即当期均衡收入是前两期收入的函数。

二、国民收入的动态变化

下面以具体的数字例子来说明这一模型。假定边际消费倾向 $b=0.8$，加速系数 $a=2$，前两期的均衡收入均为 0，每期政府支出为 1，那么，均衡收入、消费和投资的变化情况见下表11-2。如果将表11-2 中的消费、投资和均衡收入用图形表示出来，可见经济的周期性被动状况，见图11.10。当边际消费倾向和加速系数保持不变时，经济自发地出现了扩张和衰退的上下交替变动。

表11-2　汉森—萨缪尔森模型例释

时期	消费	投资	政府支出	均衡收入	变化阶段
t_1	0	0	1	1	扩张
t_2	0.6	1.2	1	2.8	
t_3	1.68	2.16	1	4.84	
t_4	2.904	2.448	1	6.352	
t_5	3.811 2	1.814 4	1	6.652 6	繁荣
t_6	3.975 36	0.328 32	1	5.303 68	
t_7	3.182 208	-1.586 3	1	2.595 904	衰退
t_8	1.557 542	-3.249 33	1	-0.69179	
t_9	-0.415 07	-3.945 23	1	-3.360 3	
t_{10}	-2.016 18	-3.202 22	1	-4.218 4	萧条
t_{11}	-2.531 04	-1.029 72	1	-2.560 76	
t_{12}	-1.536.45	1.989 173	1	1.452 718	复苏
t_{13}	0.871 631	4.816 171	1	11.294 78	
t_{14}	4.012 681	6.282101	1	13.305 24	繁荣
t_{15}	6.776 869	5.528 376	1	11.395 7	
t_{16}	7.983 147	2.412 555	1	5.545 97	衰退
t_{17}	6.837 421	-2.291 45	1	-2.692 1	
t_{18}	3.327 582	-7.019 68	1	-10.500 9	
t_{19}	-1.615 26	-9.885 68	1	-14.671 2	萧条
t_{20}	-6.300 56	-9.370 61	1		

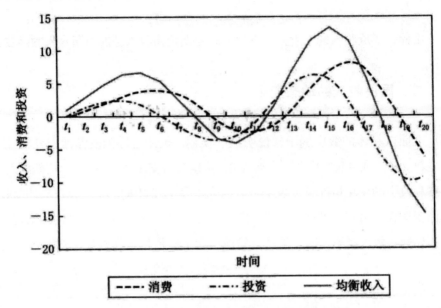

图 11.10 消费、投资和均衡收入的周期性变化

当边际消费倾向（决定了系数大小）和加速系数不同时，会对均衡收入产生不同的影响，如表 11-3 所示。从表 11-3 中可见，当边际消费倾向越大，即系数越大时，经济的波幅越大，而加速系数越大时，经济的波幅也更大。

表 11-3 边际消费倾向和加速系数不同时对均衡收入的不同影响

时期	$b=0.6$, $a=2$	$b=0.8$, $a=2$	$b=0.6$, $a=1$	$b=0.8$, $a=1$
t_1	1	1	1	1
t_2	2.8	3.4	2.2	2.6
t_3	4.84	7.56	3.04	4.36
t_4	6.352	13.704	3.328	5.896
t_5	6.625 6	21.793 6	3.169 6	6.945 6
t_6	5.303 68	31.378 24	2.806 72	7.396 16
t_7	2.595 904	41.438 02	2.466 304	7.277 376
t_8	-0.691 79	50.246 05	2.275 533	6.726 874
t_9	-3.360 3	55.289 7	2.250 857	5.941 097
t_{10}	-4.218 4	53.301 6	2.335 709	5.124 256
t_{11}	-2.560 76	40.460 32	2.452 336	4.445 936
t_{12}	1.452 718	12.822 21	2.541 378	4.014 087
t_{13}	6.687 802	-32.963 2	2.578 252	3.865 793
t_{14}	11.294 78	-98.627 3	2.569 076	3.973 999
t_{15}	13.305 24	-182.964	2.535 939	4.265 765
t_{16}	11.395 7	-280.311	2.501 682	4.646 024
t_{17}	5.545 97	-379.003	2.480 455	5.021 026
t_{18}	-2.692 1	-460.109	2.475 536	5.316 823
t_{19}	-10.500 9	-496.858	2.482 371	5.490 096
t_{20}	-14.671 2	-455.285	2.493 523	5.530 695

汉森—萨缪尔森模型的基本结论可以总结如下：

（1）经济周期中波动的根源在于经济体内部，即宏观经济内在就存在着波动的趋势，乘数和加速数都有强化经济波动的趋势。

（2）当只有乘数作用时，即加速系数为零，一定支出数额的增加只会使均衡收入增加，而不会造成经济波动，乘数和加速数相互作用才会导致经济波动。

（3）宏观经济波动的幅度取决于边际消费倾向和加速系数的数值大小，当这两个参数较小时，经济的波动幅度较小。

第十二章　宏观经济长期增长

第一节　经济增长

一、经济增长和经济发展的含义

简单地说，经济增长是指一国长期的生产能力的上升状况，或者指一个经济社会生产的产品和劳务总量的增长状况。按照美国经济学家库兹涅茨对经济增长的经典定义，他在 1971 年度诺贝尔经济学奖颁奖典礼上的演说——《现代经济的增长：发现和反映》中指出："一个国家的经济增长，可以定义为给居民提供种类日益繁多的经济产品的能力的长期上升，这种不断增长的能力是建立在先进技术以及所需要的制度和思想意识之相应的调整的基础上的。"

如果用 Y 表示 t 时期的总产出水平，Y_{t-1} 表示 $t-1$ 时期的总产出，那么，从总产出的角度来看，经济增长率可以定义为：

$$G_t = \frac{Y_t - Y_{t-1}}{Y_{t-1}} \qquad （式 12.1）$$

如果用 y_t 表示 t 时期的人均产出水平，y_{t-1} 表示 $t-1$ 时期的人均产出，那么，从人均产出的角度来看，经济增长率可以定义为：

$$g_t = \frac{y_t - y_{t-1}}{y_{t-1}} \qquad （式 12.2）$$

如果我们要计算一段时期的平均增长率时，可以运用复利方法进行计算。假设国内生产总值年平均增长率为 r，时间期间为 t，t 时期第 1 年的国内生

产总值为 Y_1，第 t 期的国内生产总值为 Y_t，那么有：

$$Y_t = Y_1 (1+r)^t$$

可得，$r = \left(\dfrac{Y_t}{Y_1} \right)^{\frac{1}{t}} - 1$　　　　　（式 12.3）

或者利用对数方法，对上式两边同时求自然对数，可得

$$lnY_t = lnY_1 + tln(1+r)$$

$$\ln(1+r) = \frac{\ln Y_t - \ln Y_1}{t}$$　　　　　（式 12.4）

库兹涅茨总结了现代经济增长的基本特征，这里在他总结的基本特征的基础上进行适当扩展性说明。

从量上看，经济增长最显著的特点就是产量增长率（实际国民生产总值增长率、实际国内生产总值增长率）、人口增长率、人均产量增长率等，在 1950 年以后与此联系在一起的生活水平出现了巨大的增加。各国尤其是发达国家的劳动生产率还是包括其他生产要素的全要素生产率的增长率都达到相当高的水平。

从社会特征来看，经济结构或者说产业结构出现了变革，第一次产业的比重持续下降，第三次产业逐渐超过第二次产业成为经济结构中的主体产业部门。产业结构的渐进性变革还包括：生产单位规模的变化，劳动力就业状况的变化，消费结构的变化，国外供给与国内供给的相对比例的变化等。伴随着这些结构变化而来的是整个社会结构和意识形态迅速改变，城市化速度越来越快，大量人口向城市集中。

从国际的扩散情况来看，不少发展中国家实现了经济增长，与发达国家趋同，但还有些国家经济增长缓慢，与发达国家的差距越来越大。

有些学者认为，经济增长更多的是研究发达国家人均产出的长期上升过程，即注重经济总量，而对于发展中国家应当使用经济发展的概念，除了人均产出增长之外，还需要有相应的经济体制、意识形态、制度结构等的相应转变。

二、经济增长的主要因素

在 1940 年以前，经济学家强调资本对于实现经济长期增长的重要性，认为增长依赖于资本积累（储蓄和净投资）。1940 年以后，经济学界开始将注意力从相对狭窄的资本积累概念扩展开来，认为增长的核心体现在资本、劳动和技术这一类要素的投入方面。20 世纪 60 年代以后，经济学家强调更好的教育和技能培训对经济增长的影响，不少学者将其归入"人力资本"概念下。此后，经济学家发现随着人均收入水平的变化，产业结构的变迁状况也会对经济产生影响，由此增长因素中就增加了结构变迁要素。20 世纪 60 年代，新制度经济的兴起又为经济增长增添了制度这一因素，恰当的制度安排能够优化经济增长中的实际投入要素的组合，提高效率，巩固人们交易的信任链条。

美国经济学家丹尼森于 1962 年出版的《美国经济增长因素和我们面临的选择》一书中，根据美国的历史统计资料测算了各个增长因素对国民收入增长的贡献，其后又对西欧各主要国家和日本战后经验做了测算。将各个增长因素划分为两大方面：一是要素投入量的增长；二是要素生产率的提高。他将经济增长的因素分为七类：①就业人数和其年龄、性别构成；②包括非全日工作的工人在内的工时数；③就业人员的教育年限；④资本存量的大小；⑤资源配置的改进（如劳动力从低效率的传统农业转移到现代工业部门）；⑥规模经济（以市场的扩大来衡量）；⑦知识进展。其中，第 1、2、3 种因素可以归入人力资源要素，第 4 种因素属于资本要素，第 5、6、7 种因素属于技术进步因素。归纳起来看，实现经济增长的主要因素包括以下几类：

（1）人力资源要素，包括劳动力的数量和质量两个方面。从数量上来看，涉及可投入的劳动力人数和劳动工时数；从质量方面看，涉及劳动力的受教育水平和劳动技能培训状况。

（2）资本要素，即以往生产活动中积累的厂房、机器设备等物质资产。这些资产与劳动力结合起来，可以为经济社会提供大量的产品和劳务，以满足人们的消费需求，同时许多资本品还是生产其他资本品的机器设备，从而提高生产的迂回程度，提高劳动生产率。

（3）自然资源，包括土地、石油、矿藏、森林、水力等资源，是整个世界经济增长的重要投入物，它是生产各种产品和劳务的必要投入品，对一国来说，它并不是经济增长的必要投入，可以通过贸易方式从其他国家获得。

（4）技术水平。技术的发展和变化最终往往体现在劳动力技能提高以及各种产品生产和劳动的效率上。当前，发达国家的高经济增长主要是建立在持续不断的发明和技术创新上。技术进步表现为全部要素生产效率的提高，即表现为给定要素投入量的产量的增加，除了通常所理解的科学技术和组织管理的改进以外，还包括诸如规模经济（生产规模扩大，同等投入的产出会增加）和资源配置的改进（从劳动者生产效率低的传统农业转移到生产率较高的现代工业部门）等。

我们可以运用总量生产函数来分析经济增长的主要因素问题，即通过总量生产函数进行分解来考察经济增长问题。

假定经济的总量生产函数为：

$$Y_t = A_t F(K_t, L_t) \qquad （式 12.5）$$

其中，Y_t 为总产出，K_t 为资本要素投入量，L_t 为劳动要素投入量，$F(\cdot)$ 表示劳动和资本投入与产出的函数关系。参数 A_t 为技术水平，如果总量生产函数采取上述形式，表示技术进步对整个生产函数起作用，也称为中性技术进步，当采取 $Y_t = (A_t K_t, L_t)$ 形式时，称为资本增进型技术进步，当采取 $Y_t = F(K_t, A_t L_t)$ 形式时，称为劳动增进型技术进步。

那么，通过对总量生产函数求关于时间 t 的全导数，可得：

$$\frac{dY_t}{dt} = F(K_t, L_t) \cdot \frac{dA_t}{dt} + A_t \cdot \frac{\partial F}{\partial K_t} \cdot \frac{dK_t}{dt} + A_t \cdot \frac{\partial F}{\partial L_t} \cdot \frac{dL_t}{dt}$$

上式两边同时除以 Y_t，并定义下述参数：

$$\sigma K = \frac{\partial Y_t}{\partial K_t} \cdot \frac{K_t}{Y_t} \text{ 为资本的产出弹性}$$

$$\sigma L = \frac{\partial Y_t}{\partial L_t} \cdot \frac{L_t}{Y_t} \text{ 为劳动的产出弹性}$$

前式可以改写为：

$$\frac{dY_t/dt}{Y_t} = \frac{dA_t/dt}{A_t} + \sigma K \frac{dK_t/dt}{K_t} + \sigma L \frac{dL_t/dt}{L_t} \qquad （式 12.6）$$

也就是:

产出增长率 =（资本份额 × 资本增长率）+（劳动份额 × 劳动增长率）+技术进步率

假设总量生产函数仍为中性技术进步型生产函数，经济增长因素还可按下列方式分解:

$$\frac{\Delta Y_t}{Y_t} = \frac{\Delta A_t}{A_t} + (1-\theta) \cdot \frac{\Delta L_t}{L_t} + \theta \cdot \frac{\Delta K_t}{K_t} \qquad （式 12.7）$$

上述分解是在变量离散的情况下，$\frac{\Delta Y_t}{Y_t}$ 表示经济增长率，$\frac{\Delta A_t}{A_t}$ 为技术进步率，$\frac{\Delta K_t}{K_t}$ 为资本增长率，$\frac{\Delta L_t}{L_t}$ 为劳动增长率，$1-\theta$ 为劳动在产出中的份额，θ 为资本在产出中的份额。

例如，当 $\theta = 1/3$，则 $1-\theta = 2/3$，如果劳动增长率为 3%，资本增长率为 1.8%，技术进步率为 1%，那么经济增长率就是:

$$G_t = 1\% + \frac{2}{3} \times 3\% + \frac{1}{3} \times 1.8\% = 3.6\%$$

第二节　哈罗德—多马的经济增长模型

一、模型框架

哈罗德于 1936 年出版的《经济周期》一书中提出了经济增长模型，在 1939 年发表的《论动态理论》一文中对该模型进行了更加系统的分析，1948 年出版的《动态经济学导论》一书进一步系统化地提出一个稳定状态均衡增长的模型，在凯恩斯主义的基础上，将短期静态分析扩展到了长期的动态均衡分析理论。美国经济学家多马在 1946 年发表的《资本扩张增长率和就业》及 1947 年发表的《扩张和就业》两篇论文中，独立地提出了与哈罗德模型在理论构思与基本论点基本相同的增长模型，因此后来宏观经济学中一般地把他们的增长模型合称为哈罗德—多马增长模型。由于两个模型十分相似，这里只介绍哈罗德模型。

为简化分析，哈罗德经济增长模型建立在下述假定的基础上：

（1）只考虑资本和劳动两种投入要素，资本和劳动不可替代，而且劳动力是人口总量的一个固定组成部分，因此劳动力增长率与人口增长率相同；

（2）假定经济社会中只生产一种产品，这种产品既能作为消费品也能作为投资品，因而该模型通常也被称为"一部门经济"模型；

（3）储蓄倾向不变，且边际储蓄倾向等于平均储蓄倾向；

（4）资本—劳动比率固定不变，资本—产出比率也固定不变，规模收益不定；

（5）不考虑技术进步。

在这些假定下，哈罗德将经济增长归纳为三个宏观经济变量的关系：

（1）经济增长率 $G = \dfrac{\Delta Y}{Y}$，反映了经济增长与收入之间的关系。哈罗德将经济增长率细分为三种类型：①实际增长率 G_t，是指在一定时期内实际国民收入增量与原有国民收入水平之比，即实际国民收入的增长率。②均衡增长率 G_w，也称为有保证的增长率，是指生产者整体意愿并愿意维持下去的增长率；③自然增长率 G_n，是指人口增长、技术进步条件下能够实现的经济增长率，或者称为长期增长率，是一个经济社会潜在的或最大可能的增长率水平。自然增长率为劳动力增长率与劳动生产率的增长率之和。

（2）储蓄率 $s = \dfrac{S}{Y}$，反映了储蓄与收入之间的关系，该式可改写为 $S = sY$，由于没有常数项，由此可得边际储蓄倾向等于平均储蓄倾向。

（3）资本—产出比率 $v = \dfrac{K}{Y}$，反映了增加一定数量的产出所需要的资本量将资本与产出联系在一起。

由此，一国的经济增长率就可以表示为：

其推理过程是：当经济达到均衡时，计划投资等于计划储蓄，即 $I = S$，两边同时除以收入 Y，可得：

$$\frac{I}{Y} = \frac{S}{Y} \Rightarrow \frac{\Delta K}{Y} = s \Rightarrow \frac{-\dfrac{\Delta K}{\Delta Y}}{\dfrac{Y}{\Delta Y}} = s \Rightarrow \frac{\dfrac{\Delta K}{\Delta Y}}{s} = \frac{Y}{\Delta Y} \Rightarrow \frac{\Delta Y}{Y} = \frac{s}{v}, \ \text{即} \ G = \frac{s}{v}$$

或者，先从资本—产出比率出发，即有：

$$v = \frac{\Delta K}{\Delta Y} = v = \frac{I}{\Delta Y} \Rightarrow I = v \cdot \Delta Y$$

又由 $S=sY$，可得达到均衡时，$I=S$。

$$v \cdot \Delta Y = sY \Rightarrow \frac{\Delta Y}{Y} = \frac{s}{v}$$

上述关系表明，一国的经济增长率与该国的储蓄率成正比，而与该国的资本—产出比率成反比。例如，某国的储蓄率为 15%，资本—产出比率为 2，那么，经济增长率就是 7.5%。当资本—产出比率不变，如果要将经济增长率提高到 10%，那么储蓄率应当提高到 20%。

二、经济增长的动态路径

结合哈罗德提高的三种增长率的含义，可以得出如下三个增长率公式：

实际增长率 $G_t = \dfrac{S_t}{v_t}$；

均衡增长率 $G_w = \dfrac{S_w}{v_w}$；

自然增长率 $G_n = \dfrac{S_n}{v_n}$。

其中，s_t、s_w、s_n 分别表示实际储蓄率、均衡储蓄率及自然储蓄率，v_t、v_w、v_n 分别表示实际资本—产出比率、均衡资本—产出比率和自然资本—产出比率。

哈罗德分析了三种增长率之间的基本关系，认为如果三者不相等，会引起经济出现稳定或不稳定的增长路径。

（1）当 G_t 与 G_w 不一致时，会导致经济短期波动。具体可以划分为 G_t

> G_w 和 $G_t < G_w$ 两种情况。当 $G_t > G_w$ 时，实际增长率大于均衡增长率，在这种情况下，要么实际储蓄率大于均衡储蓄率，即 $s_t > s_w$，要么实际资本—产出比率小于均衡资本—产出比率，即 $v_t < v_w$。当出现前者的情况时，为使储蓄达到均衡水平，经济主体都要减少储蓄水平，储蓄减少使得消费增加，从而使经济趋向扩张。当出现后者的情形时，说明现有资本水平不足，为达到均衡水平，厂商会增加投资，在乘数的作用下，促使实际增长率更高，从而资本显得更为不足，投资会进一步扩大，经济处于累积性扩张状态。当 $G_t < G_w$ 时，实际增长率小于均衡增长率，这种情况表明，要么实际储蓄率小于均衡储蓄率，即 $s_t < s_w$，要么实际资本—产出比率大于均衡资本—产出比率，即 $v_t > v_w$。当出现前者的情况时，为使储蓄达到均衡水平，经济主体都要增加储蓄水平，储蓄增加使得消费减少，从而使经济趋向紧缩。当出现后者的情形时，说明现有资本出现闲置，为达到均衡水平，厂商会减少投资，在乘数的作用下，促使实际增长率缩小，从而资本闲置更为严重，投资进一步缩减，经济处于累积性收缩状态。

这样，由于实际增长率与均衡增长率不同，经济在短期内要么处于累积性扩张状态，要么处于累积性收缩状态，无法实现经济稳定增长，而体现为波动。

（2）当 G_w 和 G_n 不一致时，会导致经济长期波动。进一步可分为 $G_w > G_n$ 和 $G_w < G_n$ 两种情况。当 $G_w > G_n$ 时，均衡增长率大于自然增长率，这种增长是不能维持的，厂商的意愿投资水平超过了长期的人口增长和技术进步所能完全容纳的程度，因此增加的资本量无法得到相应的劳动力配合，生产能力的利用率不足，从而引发投资减少，经济处于长期停滞状态。当 $G_w < G_n$ 时，均衡增长率小于自然增长率，这时，厂商的意愿投资尚未达到人口增长和技术进步的上限，劳动力没有得到充分利用，经济资源闲置，投资将进一步增加，产出也继续增加，经济处于长期增长的路径。

（3）当 $G_t = G_w = G_n$，即实际增长率等于均衡增长率也等于自然增长率时，经济才能达到稳定增长状态。这意味着在既定的技术条件下，各种经济资源得到了充分利用，达到了理想的稳定长期增长状态。

从前面分析的三种增长率的决定因素来看，三者各不相同，如果三种增长率恰当处于相等的状态，是难以办到的，缺乏一种内在的机制促使三者达到一致。因此，哈罗德经济增长模型的长期稳定条件被称为"刃锋式"经济增长，在实践中是难以满足的。

第三节　新古典增长模型

1956 年，美国经济学家索洛在一篇论文中把哈罗德—多马模型得出的极为狭窄的增长途径形象化为"刃锋式"的均衡增长。他认为，通过市场机制的作用调整生产中资本—劳动的组合比例，充分就业稳定状态经济增长是能够实现的，长期均衡增长率就是由劳动力增长率与技术进步决定的哈罗德所说的自然增长率 G_n。另外，经济学家斯旺、米德和萨缪尔森等也提出与索洛的论点基本一致的增长模型。由于这类模型强调了"凯恩斯革命"以前的古典（和新古典）经济学充分就业的必然趋势，因此，一般将之称为新古典增长模型。这里结合新古典增长模型对经济长期增长的基本条件进行分析。

一、集约形态的总量生产函数

在规模报酬不变的条件下，前述总量生产函数 $Y_t=A_tF（K_t，L_t）$，可以写成集约形态的总量生产函数。当规模报酬不变时，意味着资本和劳动同时增加 t 倍，产出也将增加 t 倍，即 $tY_t=A_tF（tK_t，tL_t）$，那么，令 $\frac{1}{L_t}$，总量生产函数可以写成：

$$\frac{Y_t}{L_t} = A_tF\left(\frac{K_t}{L_t},1\right)$$

如果暂时不考虑技术进步因素，总量生产函数为：

$$\frac{Y_t}{L_t} = F\left(\frac{K_t}{L_t},1\right) = f\left(\frac{K_t}{L_t}\right)$$

由于 $\dfrac{Y_t}{L_t}$ 表示单位劳动力的产出水平，可将其定义为人均产出，$\dfrac{K_t}{L_t}$ 表示单位劳动力的资本水平，可将其定义为人均资本。上述总量生产函数就可以表示人均产出取决于人均资本的形式。如图 12.3 所示，当人均资本为 $\left(\dfrac{K}{L}\right)_1$ 时，人均产出为 $\left(\dfrac{Y}{L}\right)_1$。人均产出和人均资本之间呈同方向变动关系，生产函数曲线向右上方倾斜，由图 12.3 中可见，该曲线变得越来越平缓，反映了资本的边际产量递减，即人均资本量逐渐增加时，产出水平的增量越来越小。

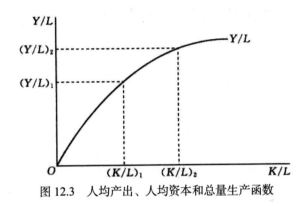

图 12.3 人均产出、人均资本和总量生产函数

当出现技术进步时，集约形态的总量生产函数向上移动，如图 12.4 所示，生产函数向上移动到 $\left(\dfrac{Y}{L}\right)'$，这时，当人均资本为 $\left(\dfrac{K}{L}\right)_1$ 时，人均产出增加到 $\left(\dfrac{Y}{L}\right)_1'$。

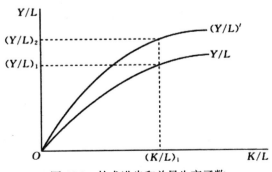

图 12.3 技术进步和总量生产函数

二、新古典增长模型的基本框架

索洛新古典经济增长模型建立在如下假定的基础上，其中包括：

（1）该经济社会只生产一种产品，这种产品既能作为消费品，也能作为投资品。

（2）生产过程中使用两种生产要素：劳动和资本，且劳动和资本可以在一定范围内替代，资本—产出比率可以变化。

（3）生产函数满足规模报酬不变条件，但要素的边际产量递减。

在这些假定下，我们考察均衡增长的基本条件。令 $y_t = \dfrac{Y_t}{L_t}$、$k_t = \dfrac{K_t}{L_t}$，

那么上述集约生产函数 $\dfrac{K_t}{L_t} = F\left(\dfrac{K_t}{L_t}, 1\right) = f\left(\dfrac{K_t}{L_t}\right)$，可以写成：

$$y_t = F(k_t, 1) = f(k_t) \qquad （式12.10）$$

根据国民收入决定的基本理论，收入取决于计划投资和计划消费，将均衡条件两边同时除以劳动量，可得：

$$\frac{Y_t}{L_t} = \frac{C_t}{L_t} + \frac{I_t}{L_t} \qquad （式12.11）$$

将人均资本 k_t 对时间 t 求微分，可得：

$$\frac{dk_t}{dt} = \frac{d\left(\dfrac{K_t}{L_t}\right)}{dt} = \frac{1}{L_t^2}\left(L \cdot \frac{dK}{dt} - K \cdot \frac{dL}{dt}\right) \qquad （式12.12）$$

假设人口增长率恒为 n，劳动力在人口中的比例固定，那么劳动力增长率也为 n。

劳动力增长率 $n = \dfrac{\dfrac{dL_t}{dt}}{L_t}$。

由于随时间变化资本的变化量就是投资，因此有 $\dfrac{dK_t}{dt} = \Delta K_t = I_t$。

上式可写成：

$$\frac{dk_t}{dt} = \frac{1}{L_t^2}\left(\frac{I}{L} - nK_t\right) \Rightarrow \frac{dk_t}{dt} = \frac{I_t}{L_t} - nk_t \Rightarrow \frac{I_t}{L_t} = \frac{dk_t}{dt} + nK_t \qquad （式12.13）$$

把宏观经济均衡条件改写，可得：

$$\frac{I_t}{L_t} = \frac{Y_t}{L_t} - \frac{C_t}{L_t} = \frac{Y_t - C_t}{L_t}$$

由 $S_t = sY_t$，及 $S_t = Y_t - C_t$，式 12.13 可以写成：

$$\frac{sY_t}{L_t} = \frac{dk_t}{dt} + nk_t \qquad （式 12.14）$$

将式 12.10 代入，可得经济增长的基本公式：

$$sy_t = \frac{dk_t}{dt} + nk \text{ 或者} sf(k_t) = \frac{dk_t}{dt} + nk_t \qquad （式 12.15）$$

式 12.15 说明了当宏观经济达到均衡时，储蓄转化为两类投资，一类称为资本的深化（$\frac{dk_t}{dt}$），一类称为资本的广化（nk）。资本的深化意味着人均资本的增加，即每个劳动力都拥有较多的资本量。资本的广化是指为每一新增劳动力提供资本。如图 12.5 所示，图中横轴表示人均资本量，纵轴表示人均产出，$f(k_t)$ 为总量生产函数，$sf(k_t)$ 为储蓄函数，它表明了在任一人均产出水平，储蓄都是人均产出的 s 份额，从曲线上看，对应于每一人均产出水平，储蓄曲线都是生产函数向下移动 $1-s$ 单位。在图 12.5 中，当人均资本量为 k_1 时，储蓄为 $sf(k_1)$，人均产出为 $y_1 = f(k_1)$，用于资本广化的数量为 nk_1。

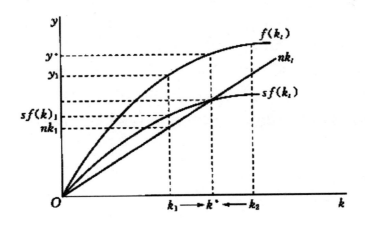

图 12.5 索洛增长模型

那么，人均资本会如何变化呢？由索洛增长模型的基本关系式 $sf(k_t) = \dfrac{dk_1}{dt} + nk_t$ 可以得到：$\dfrac{dk_t}{dt} = sf(k_t) - nk_t$。

当 $\dfrac{dk_t}{dt} > 0$，即 $sf(k_t) > nk_t$ 时，意味着人均资本量在增加，如图 12.5 人均资本量为 k_1 时，人均产出除了用于消费外，储蓄量的一部分使资本广化，满足新增劳动力对资本的需求，同时还能够使资本深化，人均资本量提高。随着时间的变化，人均资本持续提高，直到达 k^*。

当 $\dfrac{dk_t}{dt} < 0$，即 $sf(k_t) < nk_t$ 时，意味着人均资本量在减少，如图 12.5 人均资本量为 k_2 时，人均产出除了用于消费外，储蓄量尚不足以满足资本广化的需求，人均资本量减少。随着时间的变化，人均资本持续降低，直到达到 k^*。

只有在 $\dfrac{dk_t}{dt} = 0$，即 $sf(k_t) = nk_t$，所有储蓄均用于满足新增劳动力的需求，人均资本不再进一步变化，经济在 k^* 达到均衡，这时的人均产出为 y^*。

人均资本量为 k^* 保持不变。因此，各变量的变化情况是：

（1）劳动力以 n 速率增长，资本也以 n 速率增长。这是因为，$K^* = \dfrac{K_t}{L_t}$，即均衡状态下，L_t 以 n 速率增长，而 k^* 不增长，那么，资本量 K_t 也以 n 速率增长。

（2）人均产出不变，为 y^*，总产出增长率也为 n，这是因为规模报酬不变，当劳动和资本均以 n 速率增长时，总产出当然也以 n 速率增长。

（3）这时，当人口增长率不同时，不同 nk_t 曲线与 $sf(k_t)$ 相交，每种情况下的交点都是均衡增长点，总产量的增长率等于人口增长率，而与储蓄率无关。

三、储蓄率变动的影响

如图 12.6 所示，当储蓄率发生变化时，从 s_1 增加到 s_2，储蓄曲线向上移动，从 $s_1 f(k_t)$ 向上移动到 $s_2 f(k_t)$。那么，均衡点从 E_1 移动到 E_2，均衡人

均资本则从 k_1 增加到 k_2，均衡人均产出从 y_1 增加到 y_2。

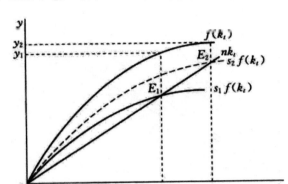

图 12.6　储蓄率变动对经济增长的影响

从均衡点的变动情况来看，人均资本和人均产出水平都增加了，但是达到均衡状态后，资本、劳动和总产出的增长率仍为 n。从图 12.7 可知，当储蓄率上升后会导致一段时期内人均产出的正增长（从 y_1 增加至 y_2），直到人均产出达到更高的稳定状态。

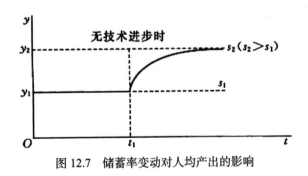

图 12.7　储蓄率变动对人均产出的影响

四、劳动力增长率变动的影响

当劳动力增长率变动后，会引起 nk_t 曲线变化，例如劳动力增长率从 n_1 提高到 n_2 时，nk_t 曲线变得更为陡直。如图 12.8 所示、它与 $sf(k_t)$ 曲线相交于 E_2 点，这时人均资本量从 k_1 下降到 k_2。从图 12.8 中可见，人均产出和人均资本量都下降了，这是因为新增劳动力速度加快，为了满足新增劳动力的需要，原有劳动力装备的资本量也要下降。

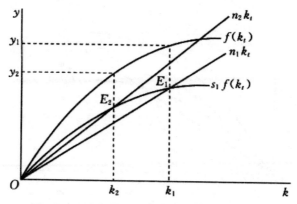

图 12.8　劳动力增长率变动对经济增长的影响

当然，劳动力增长率变化后，在一段时间内，人均产出水平下降，达到均衡点后，人均产出水平保持稳定，不再下降，下降率为零，但总产出将按更高的增长率 n_2 增长。这也说明，人均产出下降，生活水平下降，但为了保证包括新增劳动力在内的人均资本水平不变，达到稳定状态后，总产出水平必须按照更快的速度增长。

五、资本的黄金律水平

一个经济社会的储蓄率虽然对人均产出增长速率不会产生影响，但影响均衡时的人均资本量，人均资本量决定后，又会影响到人均产出水平。那么，从整个社会的角度看，产出总是用于消费和资本积累，当产出总量给定时，用于消费的数量提高，可用于资本积累的数量势必要下降；反之，用于资本积累的数量提高，能够用于消费的数量也会下降。因此，当经济增长的目标在于人均消费水平（人们的生活水平）时，什么情况下才是使得人均消费水平最大化的人均资本水平呢？这一问题称为资本的黄金律问题。1961 年，美国经济学家费尔普斯提出关系式，为 $\dfrac{C_t}{L_t} = f(k_t) - nk_t$，由此可以确定人均消费最大化的人均资本量的决定，一般称为黄金分割律，见图 12.9。

如图 12.9 所示，当人均资本量较低时，如位于 k_1 水平，根据生产函数与储蓄曲线两者间的垂直距离为消费量，即图中 Ak_1 为人均产出量，Bk_1 为储蓄量，那么 AB 线段的长度就是人均消费量。

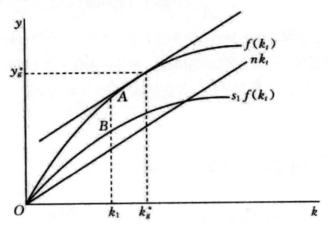

图 12.9 黄金分割率

我们可以从前面达到稳定状态后，索洛模型的基本关系 $sf(k_t) - nk_t = 0$ 开始进行推导，由 $s = \dfrac{S_t}{Y_t} = \dfrac{Y_t - C_t}{Y_t} = 1 - \dfrac{C_t}{Y_t}$，可得：

$$\left(1 - \frac{C_t}{Y_t}\right)f(k_t) = nk_t$$

经过代换得到：

$$\frac{C_t}{Y_t}f(k_t) = f(k_t) - nk_t$$

进一步得到：

$$\frac{C_t}{Y_t} \cdot \frac{Y_t}{L_t} = f(k_t) - nk_t$$

即：

$$\frac{C_t}{L_t} = f(k_t) - nk_t$$

令 $c_t = \dfrac{C_t}{L_t}$，上式可写成：

$$c_t = f(k_t) - nk_t \qquad （式12.16）$$

求解使c_i达到最大时的人均资本量，即求上式关于人均资本量的一阶导数，并令其等于零，可得：

$$\frac{dc_t}{dk} = 0 \Rightarrow f'(k_t) = n \qquad （式12.17）$$

基本结论就是：使人均消费水平最大化的条件是人均资本量应当选择资本的边际产品等于劳动力增长率时的量，即生产函数上切线斜率等于劳动力增长率所对应的人均资本量就是黄金分割率时的人均资本量，见图12.9中k_g^*。

六、技术进步对经济增长的影响

到现在为止，我们尚未考虑技术进步问题，为引入技术进步因素，使用劳动增进型的总量生产函数 $Y_t = F(K_t, A_t L_t)$，这种情况下，当出现技术进步时，$A_t L_t$增加，$A_t L_t$ 称为有效劳动力。仍然假定规模报酬不变，有效劳动力和资本的边际产量递减。将上述总量生产函数同样改写成集约形式，即有：

$$\frac{Y_t}{A_t L_t} = F(\frac{K_t}{A_t L_t}, 1) = f(\frac{K_t}{A_t L_t}) \qquad （式12.18）$$

引入技术进步的总量生产函数的图形，如图12.10所示。

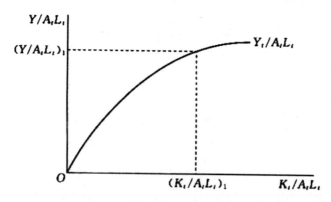

图12.10 劳动增进型技术进步下的总量生产函数

令 $y_t = \dfrac{Y_t}{A_t L_t}$，$k_t = \dfrac{K_t}{A_t L_t}$，式 12.18 可写成：

$$y_t = f\left(k_t\right) \qquad\qquad （式 12.19）$$

形式上与前面没有多大区别，假设技术进步率恒定为 e，那么有效劳动力的增长率就是 $n+e$。这是因为有效劳动力为劳动力与技术水平的乘积，乘积的增长率等于各自增长率的和。因此，当达到均衡增长状态时，人均产出和人均资本的增长率为零，但总产出、资本的增长率为 $n+e$。表 12-1 归纳了均衡增长状态下各经济变量的变化特征。

表 12-1　劳动增进型技术进步下均衡增长的特征

序号	变量	增长率
1	单位有效劳动力占有资本量	0
2	单位有效劳动力产出水平	0
3	单位劳动力资本	e
4	单位劳动力产出	e
5	劳动力	n
6	资本	$n+e$
7	产出	$n+e$

由表 12-1 可知，在均衡增长状态，产出、资本和有效劳动力都按 $n+e$ 比率增长，即与劳动力增长率和技术进步率有关，与储蓄率无关。不过，储蓄提高会使单位有效劳动力产出水平和单位有效劳动力占有资本量提高，经济增长率在达到下一个稳定状态后仍保持不变。

参考文献

[1] 高鸿业 . 西方经济学（第 5 版）[M]. 北京：中国人民大学出版社，2011.

[2] 梁东黎 . 宏观经济学（第 5 版）[M]. 南京：南京大学出版社，2011.

[3] 侯高岚，马明 . 宏观经济学 [M]. 北京：清华大学出版社，2012.

[4] 高鸿业 . 宏观经济学原理 [M]. 北京：中国人民大学出版社，2012.

[5] 易纲，张帆 . 宏观经济学 [M]. 北京：中国人民大学出版社，2011.

[6]（美）保罗·R. 克鲁格曼，罗宾·韦尔斯 . 宏观经济学 [M]. 赵英军译，北京：中国人民大学出版社，2012.

[7] 苏剑 . 宏观经济学 [M]. 北京：北京大学出版社，2010.

[8] 石丹林，高考 . 宏观经济学 [M]. 北京：清华大学出版社，2012.

[9]（美）保罗·A. 萨缪尔森 . 萨缪尔森辞典 [M]. 陈迅，白远良译，北京：京华出版社，2001.

[10] 沈坤荣，耿强，付文林 . 宏观经济学教程 (第 2 版)[M]. 南京：南京大学出版社，2010.

[11] 姚开建 . 经济学说史 (第 2 版)[M]. 北京：中国人民大学出版社，2011.

[12] 赵英军 . 西方经济学 (第 2 版)[M]. 北京；清华大学出版社，2012.

[13]（美）曼昆 . 经济学原理 (第 6 版)[M]. 梁小民，梁砾译，北京：北京大学出版社，2012.

[14]（美）罗伯特·J. 巴罗 . 宏观经济学：现代观点 [M]. 沈志彦译，上海：格致出版社，2008.

[15]（美）多恩布什，费希尔，斯塔兹著 . 宏观经济学 (第七版)[M]. 范家骏译，北京：中国人民大学出版社，2000.

[16]（美）罗伯特·H. 弗兰克，本·S. 伯南克 . 宏观经济学原理 (第 4 版)

[M]. 李明志译，北京：清华大学出版社，2010.

[17]（美）保罗·萨缪尔森，威廉·诺德豪斯. 宏观经济学（第 19 版）[M]. 萧深译，北京：人民邮电出版社，2012.

[18] 蹇令香，李东兵. 宏观经济学（第 2 版）[M]. 北京：北京大学出版社，2013.

[19]（英）冯·哈耶克. 通往奴役之路 [M]. 王明毅等译，北京：中国社会科学出版社，1997.

[20]（美）约翰·肯尼斯·加尔布雷思. 经济学与公共目标 [M]. 蔡受百译，北京：商务印书馆，1980.

[21]（美）约瑟夫·熊彼特. 资本主义、社会主义和民主主义 [M]. 吴良建译，北京：商务印书馆，1979.

[22]（德）弗里德里希·恩格斯. 反杜林论 [M]. 中共中央马克思恩格斯列宁斯大林著作编译，北京：人民出版社，1972.

[23]（美）约瑟夫·斯蒂格利茨等. 东亚奇迹的反思 [M]. 王玉清等译，北京：中国人民大学出版社，2003.

[24]（美）约瑟夫·斯蒂格利茨. 经济学 [M]. 纪沫，陈工文，李飞跃等译，北京：中国人民大学出版社，1996.

[25]（美）布拉德利·希勒. 当代经济学（第 8 版）[M]. 豆建民等译，北京：人民邮电出版社，2003.

[26]（美）威廉·大内. Z 理论 [M]. 朱雁斌译，北京：中国社会科学出版社，1984.

[27]（法）埃里克·伊兹拉莱维奇. 当中国改变世界 [M]. 姚海星，斐晓亮等译，北京：中信出版社，2005.

[28]（英）迈克尔·帕金. 经济学 [M]. 梁小民译，北京：人民邮电出版社，2003.

[29] 木志荣. 中国私营经济发展研究 [M]. 厦门：厦门大学出版社，2004.

[30]（美）福克纳. 美国经济史 [M]. 王锟译，北京：商务印书馆，1964.